国家出版基金项目
NATIONAL PUBLICATION FOUNDATION

深度学习教学改进丛书

课程教材研究所 组织研究

张国华 主编

刘月霞 副主编

王蔷 等 著

深度学习:走向核心素养

(学科教学指南·高中英语)

教育科学出版社
·北京·

丛书编委会

主 任 委 员： 张国华

副主任委员：

曾天山　刘月霞　江　嵩　莫景祺　韩春勇

委　　　员（按姓氏笔画排序）：

马云鹏　王　健　王　蔷　王云峰　王月芬
王尚志　刘　莹　刘卫红　刘晓玫　齐渝华
孙彩平　李　冉　李　进　李　锋　李月琴
李春密　李晓东　杨晓哲　吴忠豪　何成刚
陈雁飞　林培英　易　进　罗　滨　郑　莉
郑　葳　郑永和　郑桂华　胡久华　胡知凡
姚守梅　顾建军　徐淀芳　郭　华

本册作者团队

王　蔷　扈华唯　葛晓培　孙薇薇　蔡铭珂

丛书序

党的十八大以来，习近平总书记立足世界发展大势和国家发展全局，着眼中华民族伟大复兴的中国梦，紧紧围绕"培养什么人、怎样培养人、为谁培养人"这个根本问题，作出了一系列关于教育的重要论述。2019年，《中共中央 国务院关于深化教育教学改革全面提高义务教育质量的意见》《国务院办公厅关于新时代推进普通高中育人方式改革的指导意见》对义务教育和普通高中教学改革的方向提出了明确要求，强调要培养学生学习能力，积极探索基于情境、问题导向的互动式、启发式、探究式、体验式等课堂教学形式，促进学生系统掌握各学科基础知识、基本技能、基本方法，培养适应终身发展和社会发展需要的正确价值观念、必备品格和关键能力。

为贯彻落实习近平总书记关于教育的重要论述和中央关于基础教育教学改革的决策部署，教育部先后印发了新修订的普通高中和义务教育课程方案及各学科课程标准，把党的教育方针中关于学生德智体美劳全面发展的总体要求具体化、细化为各门课程要培养的核心素养并提出了具体的教学要求，基础教育教学改革进入以培养学生核心素养为主要任务的新阶段。

在落实课程标准理念要求过程中我们看到，教学实践层面面临诸多问题和困难。例如，学生主体地位无法完全落实，教学模式化、问题形式化与表面化以及"教教材"问题依旧突出，缺乏创新性转化，特别是教师开展基于课程标准、指向核心素养培育的系统教学设计和实施的能力还不够强，出现教学目标虚化、教学内容琐碎、教学方式和教学评价固化单一等问题。

为向各地教研员和教师开展基于课程标准的教学提供方向引领与行动指导，2014 年以来，教育部基础教育课程教材发展中心（现课程教材研究所）组织百余位课程、学科领域的教育专家以及优秀教研员和骨干教师，在总结我国课程教学改革经验的基础上，以边研究、边实验、边总结提炼的行动策略，研发了深度学习教学改进项目，开展基础理论研究和义务教育阶段实践研究。从 2019 年开始，为顺应深化普通高中课程改革工作的迫切需要，探索落实新修订普通高中课程标准的实践路径，在持续推进义务教育深度学习研究的基础上，同时开展了普通高中深度学习教学改进项目研究工作。

我们在项目实施过程中，始终坚持理论与实践相结合。一是坚持研究先行。建立项目研究组和实验区（校）研究共同体机制，开展深度学习理论框架、教学实践模型、学科教学指南等相关理论研究。二是坚持实验为重。在全国设立 5 个示范区、20 余个实验区、500 余所实验学校，覆盖北京、天津、辽宁、山东、江苏、上海、浙江、广东、河南、湖北、新疆、四川、重庆等地，万余名教师和教研员深度参与。项目组专家对实验区进行基于问题解决的多层次、全过程、广覆盖的线上线下指导，确保实验顺利推进。三是建立研修交流机制。项目组和各实验区以"问题导向、基于案例、参与浸润"为指导思想，组织开展多样化的通识和学科研修活动，并及时总结交流项目研究取得的好的工作思路、机制、经验和成果，研究解决突出问题，规划部署和改进研究、实验工作。

经过十年的研究与实验，项目取得了一系列成果和积极成效。一是构建了指向核心素养培育的深度学习理论框架和教学实践模型，研究明确了部分学科深度学习的特征和方法策略，整体性、系统性地回答了"什么是好的教学"以及"如何实现好的教学"，丰富了我国基础教育教学理论。二是开发了部分学科深度学习教学案例和研修案例，丰富了义务教育和普通高中各学科教学指导培训资源，为广大教研员和教师提供了实践指导。三是促进了教师课堂教学能力和专业发展水平提升，为教师探索并深度参与指向核心素养培育的教学改革搭建脚手架，培养了一批掌握和运用深度学习理念，高质量实施课程教学改革的优秀教研人员和骨干教师。四是探索了区域和学校课程育人的基本经验与实践模式，依托项目实验区开展研究和实验，带动了一批实验区、实验学校发展，并在当地乃至全国发挥了示范引领作用。

2018年年底，我们在总结项目阶段性研究成果的基础上，策划"深度学习教学改进丛书"，陆续出版了理论普及读本和部分学科教学指南，获得了教育领域及社会各界的广泛关注和一致好评。理论普及读本重在解读基本理论和实施策略，学科教学指南重在为广大教研员和教师提供基本思路与操作方法。

近期，随着研究的不断深入，根据新修订的普通高中和义务教育课程标准，我们一方面对已出版的理论普及读本和部分学科教学指南进行修订完善；另一方面，启动其他学科教学指南的研制工作，以期实现项目研究在义务教育和普通高中的学科全覆盖。我们在出版研究成果的同时，还将通过实施培训研修、开展在线教研等方式，宣传、交流研究成果，指导、引领全国各地教研教学工作。

2023 年 5 月，教育部印发了《基础教育课程教学改革深化行动方案》，为深化基础教育课程教学改革提供了方向引领和行动指南。我们希望深度学习教学改进项目系列研究成果，能为高质量推进基于课程标准、指向核心素养培育的教学改革提供有力支撑，助力高质量基础教育体系建设，服务教育强国建设。

张国华

课程教材研究所党委书记、所长

2024 年 10 月

目　录

前　言

　　《普通高中英语课程标准（2017年版）》（简称"2017年版课标"）的正式颁布，指明了新一轮高中英语课程改革的方向和目标，为落实立德树人根本任务、发展学生核心素养提供了理念引领与方法指导。自2017年版课标颁布以来，广大英语教师和其他英语教育工作者围绕新课程理念和目标要求，深入开展课标研读和实践探索，聚焦如何将新课程理念转变为真实的教学实践，以确保核心素养目标落地课堂。为了更有力地推动新课程改革，促进教与学方式的转变，提升教师学科育人能力，深度学习教学改进项目高中英语学科组在课程教材研究所指导下，开展了专家、教研员、学校和教师多方合作的实践探索。基于三年的理论研究和持续的实践推进，项目组编写完成了《深度学习：走向核心素养（学科教学指南·高中英语）》（以下简称《指南》）。

　　《指南》阐释了高中英语深度学习的内涵与价值，探讨了如何基于深度学习模型开展素养导向的单元整体教学设计，提供了丰富的实践案例，并聚焦一些关键问题答疑解惑，帮助广大英语教师在教学中积极开展深度学习的实践，践行课程标准理念，发展学生核心素养，实现学科育人。

　　《指南》除前言外，共有五章。第一章阐释高中英语深度学习的内涵、特征与价值；第二章围绕深度学习解读高中英语学科教学的基本要求；第三章探讨高中英语深度学习的教学关键问题与对策；第四章呈现指向深度学习的高中英语学科教学的实践案例和案例分析；第五章重点介绍高中英语深度学习的推进机制与策略；最后是全书的附录。下面对各章内容做简要介绍。

　　第一章围绕高中英语深度学习的内涵、特征与价值展开，包含两节。第一节回答了"什么是高中英语深度学习"这个问题，重点阐释高中英语深度学习的内涵，从学科视角解构其所包含的六个特征，并结合实例做出详细解读。高中英语深度学习的内涵既反映深度学习的内核，又体现学科特色，阐明了英语学科核心素养的培育过程。六个特征结合语言学习需要，凸显文化育人的价值追求，明确深层意义探究和发展高阶思维的主张，也为判断英语深度学习是否真实发生提供了依据。此外，该节还论述了作为高中英语深度学习载体的单元整体教学的内涵、过程与目的，为广大教师提供实施深度学习的抓手。第二节重点阐述了实施高中英语深度学习对教学改革、学生学习和教师专业发展的意义与价值。

　　第二章是指向深度学习的高中英语学科教学基本要求，包含六节，各节分别围绕深度学习单元教学中实践模型的六个要素展开，即引领性学习主题、素养导向的学习目标、挑战性学习活动、持续性学习评价、开放性学习环境和反思性教学改进。各节从解读相关重点要素的内涵展开，同时充分考虑教学的实际需要和教师对实践问题的特别关切，在每小节依次阐释"什么是"、"如何做"和"实践问题诊断与分析"，为教师更好地理解和开展教学设计提供指导。该章重视将理论指导与案例实操相结合，选取同一个单元的教学设计作为案例贯穿始终，详细阐述六个要素在单元整体教学设计时需要关注的具体要点和要求，辅以翔实的切片式案例进行示范和说明。

　　第三章是高中英语深度学习的教学关键问题与对策，包含六节，六节分别回应教师在实施深度学习过程中的六个关键问题，同时针对每个问题提供解决对策。每一节都首先描述教师在实施深度学习过程中遇到的困惑和具体问题，然后围绕深度学习的理念，再结合实践案例，给出具体、可操作的教学建议。

　　第四章是指向深度学习的高中英语学科教学案例分析，依据设计模板，呈现四个经过实践检验的由单元整体教学设计和重点课时设计共同构成的典型案例，课时设计覆盖阅读课、听说课、读写课和写作课等各种课型，为教师开展多种课型的教学提供参考。四个单元整体教学设计和重点课时设计均经项目组成员多次研讨和打磨，历经多轮教学实施和改进，以体现深度学习的各个要素和特征，促进学生深度学习的真实发生。案例后的评析可以帮助教师理解设计和实施的要点，借助案例学习指向深度学习的教学设计与实施方法，并迁移到自身教学之中。

　　第五章是高中英语深度学习的推进机制与策略，从区域和学校两个层面总结高中英语深度学习在教学改进过程中的教研经验和推进策略。

　　最后的附录部分主要有指向深度学习的英语学科单元教学设计模板、必备工具（用于检验深度学习的教学设计）和学习资源推荐。

　　《指南》中既有系统的理论阐释，又有实用的教学设计方法、实施策略、教学案例，还有指导性的说明、困惑解答，为广大英语教师开展指向深度学习的英语教学实践提供全方位的支持和帮助。教师在阅读过程中，可以选定教学内容，根据第二章教学方法的指导，自主设计一个单元的教学设计，并结合《指南》中各部分内容，开展教学实践，进行改进优化和总结反思，从而加深理解与认识。

深度学习教学改进项目高中英语学科组

2023 年 1 月 10 日

第一章

高中英语深度学习：
内涵、特征与价值

本章介绍高中英语深度学习的背景、内涵、六个特征以及实施途径。基于高中英语新课标对育人方式变革的新要求，阐释高中英语深度学习的内涵，对其六个特征从学科视角进行解构，并结合实例做出详细解读，随后论述在核心素养时代实施单元整体教学以达成深度学习的必要性和实施路径。本章最后，针对教学实践中存在的问题阐述实施高中英语深度学习的意义与价值。

第一节　什么是高中英语深度学习

《普通高中英语课程标准（2017 年版 2020 年修订）》（以下简称"2020年修订版课标"）的颁布为推进核心素养落地、实施以学科育人为导向的课堂教学提供了理念、方法和路径指导。2020 年修订版课标明确指出，"教师要积极探索有效的教与学的方式，研究如何在教学中将语言知识转化为学生的语言运用能力，帮助学生正确理解和表达意义、意图、情感和态度，努力实践指向学科核心素养发展的英语学习活动观，实施深度教学，落实培养学生英语学科核心素养的目标"①。聚焦育人方式的变革，通过教师的深度教学带来学生的深度学习，改变英语教学中长期存在的表层化、碎片化和模式化现象，才能让学生的学习真实发生，"实现教学价值与目标达成的深度、知识理解和转化的深度、学习过程和学习方式的深度"②，促进学生英语学科核心素养的发展。

2014 年，为落实立德树人根本任务，推进基础教育课程改革进一步深化，落实培养学生核心素养的课程目标，教育部基础教育课程教材发展中心（现为"课程教材研究所"）组织专家团队在全国多个实验区开展指向核心素养发展的深度学习教学改进项目，旨在通过改进教育教学，实现教与学方式的根本性转变，让学生真正成为学习的主人，能对学科知识进行深度加工，实现有深度、有意义的学习。何为深度学习？项目组专家认为，教育领域的深度学习不是一种现成的、固定的教学方法或教学模式，而是对数百年来优

---

① 中华人民共和国教育部 . 普通高中英语课程标准（2017 年版 2020 年修订）［M］. 北京：人民教育出版社，2020：52.

② 郭元祥 . "深度教学"：指向学科育人的教学改革实验［J］. 中小学管理，2021（5）：18-21.

秀教学理论与实践升华与凝练的"良好教学的理想形态"①，是对表层学习、机械学习的反动，是超越生理学、心理学的社会活动，②并从学习主体、学习过程以及近期和远期的学习结果等维度来具体阐释深度学习的内涵：

> 所谓的"深度学习"，是指在教学中学生积极参与、全身心投入、获得健康发展的、有意义的学习过程。在此过程中，学生在素养导向学习目标的引领下，聚焦引领性学习主题，展开有挑战性的学习任务与活动，掌握学科基础知识与基本方法，体会学科基本思想，建构知识结构，理解并评判学习内容与过程，能够综合运用知识和方法创造性地解决问题，形成积极的内在学习动机、高级的社会性情感和正确的价值观，成为既有扎实学识基础、又有独立思考能力、善于合作、有社会责任感、具备创新精神和实践能力、能够创造美好未来的社会实践的主人。③

从学习主体看，"全身心投入"强调了深度学习是学生在主动参与学习活动和探索知识发展的过程中形成丰富的内心体验，不仅是"学习者大脑内部信息加工的过程"，更是"充满着情感、意志、精神、兴趣的过程"。④

从学习过程看，"素养导向学习目标"明确深度学习的目标是发展学生的素养；"聚焦引领性学习主题，展开有挑战性的学习任务与活动，掌握学科基础知识与基本方法，体会学科基本思想"明确了深度学习的内容和学习方式，即围绕对学生具有育人价值和对知识结构具有统领性的学习主题，在一系列关联、递进的挑战性学习任务与探究活动中，掌握学科最为核心的知识，以及独特的方法和思想，这需要教师和学生改变以往基于浅层、单一知识点的孤立、散状的学习方式，转向深入学科知识的内核，由浅入深把握事物本质和深层意义的学习⑤；"建构知识结构，理解并评判学习内容与过程"强调了深度学习的组织方式不是学生被动接受知识，而是要全面把握知识的

---

① 郭华.如何理解"深度学习"［J］.四川师范大学学报（社会科学版），2020，47（1）：89-95.

② 刘月霞，郭华.深度学习：走向核心素养（理论普及读本）［M］.北京：教育科学出版社，2018：30-31.

③ 刘月霞.指向"深度学习"的教学改进：让学习真实发生［J］.中小学管理，2021（5）：13-17.

④ 吴永军.关于深度学习的再认识［J］.课程·教材·教法，2019，39（2）：51-58，36.

⑤ 李松林，贺慧，张燕.深度学习究竟是什么样的学习［J］.教育科学研究，2018（10）：54-58.

内在联系，对学科知识进行深度加工，建立结构化的知识体系，并将知识转化为解决真实问题的能力和素养，体现知识的生成立场和过程取向。[1] 在此基础上，教师要关注教学的价值取向，引导学生反思学习内容、方法与过程，并进行价值判断，在建构知识的同时形成认识事物的正确的情感、态度和价值观。

从学习结果看，深度学习的近期结果是"能够综合运用知识和方法创造性地解决问题，形成积极的内在学习动机、高级的社会性情感和正确的价值观"，体现了学科核心素养——关键能力、必备品格和正确价值观的形成，也体现了深度学习出发点和落脚点的统一。深度学习的远期结果是使学生"成为既有扎实学识基础、又有独立思考能力，善于合作、有社会责任感、具备创新精神和实践能力、能够创造美好未来的社会实践的主人"。这表明深度学习的长远结果不仅是使学生拥有作为人类认识成果的知识，更是要汲取"促进人的思想、精神和能力发展的力量"[2]，"把知识学习与社会情境、人类生活结合起来思考"[3]，成长为能够独立思考的人，同时也善于与他人合作，具备创新精神和实践创新能力，在未来走向社会时能够创造美好生活，做社会实践的主人。

一、高中英语深度学习的内涵

经过多年的教学实践和理论研究，深度学习教学改进项目高中英语学科组对总项目组对深度学习的界定进行了细化，其结合英语学科特点和英语学科核心素养培养目标，从学习主体、学习过程以及近期和远期的学习结果等维度来具体阐释高中英语深度学习的内涵。

高中英语深度学习是指学生在教师的指导下，以积极的态度和全身心投入的行为，学习和运用英语获取知识、发展能力、充盈文化底蕴、提升思维品质的过程。具体而言，学生在素养导向的学习目标引领下，聚焦引领性学习主题，依托不同类型的语篇，开展以意义探究和解决问题为目的的挑战性

---

① 郭元祥. 知识的性质、结构与深度教学［J］. 课程·教材·教法，2009，29（11）：17-23.
② 李松林，贺慧，张燕. 深度学习究竟是什么样的学习［J］. 教育科学研究，2018（10）：54-58.
③ 郭华. 如何理解"深度学习"［J］. 四川师范大学学报（社会科学版），2020（1）：89-95.

探究实践活动，在活动中获取和梳理语言和文化知识，建立个人经验与新知识间的关联，形成新的知识结构；积极运用和主动调适英语学习策略，参与描述与阐释、分析与判断等交流活动，内化所学语言和文化知识，加深对文化意涵的理解；基于结构化知识，开展推理与论证、批判与评价等创新活动，形成对所学主题的深层认知、态度和价值判断，从而实现运用所学语言、观念和方法策略等，在新的情境中创造性地解决问题的目的；促进语言能力、文化意识、思维品质和学习能力的融合发展，成为既有国际视野，又有家国情怀，能够客观、理性看待世界，有效表达个人的观点和情感的文化沟通者，在未来走向社会时能够积极传播中华优秀文化，展现文化自信，成为创造美好未来的社会实践的主人。

从学习主体看，高中英语深度学习突出体现了英语语言学习是在教师的指导下，学生主动获取语言知识和文化知识，发展语言能力、文化意识、思维品质和学习能力的活动。语言不仅是交流和思维的工具，更是文化的载体。学生学习英语的目的既包含使用英语进行交流，学会从另外一种视角看世界；也包含习得语言所承载的不同国家和民族的优秀科学文化知识、生活方式和风俗礼仪等，对其隐含的思想、观念、态度和价值观做出正确的判断，发展逻辑思维、辩证思维和创新思维。

从学习过程看，"素养导向的学习目标"体现了深度学习以英语学科核心素养发展为指向，发展学生的语言能力，培育文化意识，提升思维品质和学习能力。"引领性学习主题"是在人与自我、人与社会、人与自然三大主题语境范畴内，基于学生的已有经验与兴趣，联系现实世界，提炼出的反映学习核心内容及最具育人价值的主题，体现核心素养落实的具体化与整合性。"依托不同类型的语篇"是指教师要有效依托多种类型的语篇，从不同的角度或层次围绕同一主题引导学生进行多元化解析，充分把握特定的文体结构和语言特征传递的主题意义和文化内涵。"以意义探究和解决问题为目的的挑战性探究实践活动"旨在通过创设问题情境，引导学生在探究意义和解决问题的过程中，实现核心素养的发展，体现学科育人的导向。而课标倡导的落实学科育人导向学习目标的教学途径是英语学习活动观，它由一系列结构化的、关联递进的学习活动构成。具体而言，学生在意义探究和问题解决的过程中，参与学习理解、应用实践、迁移创新等从低阶到高阶，融语言、文化、思维于一体的实践活动，学习中外文化知识，对原有知识进行重构或丰富，建构起连贯的、整合性的知识结构，学会运用所学语言表达思想观点，交流情感，尝试解决真实生活中的问题。

从近期来看，实施高中英语深度学习的结果是，通过使用语言技能和学习策略，学生能够学习和获取语言知识、文化知识，实现语言能力、文化意识、思维品质和学习能力的融合发展；从远期来看，实施高中英语深度学习，有助于学生拓展国际视野，多角度认识和理解世界，在跨文化沟通与交流中传播中华优秀文化，展现文化自信，共同创造美好的未来。

二、高中英语深度学习的六个特征

如何判断学生的英语深度学习是否发生呢？高中英语深度学习以落实立德树人为根本任务，以培养学生英语学科核心素养为目标追求，在深度学习五个特征的基础上，根据语言学习的认知发展需要，即学生需通过一系列的交流和互动环节进行新知识的内化才能实现语言顺利输出，发展高阶思维能力，补充了"内化与应用"这一特征，从而构成高中英语深度学习的六个特征：活动与体验、关联与结构、内化与应用、分析与论证、迁移与创造、价值与评判。

（一）活动与体验

"活动与体验"是深度学习的根本特征，应体现在课堂教学的每一个环节当中。"活动"强调学生作为主体有目的地全身心投入，主动参与语言学习的全过程；"体验"指学生在语言学习活动中产生丰富的知识获得感、情感满足感、自我成就感等积极的内心体验。学生作为英语学习的主体，主动参与探究语篇主题意义的语言学习活动中，是开展英语深度学习的前提条件。学生从自身已有的和该主题相关的生活经验、已有认知和语言水平出发，在贴近真实或接近真实的任务情境中，通过师生互动、生生互动等方式，参与富有挑战性的，以发现、获取、概括和探究意义为主的多种探究实践活动中，并学会用新学的语言表达对语篇文化内涵的看法，分析语篇结构，讨论作者的观念和态度，评价作者的写作手法，拓展思维，开阔视野，增强学习能力。

这个特征提示教师要真正尊重学生作为学习者的主体地位，相信学生的主观能动性，给予学生开放思考、探究学习的时间、空间和机会，激发学生持续地参与语言、文化、思维融合发展的学习活动中，沿着主题意义探究的主线，逐步实现高中英语课程的育人价值。

下文以人教版高中英语必修第三册 Unit 2 "Mother of Ten Thousand Babies" 这一阅读课的学习理解活动环节为例①，说明在英语课堂教学中发挥学生主体作用，引导学生主动参与和积极体验学习过程的重要性。该文本是"万婴之母"林巧稚的人物传记，按时间顺序讲述了她在求学期间和职业发展道路上曾面临的几次人生抉择以及后期所带来的影响，突出表现了林巧稚的美好品质和奉献精神，以及她一生中为祖国医疗事业做出的巨大贡献。

教师原本的设计是让学生首先找到林巧稚做出的 5 次人生抉择，再找到抉择背后的原因，对应的问题分别是："What hard choices did Lin Qiaozhi make?" "What are the reasons behind her life choices?"。

当学生听到这样的问题后，便开始忙于从课文中找出问题的答案，再拿着课本读出答案所在处的句子，依次回答老师的问题。学生像被牵住线的木偶，在老师的掌控下，按照牵线的方向演着设计好的剧本，从课文中直接找到答案，不太需要动脑筋即可完成任务，学生没有主动参与获取和梳理信息的积极体验。课堂氛围压抑沉闷，学生的主体性没有得到发挥。

经过不断研讨，在第三轮授课中，教师尝试从学生的认知视角入手，放手让学生自主梳理林巧稚的主要人生经历，将这一环节的活动改为：按照时间顺序梳理林巧稚一生中的重大事件；概括林巧稚做出的重要抉择，在组里讨论完善。引导问题修改为："What important life events did Lin Qiaozhi go through at different times?" "Can you find any important decisions she made when she faced with different choices in her life?"。

可以看到，修改后的问题更具开放性和逻辑性，不是教师预设的直接找出林巧稚所做出的 5 次人生抉择，而是需要学生先梳理林巧稚的人生经历，再自主发现她在面临艰难抉择时所做的选择。

从学生的梳理结果（见图 1-1）来看，这一提问方式的变化充分激发了学生的主动探究意识，给予了学生自主探索主题意义的空间。

---

① 案例设计者：北京汇文中学梁亚平、陈雨、符晓涛。

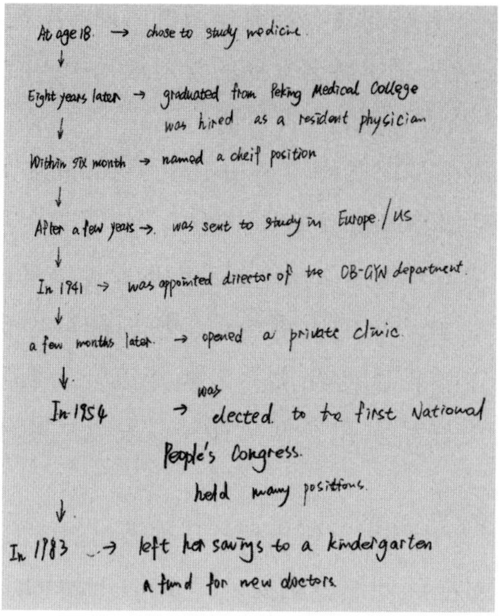

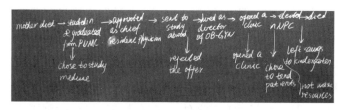

图 1-1　学生梳理的成果

之后，教师对师生共同生成的板书给予一些补充和调整，帮助学生更好地完善文本信息的梳理，巩固语言的学习。（见图 1-2）

图 1-2　师生共创的板书

课后访谈学生的体验时，一名学生说："分析林巧稚人生重大事件的活动对我来说很有帮助。比如说（林巧稚）不像那个时代的很多女性选择结婚，她选择了学医。对她的这些行为的分析能让我深刻体会她做出这些选择时的心情。"另一名学生说："我们做思维导图的时候老师会下来巡视，当时她看到了我的思维导图，建议我要再简练一点、有层次一点，通过她的指点，我就有点开窍了，然后再跟同学讨论，进行完善，这节课的收获挺大。"

（二）关联与结构

"关联与结构"是指向深度学习所主张的学习内容组织方式，也是高中英语深度学习和碎片化浅层学习的分界点。"关联"强调学生在已有经验与新经验（知识）之间建立意义关联，对原有经验进行改造和重组，实现外在知识与学生经验之间的转化。"结构"指围绕主题意义，对内容进行整体把握，主动探索知识之间的内在联系，把点串成线，用线连成面，建立语篇内容要素之间以及单元内各语篇之间的有机关联，提炼结构化的、可迁移的、更有普遍意义的知识结构。

学生把握知识内在联系及挖掘语篇深层含义的过程不是一蹴而就的，而是在认真观察、反复阅读，借助可视化的知识结构图开展梳理和归纳，与他人沟通交流等循序渐进的活动中，通过感知、体验、运用、实践等方式系统、有序地推进而成的。这就要求教师在教学设计和实施的过程中，要深入了解学生的先前经验，理解新知识的类型，建立学生已有知识经验和学习主题之间的关联，使学生发现认知差距，形成学习期待；应全面分析教学内容，将孤立的知识要素关联起来，设计逻辑紧密、环环相扣的问题链，推动学生在语篇中找到多个关键信息点，分析和梳理信息点之间的逻辑关系，建立结构化、情境化的知识框架。同时，教师应避免用可视化的知识结构图替代学生的建构过程，或在已建构好的可视化知识结构图中挖空，仅让学生补充单一的信息。此外，教师要给予必要的指导和反馈，帮助学生不断优化新知识的建构过程。

下文仍以"Mother of Ten Thousand Babies"这一阅读课的学习理解活动环节为例，说明如何将学生的已有经验与新经验（知识）之间建立意义关联，并通过梳理新信息之间的逻辑关系，建立新的结构化的知识结构。在引入环节，教师首先通过问题"What did we learn about Lin Qiaozhi in our last listening class?"引导学生回顾上节课学过的有关林巧稚在高考考场上的选择，激活学生的已有认知，从而与本课要学的林巧稚一生中重大的人生抉择建立意义关联；同时，教师通过问题"What is a biography? Do you know how information in a biography is often organized?"引导学生激活已有的关于文本体裁的知识，抓住人物传记按时间顺序描写人物经历的关键特征，与本课接下来的梳理林巧稚生平经历的活动建立逻辑关联。在梳理林巧稚一生中的重大事件和做出的重要抉择与产生的结果时，教师引导学生借助时间轴这种可视化的知识结构图分步梳理和归纳，循序渐进地建立起"林巧稚生平主要事件——所做选择——每个选择产生的结果"的思维导图，并通过与他人沟通交流、到台前展示等活动加深对文本意义的理解和语言的学习。

从课后对学生的访谈了解到，思维导图的建构有利于学生加深对文本的理解，强化语言学习的整体性，提高思维的逻辑性和增强学习策略的可迁移性。例如，针对通过结构化的思维导图加深对文本的理解这一方面，一名学生说道："我发现老师的板书设计很有层次，比如说第一行用红色粉笔写的就是内容，第二行用绿色粉笔写的是为什么要做出这样一个选择，最后一行写的是结果。"另一名学生说："梳理完内容后，老师还会让我们画一个思维导图，我们刚开始画思维导图的时候，会用那种长句子，后来老师提供了一些短语，比如说 sent to、graduate from、appointed 等，用了这些短语后思维导图更简洁了，然后老师还会请我们去台前介绍，在介绍时，我们就能用上这些学到的词汇了。"

又如，针对通过结构化的思维导图加强语言的整体性学习和提高思维的逻辑性这一点，一名学生说："刚开始我介绍的时候有点紧张，但是转念一想，老师就是讲的那几个词汇，而且思维导图也是我们自己画的，我就比较有把握能把这件事说清楚了。"

针对结构化的思维导图还有利于增强学习策略的可迁移性这一点，被访谈的学生说道："我觉得梳理出人生经历的活动，对我以后概括或者是总结个人生平会有帮助，我知道可以按照时间的顺序进行梳理。"另一名同学也表达了类似的观点："我觉得使用思维导图梳理文章结构是非常好的学习方法，我也可以将这种方法迁移到平时的阅读中，借助思维导图更高效地学习"。

（三）内化与应用

"内化与应用"是英语学科深度学习的独有特征。这一特征强调学生基于已建构的结构化的知识开展描述、阐释、交流等以应用为主的内化活动，为顺利开展语言输出活动，实现知识向能力、能力向素养的转变做好铺垫。维果茨基（Vygotsky）认为，"内化"是指个体将外部的信息逐步融入自己已有的认知或符号体系的过程，人的高级心理机能是在中介工具的作用下通过与他人互动逐步形成的。首先，这些高级心理机能在个体与他人的互动中产生，然后通过内化过程，被纳入个体的认知结构。[①] 恩格斯托姆（Engeström）认

---

① VYGOTSKY L S. Mind and society：Development of higher psychological processes ［M］. Harvard University Press，1978.

为，复杂概念的形成，通过主体内部的思维活动进行建构，内化是前提，最终通过外部的实践活动实现对概念的灵活运用。① 舒尔曼（Shulman）也认为，内化是发展高阶思维的前提，学生对新知识的内化需要在交流和互动中实现。② 因此，英语语言学习过程中的内化既包括模仿、自我对话（self talk），也包括描述、阐释以及与他人的对话和交流。

"内化与应用"提示教师不仅要为学生提供充分并有意义的语言输入，更要加强描述与阐释等深入语篇的活动设计。基于学生形成的结构化知识，教师要设计问答、描述和情境表演等促进语言和文化知识内化的活动，同时，给予学生充分的互动交流的机会，让学生通过与自己说、与同伴说、向全班说等多种形式的活动，加深对语言和文本意义的理解，巩固结构化知识，将外化的知识转化为内在的认知。学生在持续不断地内化与应用中，获得语言理解与表达能力的提升，促进知识向能力的转化。

继续以"Mother of Ten Thousand Babies"这一阅读课的内化与应用活动环节为例来说明如何在英语课堂教学中将这一特征落到实处。第一次上课时，教师让学生先找到并概括林巧稚所做出的 5 次人生抉择及产生的影响，分析其做出抉择背后的原因，再总结林巧稚所具备的品质，最后为纪念林巧稚120 周年诞辰发表演讲。通过课堂观摩发现，在演讲这个语言输出环节，学生并不能脱离课本完成对林巧稚生平及贡献的介绍，表达所用词汇也是学生原有的旧知，没有用上文本中新出现的语言，对人物的评价也缺乏依据。

经过专家的点评，教师发现正是源于内化与应用教学环节的缺失，学生没有机会对文本内容和语言进行充分的吸收和内化，他们从获取与梳理、概括与整合、分析与判断的活动后直接跨越到想象与创造的活动中，因此无法顺利完成语言和知识结构的有效迁移。经过深度反思，教师意识到要为学生创造内化的机会，为学生留有充足的时间和空间内化与应用所学，从而达到巩固新知，并能在新的情境中解决问题的目的。改进后的内化与应用活动如下。

Interview time（10 mins）

◆ If you had a chance to interview Lin Qiaozhi, what questions would you like

①　ENGESTRÖM Y. Studies in expansive learning：Learning what is not yet there ［M］. NY：Cambridge University Press，2016.

②　SHULMAN L S. Teacher development：Roles of domain expertise and pedagogical knowledge ［J］. Journal of Applied Developmental Psychology，2000，21（1）：129–135.

to ask her?

◆ Similarly, if you were Lin Qiaozhi, how would you answer these questions?

课后访谈发现，6 名受访学生都提到采访这一活动令他们印象深刻。篇幅所限，此处引用其中 1 名学生的访谈：

两个同学，一个人扮演林巧稚，另一个扮演采访者，这让我印象比较深刻。因为自己扮演林巧稚的时候，可以从第一人称的角度来看问题，就会产生不一样的看课文的思路。而且我觉得作为采访者是一个角度，作为林巧稚是一个角度，然后两个角度结合起来可以更全面地理解问题。

通过以上访谈可以看到，在采访这一模拟真实情境的体验式角色扮演活动中，学生的内在学习动机被激发，他们有效地内化了语言和文化知识，形成对林巧稚更全面、更立体的认识。

（四）分析与论证

"分析与论证"是指向深度学习所主张的深层意义探究和高阶思维发展的过程特征，强调学习要把握学科本质（基本思想、基本方法、基本过程），形成与学习对象进行深度交互的意识与能力，这也是发展学生思维品质和学习能力的关键所在。这一特征强调学生要加强对语篇背后深层意义的理解，把握语言学习的本质，善于发现语言的规律并能运用规律举一反三，如发现同类型语篇的相似之处和不同类型语篇的结构特征，进而灵活运用语篇知识对阅读中的逻辑关系、情感、态度和观点进行分析与论证；能够多角度、辩证地看待事物、分析问题，提出有理有据的观点等。

这个特征提示教师要帮助学生准确分析和把握不同单元主题背后各语篇表达的意义、承载的语言知识及文化价值取向，鼓励学生通过观察、比较、分析、推理、论证等不同层次的思维活动逐步领悟语言学习中更具普遍意义的、更具迁移价值的基本思想、基本方法和基本过程。

"Mother of Ten Thousand Babies" 这一阅读课的分析与论证活动紧随内化与应用环节之后，教师设计了问题引导学生在内化语言和文化知识的基础上，深入剖析林巧稚做出艰难抉择背后的原因，进而基于语篇中的证据论证林巧稚所具备的优秀精神品质。

Analyze the reasons for Lin Qiaozhi's "hard choices". (5 mins)

◆ What choices would most women or people in her time make when faced with the similar situations? Why? （Use examples to illustrate your point.）

Summarize Lin Qiaozhi's qualities based on evidence in the text. （5 mins）

◆ What kind of person do you think Lin Qiaozhi was? （Find evidence to support your conclusion.）

（五）迁移与创造

"迁移与创造"是指学生内化学习内容之后指向真实问题解决的外化表现及创造性表达，既是对关联与结构、内化与应用、分析与论证等学习过程的检验，又是英语学习活动中的进阶性任务，是达成发展学生核心素养目标的"最后一公里"，即学生在新的问题情境中，能够从记忆中提取结构化的知识、方法和技能并尝试迁移，灵活运用所学语言解决新情境中的问题，创造性地描述个人经历、传递信息、表达观点和态度。迁移与创造体现了语言学习的系统性、结构性以及随着活动深化而展现的深刻性与丰富性。

学生能否对所学语言和文化知识、语言技能、学习策略进行顺利提取、迁移和运用取决于其是否完成了基于主题的结构化知识建构，是否经过了内化与应用环节，完成了对新学语言和文化知识的内化。这就要求教师在进行教学内容分析和设计时，要创设开放性的学习环境与氛围，指导学生在新旧知识、概念、经验间建立联系，通过应用实践类活动，将新知识内化到相关的概念系统中，并在批判反思的基础上建构自己新的认知结构，进而在新的问题情境中进行顺利的迁移与创造。

"Mother of Ten Thousand Babies"这一阅读课的迁移与创造活动是根据已学内容迁移到自己的人生选择，让学生联系实际生活，回顾自己人生中面临的重大决定并解释做出那个决定的原因，并想象如果再给一次机会，是否会做同样的选择及原因。这一开放性问题的设计引导学生在学完历史上伟大人物的人生选择后，迁移关于人生选择的知识结构，运用到新的问题情境中解决自身面临的实际问题。

课后访谈学生发现，这一迁移与创造活动的设计对于学生解决现实生活中面临的重大选择问题有丰富的启示。一名学生表示学完课文后，更加理解自己母亲作为医生的职责，对自身想从事的法官职业，也更加坚定。

（六）价值与评判

"价值与评判"是培养有社会责任感、有独立思考能力的人的重要活动路径，是持续性学习评价的重要指标，也是深度学习教学的终极目的，表现为学生对英语学习内容与学习过程的理解与反思，反映学生的价值立场与价值判断。教学是培养人的社会活动，要以人的成长为旨归。英语语言不仅是交流的工具，还承载着人类的思想和文明成果，蕴含着丰富的语言文化知识、语言使用技能和策略，以及说话人或者作者的意图、情感态度、价值取向和思维特点。英语学科的深度学习通过教师引导，使教学设计和课堂教学中价值与评判的过程更加自觉化和明晰化，从而能够引导学生基于合理依据评判人、事与活动等，帮助学生形成正确的价值观，发展核心素养。

这个特征提醒教师在进行教学内容分析和设计时，要关注教学的创造性和开放性。在全面分析教学内容的基础上，深入解读语篇素材的深层意义，挖掘语篇的育人价值，引导学生运用已有英语语言能力识别、分析、批判性地体验和判断语篇显性或隐性表达的情感、态度和价值观，并做出正确的价值判断，为解决真实生活、学习和身边的实际问题奠定基础。

"Mother of Ten Thousand Babies"这一阅读课的价值与评判活动，教师第一轮的设计是让学生在学习自评表中针对以下四个评价描述选择"是"或"否"：

（1）我能够按照时间顺序梳理林巧稚所做出的人生抉择及产生的影响。

（2）我能够分析林巧稚做出的抉择背后的原因。

（3）我能够通过探讨本篇人物传记的主要写作特征，总结概括林巧稚所具备的美德。

（4）我能够基于文本信息，介绍林巧稚的主要贡献并对其进行评价。

教师回收学生自评表后发现，所有学生对这四个评价描述都选择了"是"，没有学生给予自己否定的评价。显然，这样的评价设计过于封闭，限制了学生作为评价主体的参与性，无法真实反映学生的学习情况，也不能通过学生切实反思自身的学习结果为教师的教学调整提供依据。

经过专家的点评，教师意识到要激发学生在自评过程中的主观能动性和创造性，设计了以下更为开放的学习自评描述：

（1）Things I have learned about Lin Qiaozhi：

（2）TWO things I found impressive：

（3）ONE question I still have：

针对此改变，教师在反思中写道："开放式的学习自评表给予学生自由的反思空间，引导学生更为主动地评价学习发生的全过程。学生能够及时回顾所学，评价自己各方面的掌握情况，同时教师也可以从学生存在的困惑和疑问中获得启示，有针对性地补充内容并调整教学。"

从学生在自评表中反馈的内容来看，如"have the responsibility to make the world a better place""put the needs of others before her own"，学生通过对林巧稚人生经历、重大抉择及表现出来的品质的反思，形成了对怎样做出正确的人生选择这一主题的深刻认识，体现了学生的正确态度和人生观。

英语学科深度学习的六个特征分别反映了高中英语深度学习发生的不同评判维度，它们相互依存，相伴而生，互融一体。关联与结构强调学生将已有经验与新经验（知识）之间建立意义关联，把握知识间的内在逻辑，形成结构化的知识框架；内化与应用强调学生将结构化的知识纳入已有认知系统，并表达出重组和改造后的新的认知；分析与论证强调对语篇主题意义进行深层挖掘；迁移与创造是学生将内化的知识运用于新的情境解决实际问题；价值与评判是学生对所学内容的价值判断，体现了语言教学对发展学生核心素养的独特育人价值。这五个特征存在着密切的内在关联，前一特征是后一特征的前提和铺垫，后一特征是对前一特征的检验和提升，并反过来促进前一特征的丰富和完善。而活动与体验则贯穿于从关联与结构到价值与评判的各个阶段，是英语学习理解、应用实践和迁移创新活动的载体。无论是语言、文化、思维发展的任何一个环节，都需要学生主动、全身心地积极参与，而迁移与创造又能进一步丰富、拓展学生的活动与体验，从而促进深度学习的良性循环。

三、高中英语深度学习的载体——单元整体教学

高中英语深度学习指向核心素养的培养，实施单元整体教学是落实核心素养目标的有效载体和重要路径。这是因为核心素养的培养是一个相对深入的，持续系统且复杂的、认知能力发展、高阶思维培养和价值判断形成的过程，仅靠单一语篇或单一结构的学习是难以实现的，其局限性在于单一课时

几十分钟的课堂教学时间太短，教师不可能完成帮助学生建构深层次的概念、开展深层问题探究和解决真实问题的任务。此外，单一语篇的教学尽管可以使教学按照教材编排有序进行，但会导致教师忽略对单元内相关内容的有机整合，难以使教师站在单元的角度挖掘育人价值，因而无法建立起单元整体育人观，也就无法推动深度学习的发生，因此会影响学科育人效力的充分发挥。①

因此，实施单元整体教学，有利于教师统整学习目标、组织学习内容、规划学习活动和实施单元评价，也有利于学生开展整合性学习。学生经单元整体教学获得核心素养的具体表现，即形成结构化的、可迁移的、能创造性解决问题的认知方式、正确价值判断和行为选择。

什么是单元整体教学？单元是指以单元主题为统领，以单元学习内容为依据，按学习逻辑组织起来的、结构化的学习单位，是一种基于单元的课程实施规划。对英语学科而言，单元整体教学是指以教材单元为单位开展单元教学规划和单元内各课时的教学设计。做好英语学科单元整体教学设计需要经历由教材单元到教学单元、再从教学单元到学习单元的两次转化过程。首先，教师基于课程标准，围绕特定主题，对"教材单元"等教学资源进行深入的解读和分析，关注语言板块之间、课时之间和单元之间的联系，结合学生的认知规律和生活经验，对教材单元进行必要的整合或重组，搭建起一个由单元主题统领，各语篇主题相互关联、体现整体性、关联性和结构化的"教学单元"，即单元育人蓝图，从而使教师能够围绕一个完整的主题设定单元目标。其次，教师将单元目标转化为单元内各语篇的学生学习活动，构成学生的"学习单元"，使学生能够通过层层递进的语言学习、意义建构和问题解决的路径，逐步学会运用所学语言、思想观点、方法策略，生成围绕该单元主题的深层认知、态度和价值判断。

第二节　开展高中英语深度学习的意义与价值

2004 年以来，普通高中英语课程改革取得了丰硕的成果，我国的英语课

---

① 王蔷. 课程实施是落实核心素养培养目标的关键环节和重要保障 [J]. 教学月刊·中学版（外语教学），2022（5）：3-11, 19.

程体系逐步完善；传统的"填鸭式"课堂教学模式被打破；英语教师的教学观念得到更新，教学水平显著提升；学生能积极主动地用英语获取、理解和整合信息，学习英语的兴趣也有所增强，英语语言素质得到显著提高。然而，在英语课程实施的过程中仍存在将学习目标窄化为语言知识和技能的学习，学习内容的组织呈现孤立、割裂和碎片化特征，学习活动趋于表层化、模式化和标签化等问题以及"唯分数、唯升学"的考试评价倾向。这些问题不仅加重了学生的英语学习负担，也不利于学生挖掘和理解文本的深层含义、建构结构化的知识，进而发展语言能力和思维能力，最终形成正确的价值观。

党的二十大报告指出，育人的根本在于立德。要全面贯彻党的教育方针，落实立德树人根本任务，培养德智体美劳全面发展的社会主义建设者和接班人，应把握住培养学生核心素养这一关键点。在英语课程的实施过程中培养和提升学生的核心素养是英语教育教学活动的基本依据和人才培养质量的关键，而深度学习作为深化基础教育课程改革的重要抓手，不仅强调作为高级心理机能的深度思维，更强调培养学生发展核心素养，指向课堂教学的改进，让学生成为学习主体的理念真正在课堂教学中得到落实。

一、深化课堂教学改革，促进 2020 年修订版课标的有效实施

深化课堂教学改革必须注重培育学生的核心素养。实施高中英语深度学习是落实英语学科核心素养目标、促进 2020 年修订版课标有效实施的重要途径。郭元祥教授指出，深化课堂教学改革要警惕课堂教学改革技术主义取向，扭转单一技术层面的课堂变革，重视提升课堂的教育涵养，丰富课堂教学的发展性。[①] 英语课堂教学如果只是孤立片面地进行单词、语法等语言知识的学习和听、说、读、写等语言技能的机械训练，学生必然没有学习的兴趣和热情，也不能加深对语言和文化背后深层意义和思维逻辑的理解，发现语言学习的规律和本质，更不能灵活运用结构化的语言和文化知识进行跨文化沟通与交流，解决现实生活中的真实问题，英语学科核心素养难以有效形成。高中英语深度学习从学习目标的制定（制定素养导向的学习目标）、学习内

---

① 郭元祥.课堂教学改革的基础与方向：兼论深度教学［J］.教育研究与实验，2015（6）：1-6.

容的选取（设定引领性学习主题，有效整合单元学习内容）、学习活动的实施（设计挑战性学习活动，践行英语学习活动观）、学习评价的设计（开展持续性学习评价）和学习环境的创设（创设开放性学习环境）方面提出了明确、具体、可操作的要求，能够让教学真正触及学生心灵深处，让学生深入体验和思考学习内容，进而生成对学习主题的深刻理解，表达自己的观点、情感态度和价值取向。此外，高中英语深度学习为使学生、教师、课程三个教学核心要素之间达到平衡状态提供了有效途径，即学生是学习的主体，教师发挥主导作用，是学生与课程之间的桥梁。高中英语深度学习凸显学生作为学习主体的地位，强调学生在素养导向的学习目标的引领下，开展以意义探究和问题解决为目的的挑战性探究实践活动，在活动中获取和梳理语言和文化知识，把握知识的内在联系与本质，形成结构化的认知进而用于解决真实情境中的新问题。这一内涵与 2020 年修订版课标提倡的"学生主动体验和积极参与活动、建立知识间的关联，深化对主题的理解和认识、基于新的知识结构创造性地解决陌生情境中的问题"等要求不谋而合，有利于从根本上激发学生学习兴趣，促进学生主动学习和表达，吸引学生认知、思维、情感全方位参与。因此，高中英语深度学习的提出能够转变传统的知识观和教学观，平衡学生、教师、课程三个教学核心要素之间的关系，提升课堂教学的发展性，深化课堂教学改革，促进 2020 年修订版课标有效实施。

二、推动教师教学方式变革，实现学生学习方式转变

为实现英语学科核心素养的课程目标，不仅需要优化教学内容，更需要推动教师教学方式变革，实现学生学习方式转变。进入 21 世纪以来，智能化信息技术的飞速发展带来了海量的信息，知识的更新迭代周期缩短，获取知识的途径呈多元化趋势。为应对人工智能时代对高素质人才的需求，教师在课堂上不能再采取传统的单一知识传授的方式，而是要变革教学方式，引导学生形成结构化知识，构建系统的学科知识体系，培养学生解决问题的思路和方法，提高学生灵活运用所学解决问题的能力。在分析问题和解决问题的过程中，促进学生的语言知识学习、语言技能发展、文化内涵理解、多元思维发展、价值取向判断和学习策略运用。

在教师转变教学方式的前提下，学生得到充分的尊重和信任，成为课堂

学习的主体，从被动接受、孤立记忆和反复操练的机械学习方式转向自主、合作、探究式学习。一方面，学生要发挥主观能动性，主动参与以意义探究为主的挑战性探究实践活动，获取和梳理语言文化知识，建立个人经验与新知识间的关联；内化所学语言和文化知识，围绕主题和形成的新的知识结构开展描述、阐释、分析、判断等交流活动，有意识地发展逻辑思维、辩证思维和创新思维，领悟这一学科的基本思想和基本方法。另一方面，学生要根据自身情况监控和调整自己的学习目标、学习方式和学习进程，主动探索和发现适合自己的学习资源，实现有效学习；与教师同学密切合作，根据自身需要向他们寻求反馈与帮助，持续反思和改进学习方式和进程。

三、提升教师学科育人能力，确保核心素养落地课堂

当前，推进英语课程改革进一步深化亟须解决如何确保核心素养落地课堂的问题。例如：英语教师如何整合教学内容、重组教学要素？如何促进课堂教学问题化、情境化和结构化？如何有效激发学生的学习热情？促使学生语言知识与语言技能整合发展、文化意识不断增强、思维品质不断提升、学习能力不断提高是一线教师共同的目标追求。

教师的专业化水平是提升学科育人能力、确保核心素养落地课堂的关键保障。在实施深度学习的过程中，教师应以培养学生的核心素养为出发点，不断审视自己的教学观念和方法，研究如何在教中学和在学中教，坚持从学生、教师和教学内容等不同角度进行自我反思和自我评价，分析课堂学习目标落实的过程，探索学习内容精准、高效的呈现方式，构建有效的师生活动和教与学方式，监控、分析和解决问题，有目的地改进和优化教学，提高教学效果。除了深度学习教学的亲身实践，教师还可以通过观摩优秀深度学习教学案例、深入学习深度学习理论等方式，从自身所处的特定情境出发，基于具体问题，不断对自己、对教学实践和相关关键事件进行深入的思考，善于从理论与实践中发现意义与价值，在持续的"反思性实践"中激活教学智慧，有机整合学科知识和学科教学知识，加深对深度学习教学本质的理解和认识，自主发展专业意识和能力，逐步提炼符合个人特点的、有利于促进学生自主学习和提高学生学习效果的教学方式和方法。

第二章

指向深度学习的高中英语学科教学基本要求

　　有效的教学设计是实施深度学习的重要前提，本章首先介绍指向深度学习的教学实践模型，即引领性学习主题、素养导向的学习目标、挑战性学习活动、持续性学习评价、开放性学习环境和反思性教学改进；其次，对实践模型中各个要素的内涵进行解读，立足英语教学实际，结合实例阐释如何具体实施，包括设计依据和具体步骤，并辅以切片式案例进行指导；最后，在每一小节中设置"实践问题诊断与分析"，为教师在各个教学环节应对实践中的常见问题提供指导。

　　深度学习主张以学习单元来落实核心素养。学习单元是对目标、内容、活动、评价、环境的整合，是围绕某一主题组织起来的、包含系列化的挑战性学习活动，以帮助学生获得语言能力、文化意识、思维品质和学习能力的整体发展。学生在单元学习中，通过不同角度、深度逐步建构对主题的认知，克服英语学习的碎片化弊端，形成结构化知识，实现素养的进阶发展。

　　学习单元由四个核心要素和两个支持要素构成，这六个要素构成指向深度学习的教学实践模型（见图2-1）。四个核心要素分别为引领性学习主题、素养导向的学习目标、挑战性学习活动和持续性学习评价。两个支持要素为

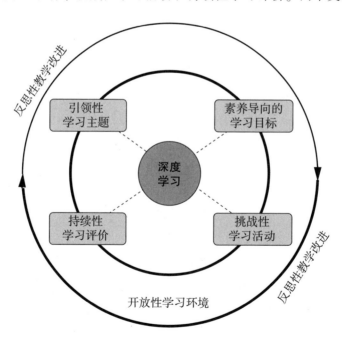

图2-1　指向深度学习的教学实践模型

开放性学习环境和反思性教学改进。① 教学实践模型是指导教师进行教学改进的框架，从确定目标、选择内容、设计活动、预设评价等方面呈现教学设计和实施的基本原则和方法，为教师提供真正意义上的"教学支架"。

各个要素的内涵和具体的实施步骤，将在以下六节中结合实例进行具体阐释。

第一节　设定引领性学习主题

一、什么是引领性学习主题

引领性学习主题是对单元核心内容的价值提炼，凝练单元育人价值，关注单元内语篇主题和内容之间的关联，凸显单元知识的结构化，是学生在完成单元学习后形成的关于该单元主题的认知结构，解决问题的思路、方法及价值观念，会持续影响学生的行为表现及品格态度。引领性学习主题既反映英语学科本质和单元大观念，又与真实世界及学生的生活紧密联系，体现英语学科核心素养落实的具体化与整体化。

引领性学习主题包含在 2020 年修订版课标中提出的人与自我、人与社会、人与自然的主题范畴之内，凸显学习内容的价值取向，是学生在学习完一个单元后，可以迁移到新的情境中用于解决问题的关键能力、必备品格和正确的价值观的具体表现，是统整与联结单元所学内容与方法的上位概念。②

2020 年修订版课标明确指出，"英语课程应该把对主题意义的探究视为教与学的核心任务"③。从单元层面来看，单元的引领性学习主题与单元标题紧密相关，但主题不等于标题，其往往是学生对单元标题的知识与认识，是学生在完成单元学习后建构并生成的新的认知，解决问题的思想、方法以及

---

① 摘自 2021 年 2 月郭华老师在普通高中指向核心素养的深度学习教学改进项目综合组及学科组组长第五次会议上的发言。

② WIGGINS G，MCTIGHE J. Understanding by design（Expanded 2nd ed.）[M]. Alexandria：Association for Supervision and Curriculum，2005.

③ 中华人民共和国教育部. 普通高中英语课程标准（2017 年版 2020 年修订）[M]. 北京：人民教育出版社，2020：16.

正确的价值观念。① 学生在 Sports and Fitness 这一单元的学习中，围绕不同文体类型的多个语篇，多维度、深层次建构有关运动与健康的结构化知识，形成对运动精神和身心健康等的认识，逐步生成认知态度和价值选择，指向单元的引领性学习主题，即认识体育项目，发掘体育兴趣，学习体育精神，建立健康饮食和锻炼习惯。

引领性学习主题对学生建构知识体系、发挥主体性和发展认知具有重要价值。学生在引领性学习主题下开展各项英语学习活动，英语学习围绕着意义探究展开，以结构化、整合化的方式构建知识体系，建立知识之间、知识与经验之间的关联。有了明确的主题引领，学生才能够积极地投入对主题意义的建构。例如，北师大版高中英语选择性必修第二册 Unit 4 Humour 单元有 8 个语篇：Reading 呈现了幽默故事以及英式幽默的特点，介绍了幽默大师 Mr Bean 和 Chaplin 的生平故事；Viewing 呈现了幽默表演；Listening 讨论了 "Why do we need humour?"；Writing 分享创作幽默故事。教师首先分析单元的主要内容，对单元核心内容进行价值提炼：单元围绕着 "Humour" 这一标题，主要从 "幽默的内涵" "幽默的真谛" "幽默的益处" 几个方面展开。教师研读、挖掘语篇之间的联系，对单元进行进一步的整合，单元内各个语篇从幽默是什么（幽默的定义、主要形式、如何达成幽默效果）、如何欣赏幽默（赏析幽默表演、了解喜剧角色和喜剧演员）和如何践行幽默（幽默的益处、幽默在人际交往中的应用）三个方面，构建出 "明确幽默概念，把握幽默内涵——赏析幽默表演，探究幽默真谛——知晓幽默益处，持有乐观态度" 的单元主线，形成单元的引领性学习主题，即 "掌握幽默内涵，赏析幽默形式，持有乐观态度"。② 在单元学习主题的引领下，学生带着被激发的好奇心和学习兴趣，主动投入学习。而随着学生对幽默相关知识结构的生成，学生对幽默的认知态度和行为取向也会发生变化，逐步实现从学科知识向学科素养的发展。

由此可见，引领性学习主题有三个特点：一是立足于单元内各语篇的内容，二是体现单元内容的关联，三是反映学生在单元学习中的素养表现。对

---

① 王蔷，孙万磊，赵连杰，等. 大观念对英语学科落实育人导向课程目标的意义与价值［J］. 教学月刊·中学版（外语教学），2022（4）：3-14.

② 案例设计者：清华大学附属中学刘威、刘桂章、李佳亮、尹然、秦唯，做适当修改。

这三个特点的详解如下。

第一，引领性学习主题立足于单元内各语篇的内容，反映出各语篇的结构化知识和主题，涵盖单元中的核心语言和文化知识。引领性学习主题引导学生在意义探究中逐步形成知识结构，在获取语言知识、提高语言能力的同时，学习语言所蕴含的文化知识，促进思维的深化和学习能力的提高。

第二，引领性学习主题体现对单元内学习内容的有机整合。引领性学习主题将单元内的各个语篇有机整合起来，使教师超越对零散知识的关注，将凌乱的内容和语言知识点串成线、连成片、织成网，纳入系统的知识结构，①形成一个系统、完整的单元知识体系，体现了单元的核心内容结构。

第三，引领性学习主题凝练单元中最为核心、最具有育人价值的内容。不同的单元内容体现出对核心素养的具体化，有助于真正落实对学生核心素养的培育。例如，核心素养中的"文化意识"在不同的引领性学习主题中可体现为跨文化交流意识、科学求索意识、人生选择意识或道德规范意识等不同维度。

案 例 链 接

单元标题：Unit 6 The Admirable（北师大版高中英语必修第二册）

主题语境：人与社会—历史、社会与文化—对社会有突出贡献的人物

引领性学习主题：值得敬佩的人与年龄、成败无关，而是具备责任心、意志力、奉献精神等美好品质的人。

单元内容分析：

本单元内容围绕 The Admirable 展开，涉及 8 个语篇，包括 2 个阅读主语篇、2 个 Reading club 阅读语篇、1 个听说主语篇、1 个 Topic Talk 听说语篇、1 个读写结合语篇和 1 个视频语篇。

Topic Talk 是有关自己敬佩的人及其经历、品质的讨论。

Lesson 1 是阅读语篇，介绍了医学先驱屠呦呦的科研工作及其精神、态度。

① 崔允漷. 如何开展指向学科核心素养的大单元设计 [J]. 北京教育（普教版），2019（2）：11-15.

Lesson 2 听说语篇包含一段关于 Martin Luther King 反抗种族歧视、创造历史的采访，和两名学生有关 "Gandhi 解放印度" 的对话。

Lesson 3 阅读语篇讲述了超人的扮演者 Reeve 身残志坚的人生故事。

Writing Workshop 是关于人物故事 summary 的写作。

Viewing Workshop 是 Martin Luther King 题为 "I Have a Dream" 的演讲视频片段。

Reading Club 1 介绍了太空探索史上的航天英雄。

Reading Club 2 讲述了有关二战中的 Anne Frank 和她给人带来勇气与希望的《安妮日记》。

本单元的 8 个语篇介绍了多位具备美好品质且令人敬佩的人。从生平经历和个人事迹来看，大概有两类人：有些是影响社会的伟人（great men making a difference to the society），如屠呦呦、Martin Luther King、Gandhi；有的是追求自我发展的普通人（people pursuing self-development），如 Reeve，这能够帮助学生通过他们的事迹建立起对值得敬佩的人的新认知。更进一步地来讲，有些人不管成功与否都值得敬佩，如探索太空的宇航员；有些人虽然年龄不大但值得敬佩，如十几岁的 Anne Frank，基于此，学生可以对"什么样的人是值得敬佩的人"这一问题进行更深层次的思考。由此，单元内的语篇可以构成两个子主题，即"阅读人物事迹，构建对 The admirable 的新认知"和"理解 The admirable 的深层含义（与成败无关、与年龄无关）"。各个语篇的学习围绕单元引领性学习主题展开，语篇之间既相对独立，又紧密关联，共同指向对"值得敬佩的人"的认识。语言学习渗透在主题意义探究之中，学生在单元学习中探究什么样的人是值得敬佩的人，形成关于主题的结构化知识。（见图 2-2）

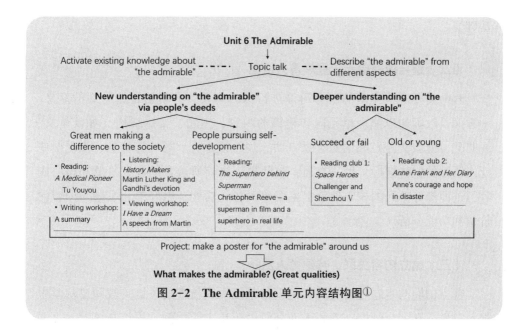

图 2-2　The Admirable 单元内容结构图①

二、如何设定引领性学习主题

设定引领性学习主题，要基于教材单元，通过对单元学习内容的深入研读与梳理分析，把握联系，理清脉络，将教材单元转化为学生的学习单元。具体而言，设定引领性学习主题有以下三个关键步骤。

（一）研读课程标准，明确主题范畴

2020 年修订版课标是教师设定引领性学习主题、明确核心学习内容的重要依据。课程标准提出课程内容六要素，并指出英语学习要以"主题为引领，语篇为依托"。主题是语篇所围绕的中心议题。语篇赋予语言学习以主题、情境和内容，并以其特有的内在逻辑结构、文体特征和语言形式组织和呈现信息，服务于主题意义的表达。课程标准中详细梳理了人与自我、人与社会、人与自然三大主题语境及其对应的主题群和内容要求，以及不同阶段语篇类型的内容要求，为教师研读单元内容、提炼主题意义奠定了

① 案例设计者：北京师范大学外国语言文学学院 2020 级硕士研究生胡文静、殷鑫、王雅诗、王思宇。

基础。

（二）整合教材单元，提炼育人价值

教师需要对单元内的所有语篇进行深入解读，分析语篇所承载的意义。一方面，教师初步梳理单元内各语篇的内容、主题、文体结构（如议论文、说明文、记叙文等）和语篇类型（听、说、读、看、写）等信息，实现对单元内语篇的整体把握。另一方面，教师提炼语篇所蕴含的育人价值和核心内容，进而提炼单元的核心价值，挖掘单元育人功能，做好单元主题与内容的价值和功能分析。

（三）建立内容关联，构建育人蓝图

建立语篇与主题之间的关联是进行单元主线梳理的关键。教师要从学生视角出发，从多个维度、不同方面分析语篇小主题之间、语篇与单元大主题之间的意义关联，在看似各自独立的语篇内容之间建立联系，梳理单元内各语篇的子主题，提炼子观念，并建立显性关联，初步确定引领性学习主题。教师可以在梳理语篇主题的基础之上分析语篇之间的联系，并借助单元内容结构图明确引领性学习主题的统领，理顺单元子主题之间的关联，将散片状的教材单元重构为内容紧密关联、逻辑清晰的学习单元。

引领性学习主题的确定过程并非一蹴而就的，而是在单元内各语篇研读和深入思考的基础上不断调整和优化得来的。教师可与教研组其他教师进行研讨，吸纳多方意见和建议，不断修正和调整，最终确定引领性学习主题。

案 例 链 接

单元标题：Unit 7 Careers（北师大版高中英语选择性必修第三册）

该单元属于"人与自我"和"人与社会"主题语境，教材单元中共包含8个语篇和1个单元 Project，按照教材编排顺序，单元所含语篇及标题如表2-1所示。

表 2-1　Careers 单元所含语篇概览

板块（教材单元顺序）	语篇标题
Topic Talk	Careers
Lesson 1（Reading）	EQ：IQ
Lesson 2（Listening）	Career Skills
Lesson 3（Reading）	Meet the New Boss：You
Writing Workshop	A Letter of Application
Viewing Workshop	What Jobs Will Survive the Robot Economy
Reading Club	How to be Successful in a New Environment Working in the Dark
Project	Planning a Careers Fair

　　教师围绕 Careers 单元主题，对单元内各个语篇进行了深入研读，挖掘出每个语篇蕴含的育人价值，在单元主题和语篇子主题之间建立起关联。基于对单元内容的分析及对各个板块学习内容的整合，形成整体性、结构化的单元内容框架，并确定引领性学习主题为"提升对职场及职业技能的认知，树立面向未来的职业观，为未来进入职场做好准备（Improve the understanding of careers，establish a future-oriented career outlook，and prepare for career in the future）"，构建了育人蓝图，并经过调整优化，形成了逻辑清晰、内容关联的学习单元。（见图 2-3）

　　在搭建单元结构时，教师首先研读各个语篇，梳理语篇内容。例如，Lesson 1 "EQ：IQ"中阐述了专家在情商方面的研究进展、实验以及情商与智商的对比等内容，明确了情商与成功的关系以及通过后天学习培养高情商的可能性。其主题可以提炼为"认识情商培养的重要性和必要性，提高人际交往和沟通能力，提高情商"，据此方法提炼各个语篇的主题，明确主要内容，形成单元育人蓝图。

　　然后，教师在梳理各个语篇主题的基础上，构建各个语篇内容之间的联系，初步确定引领性学习主题。例如，Lesson 1 和 Lesson 2 都侧重于职业素养

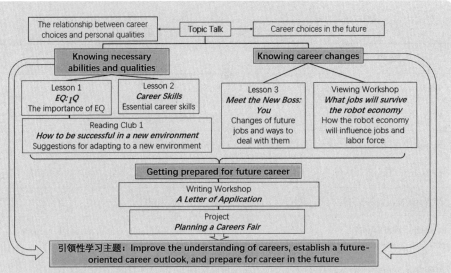

图 2-3　**Careers** 单元引领性学习主题与单元内容结构图[1]

　　和技能，Lesson 3 和 Viewing Workshop 都侧重对职业变化的认识和应对，而 Writing Workshop 则强调为未来求职做准备。由此，我们可以在单元各个语篇之间建立起显性关联：本单元可在主题"Careers"下划分三个子主题，即知晓职业技能和素养、认识职业发展变化、为未来求职做准备。前两个子主题层层递进，侧重对职业的深层认知与价值取向，最后一个子主题则是在认知基础上，切实提升职业所需的核心技能，为未来进入职场做准备。由此形成了单元的育人蓝图。在构建学习单元时，教研团队经过讨论，认为 Reading Club 2 语篇与单元引领性学习主题的关联较弱，可以将这一语篇作为学生课后选读语篇，不列入学习单元之中。

　　引领性学习主题体现单元教学的核心内容，反映出学生在单元学习结束之后应生成的大观念。关注引领性学习主题，有助于教师理清主次，突出重点，提炼具有育人价值的内容，有利于教师在主题意义的探究中实现对学生核心素养的培育。基于单元框架图，教师对整个单元内容能够有清晰和全面的把握，从而在分课时教学中，明确所授课语篇在单元中的位置和作用，引导学生逐步形成对单元主题的深层认知，并使学生在探究主题意义的过程中发展语言能力、提升思维品质，形成正确的价值观念。

---

　　① 案例设计者：北京师范大学附属实验中学陈林林、曹向前、彭博、何明、汪菁、孙薇薇。

三、实践问题诊断与分析

教师在设定引领性学习主题的过程中，常遇到以下几方面的问题。

【问题1】 对引领性学习主题内涵的理解存在困难

问题表现：教师对"什么是引领性学习主题"把握不准确，不知道该如何提炼主题。

问题分析：引领性学习主题是学生在完成单元学习后生成的认知态度和行为选择。主题不是事实性知识，而是基于事实性知识关联提炼生成的上位概念。学生依托于单元内多个语篇的协同，可以从多角度分析问题和解决问题，建构起围绕特定主题的、相对稳定的认知结构、情感态度和价值判断。引领性学习主题既是单元学习中育人价值的反映，又体现了学生认知从建构理解到提高能力再到素养发展的过程。例如，外研社版高中英语必修第二册 Unit 6 Earth First 单元标题为"地球为先"，单元中的各个语篇涵盖了关于地球保护的事实性信息与知识，比如 Starting out 部分以环保主题的公益广告和漫画的形式直观展现人类面临的严峻环保形势；Using language 部分包含三江源保护、气候变暖和雾霾的危害及应对举措等。基于对各语篇事实性知识的关联分析与整合，教师可以从单元整体的角度梳理出意义探究主线，即"认识严峻的环保形势—思考人与地球的关系—践行绿色生活方式"，并提炼形成引领性学习主题："地球为先，人与自然和谐共生。"[1]

【问题2】 在引领性学习主题的提炼和确定上存在困难

问题表现：不清楚如何分析、确定引领性学习主题，容易将主题表述得过于空泛或窄化。

问题分析：引领性学习主题是学生在完成单元学习后形成的关于该单元主题的、会产生持续影响的认知态度和行为选择。引领性学习主题通常指向问题的解决，与学生的生活经验密切相关，能够对学生产生实际的指导意义，通常以陈述句或疑问句的形式呈现，区别于单元标题的词语或短语形式。例如，Humour、Sports and Fitness 只能作为单元的标题，不能成为单元的引领

---

[1]　案例设计者：山东省淄博市基础教育研究院王慧、山东省淄博齐盛高级中学蔡铭珂。

性学习主题。教师在分析、提炼引领性学习主题时，应注意：首先，要对单元内语篇进行多次研读，明确各个语篇的内容与主题；其次，要在建立关联的基础上凝练单元育人价值，根据引领性学习主题提炼单元的核心内容和价值；最后，要善于联系学生的认知与生活经验，以实际问题为导向，避免"贴标签"或"大而空"。

【问题3】在构建学习单元上存在困难

问题表现：难以在单元语篇之间建立关联，无法构建逻辑清晰的单元内容结构图，不知道如何将教材单元转化为学习单元。

问题分析：教材单元通常是按照技能（听、说、读、写、看）或语法功能逻辑编排顺序，而学习单元则是遵循学生认识的规律和经验，按照特定的逻辑主线（如认识—分析—实践）安排语篇学习内容与顺序。教师基于学生的认知特点和生活经验对教材单元进行调整，适当删减某些语篇或者补充阅读材料，按照特定的逻辑主线安排各语篇的学习顺序，建立单元内容的关联，进行整体性的教学规划和设计。

第二节　制定素养导向的学习目标

一、什么是素养导向的学习目标

素养导向的学习目标是指，学生在单元学习之后在语言能力、文化意识、思维品质、学习能力等方面的具体表现，包括能够应用相应的语言文化知识进行表达，掌握一定的学习技能与策略，具备解决问题的综合能力，以及在学习后形成的对某一主题较为完整、全面的认知态度和行为选择，和在学习中获得的愉悦的心理感受。清晰、规范的学习目标是教师组织学习内容和选择教学方法的依据，也是评价学生学习效果的依据。素养导向的学习目标的确定过程，是教师对教育目的和教学价值不断追问的过程。只有当素养导向的学习目标在每一个具体单元的教学中不断得到实现，深度学习的最终目的才能得以实现。

素养导向的学习目标一般包含相应的学习内容、可检测的行为表现，以及具体的素养维度、行为发生的情境或条件。学习目标的确立体现对单元主题意义的探究与建构，体现课程标准和核心素养在单元学习中的具体要求；

关照学生的发展基础和需求，基于学情设置，充分考虑让学生"跳一跳，够得到"。目标既要整体考虑核心素养的落实，又要结合单元主题有所侧重，还要体现学生素养水平的进阶性。（见图2-4）

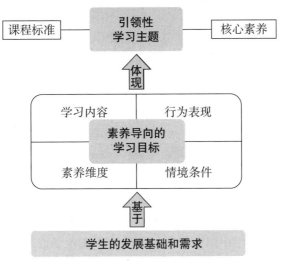

图2-4　素养导向的学习目标

🄰 🄴 🄻 🄹 案 例 链 接

在 Humour 单元的学习中，教师设计了如下目标。

（1）明确幽默概念，把握幽默内涵

● 运用 look up、call in、with a good appetite、announce 等话题词汇，举例说明幽默故事的讽刺效果与现实意义；

● 运用 be popular and well-liked、has never gone out of fashion、core characteristics of British culture 等词组和表达法，列举英式幽默的特点，比较中西幽默的异同并论证说明。

（2）赏析幽默表演，探究幽默真谛

● 在语境中分析运用丰富的动词和副词来刻画表演片段的作用，说明喜剧表演中幽默效果达成的方法；

● 运用 have a reputation for、be awarded a scholarship、obtained his master's degree 等词汇、词组和表达法讲述喜剧演员的生平，分析其取得成功的原因，总结乐观的人生态度。

（3）知晓幽默益处，持有乐观态度

● 运用 relieve tension、increase blood flow to the heart、make us happy when we feel down 等有关幽默作用的短语，阐释幽默对身心带来的积极影响，用事例说明幽默在人际交往中的重要作用；

● 学习身边的幽默人物，运用在 Humour 单元中所学的语言，总结其言行方式和其对身边人的积极影响。

素养导向的学习目标与单元的引领性学习主题以及具体内容紧密结合，有利于在各个语篇学习中落实目标。学生要达成各个维度的学习目标，要有相应语言知识、技能的支撑，要有文化知识的积累和认知的发展，要有思维的进阶，要在自主探究和合作学习之中实现学习能力的提升。

由此可见，素养导向的学习目标具备六个特点，包括一致性、发展性、关联性、融合性、外显性和可操作性。

一致性。素养导向的学习目标与英语学科核心素养——学生在完成单元的学习任务之后在语言能力、文化意识、思维品质、学习能力上的发展——相一致。

发展性。目标的制定既要基于学生的语言知识和技能，又要体现高阶思维和文化意识的发展，让学生"跳一跳，够得到"。

关联性。学习目标与引领性学习主题相互关联、相互支撑，目标的确定根植于单元学习内容和主题，对主题意义的探究与建构是实现单元学习目标的必由之路；同时单元学习目标与课时学习目标也紧密联系，每个课时学习目标的设定都为达成单元学习目标服务。

融合性。学习目标要体现英语学科核心素养，即语言能力、文化意识、思维品质和学习能力等四个方面的融合发展。英语学科核心素养强调避免各方面的割裂。

外显性。学习目标的制定体现学生基于所学内容所外显的素养表现，尤其关注学生完成学习后在应用实践和迁移创新层面的表现，包含学生形成的新的认识和外显的行为表现，如举例说明、分析、论证等素养表现。

可操作性。学习目标的制定一定要具有可操作性、可检测性，在表述上以学生为主语，体现学生在学习过程中的具体做法和行为表现，确保在课堂教学中以目标作为组织学习内容和设计教学活动的依据，并根据目标的达成情况评价教学效果、调整教学进度。

二、如何制定素养导向的学习目标

素养导向的学习目标应符合 2020 年修订版课标的基本要求，适应学生的已有基础，同时结合单元主题有所侧重，整体考虑核心素养的落实。具体来说，教师在制定目标时，应遵循以下四个步骤。

（一）宏观把握，研读课程标准，明确课程目标与阶段目标

2020 年修订版课标是教师把握课程总目标和阶段目标的基础。2020 年修订版课标对英语课程目标、学业质量水平进行了详细阐述：教师应通过深入研读，明确英语课程目标，即学生在接受高中英语教育后应具备的语言能力、文化意识、思维品质、学习能力等学科核心素养；熟悉高中英语学业质量水平的要求，结合单元所处的学习阶段确定该阶段的学业质量水平要求，从宏观上把握学习目标。

（二）立足学情，结合引领性学习主题，初步确定学习目标

学习目标的制定要结合学生的实际学习情况。教师应通过分析学生已有水平、现阶段思维特点和发展需求，结合单元的引领性学习主题和单元核心内容，确定单元的学习目标。单元学习目标与单元学习内容和主题紧密联系，体现教师对学生在单元主题意义建构方面达成预测效果的期待。此外，学习目标的表述应以学生为主体，一般包含相应的学习内容、可检测的行为表现，以及行为发生的情境或条件等。学习目标应该可达成、可操作、可检测，体现学生外显的素养表现。教师在阐述单元学习目标时，要避免使用"掌握""了解""认识"这类不可操作也不可检测的词语。

（三）根植素养，分析学生素养水平，明确核心素养表现

学生学习目标的达成应体现核心素养的落地。教师通过梳理单元学习结束后学生在语言能力、文化意识、思维品质和学习能力四个方面的综合素养表现，对单元学习目标做出调整和完善，从而确定单元素养导向的学习目标。值得注意的是，在学习目标中应体现学生语言能力、思维品质、文化意识和学习能力应达成的外显行为表现，但素养的培养并非割裂的，而是一体的，因此教师在制定学习目标时，应在单元学习主题的引领下，结合单元框架图确定目标，避免割裂的、碎片化的表述。

（四）深入语篇，制定课时目标，服务单元学习目标

单元学习目标的实现离不开课时目标的达成。因此，教师还应深入各个语篇，基于各个语篇的学习内容设定课时目标，将单元学习目标落实在每一课的教学中。每个课时目标的设定都要为达成单元学习目标服务，有机整合课程内容六要素，并根据教学实际有所侧重，避免脱离主题意义或碎片化的呈现方式。此外，单元学习目标和课时目标的确定都要体现对全体学生的基本要求，同时兼顾学生的个体差异，既确保共同进步的基础，又满足个性发展的需要。

案 例 链 接

下面继续以 Careers 单元为例，说明如何制定素养导向的单元学习目标。

教师通过研读 2020 年修订版课标和单元内的各个语篇，明确本单元的引领性学习主题，并基于学情制定单元学习目标。同时，教师将各个学习目标与核心素养建立关联，梳理出核心素养在单元学习中的观测点，有利于检测学生在单元学习中和单元学习完成后的素养表现，更好地促进素养导向学习目标的达成。（见表 2-2）

表 2-2 Careers 单元素养导向的单元学习目标

单元引领性学习主题	单元子主题	语篇	单元学习目标	关联的素养
提升对职场及职业技能的认知，树立面向未来的职业观，为未来进入职场做好准备。	知晓职业技能和素养	Topic Talk	运用 be responsible for、be reliable、get credits for a degree 等词组和表达法，阐释个人未来的职业选择和所应具备的技能、品质。	语言能力 文化意识 思维品质
		Lesson 1 EQ：IQ +Reading Club 1	运用 A is determined by B、deserve a chance、get employed、adjust to 等词组和表达法，阐述情商的相关概念、作用和可塑性，表达对情商的新认识，列举并解释适应新环境的技巧。	
		Lesson 2 Career Skills	运用 get prepared with、have the ability to learn new skills、consider and evaluate information、keep up with technology developments、come up with new ideas 等词组和表达法，阐释职业所需技能，表达对未来职业发展趋势的见解。	
	认识职业发展变化	Lesson 3 Meet the New Boss：You	分析议论文的结构、语言特征以及主题思想，运用 follow one's footsteps、prospect of doing something、a recipe for 等词组和表达法，讨论未来职业的发展变化，分享如何为未来的职业变化做准备。	语言能力 文化意识 思维品质
		Viewing Workshop	通过学习 labor force、computerization、robotization 和 brain power 等词汇和词组，分析机器人经济产生的原因、对未来职业的影响，以及探讨个人如何应对挑战。	

续表

单元引领性学习主题	单元子主题	语篇	单元学习目标	关联的素养
提升对职场及职业技能的认知，树立面向未来的职业观，为未来进入职场做好准备。	为未来求职做准备	Writing Workshop	按照求职信的文体结构及语言特点，结合岗位要求和自身能力，写一封求职信。	语言能力 文化意识 思维品质 学习能力
		Project	在"模拟招聘会"任务中，以小组为单位合作成立、宣传新公司，并按照职业要求，运用与 Careers 相关的词汇、词组和表达法积极招揽人才。	

从语言表述来看，表 2-2 中的单元学习目标主要体现学生"运用什么语言知识，围绕什么主题和内容，能做什么事情以及达到何种目的"，即包括"学习内容（知识结构）+行为条件+行为表现"三个部分，使学生通过说或写的活动将内化的知识"外显"出来，体现目标的可操作性和可检测性。这样教师既可以依据目标进行学习活动的设计，又可以根据学生外显的行为表现监测学习效果，从而及时调整教学策略和进度。

此外，单元学习目标兼顾语言能力、文化意识、思维品质和学习能力的融合发展，体现学生学习后形成的新的认知态度、价值判断和行为选择。例如，在完成 Lesson 2 的学习后，学生应达成的单元学习目标是"运用 get prepared with、have the ability to learn new skills、consider and evaluate information、keep up with technology developments、come up with new ideas 等词组和表达法，阐释职业所需技能，表达对未来职业发展趋势的见解"。这不仅要求学生内化在文本中学到的语言知识和文化知识，还要求他们能够根据所学的主题和内容有理有据地表达个人对职业发展趋势的看法，体现逻辑思维和批判性思维。再如，在 Project 中，学生需要以小组为单位合作成立、宣传新公司，并按照职业要求，运用与职业相关的词汇、词组和表达法积极招揽人才。在达成这一目标的过程中，学生不仅能够发展语言能力，锻炼逻辑思维和培养创新思维，也能在小组合作中发展学习能力。

综上所述，素养导向的学习目标要兼顾核心素养的融合发展，体现学生"能运用所学的语言和内容去做什么事或者解决什么问题"，具有可操作性和可检测性，从而保障学习目标在课时学习中真正落实。

三、实践问题诊断与分析

在确定素养导向的学习目标时，教师常存在以下问题。

【问题1】单元学习目标与单元内容、主题的关联性不强。

问题表现：目标设置脱离语篇学习内容和单元主题，单元、语篇、课时学习目标割裂。

问题分析：教师要认识到，实现目标、达成素养的过程离不开对单元内容的学习及对单元主题意义的建构。只有将目标与意义探究紧密结合起来，才能使学生在每个语篇的学习中建构意义，最终达成单元学习目标。因此，教师要构建起由单元学习目标和课时学习目标组成的目标体系，使单元学习目标在每一课中有所落实，帮助学生逐步构建起对单元主题的完整认知。一方面，学习目标的设置呼应单元内容结构图，契合单元的引领性学习主题，各个子主题都要对应目标的达成；另一方面，学习目标对应各个语篇的学习，形成层次体系，关注学生在应用实践和迁移创新层面的外显表现，使核心素养落地课堂。

【问题2】在单元学习目标设计上未能体现核心素养。

问题表现：目标的设计仅仅停留在知识获取层面，未能体现对核心素养和学科育人的落实。

问题分析：学习目标的设置既要体现学生对所学语言和文化知识的获得与转化，也要通过所创设的特定语境，引导学生运用所学的知识、概念、思想和方法创造性地解决问题。在制定课时和语篇学习目标时，教师要遵循英语学习活动观学习理解、应用实践、迁移创新的层次，关注语言知识和文化知识的落实及迁移；在制定单元学习目标时，教师要重点关注学生在素养层面的表现，基于学生已有的知识和经验，创设新的情境培养学生创造性解决问题的能力，实现由知识到素养的发展。例如，在 Careers 单元的目标设计中，教师不会将"梳理概括职业选择应具备的技能、品质"列入单元学习的目标，因为"概括梳理"的层次相对基础，无法体现学生思维、文化、语言的综合素养；而"分析机器人经济产生的原因、对未来职业的影响，以及探讨个人如何应对挑战"的目标，则对学生的语言表达、思维层级和文化认知都提出了更高的要求，能够体现学生的综合素养。

【问题3】单元学习目标的表述存在不可操作、不可检测等问题。

问题表现：目标设计时使用"掌握""知道""了解""感受"等表述，难以在课堂教学中通过具体活动进行操作，也难以对学生的学习程度进行观察或检测。

问题分析：在目标设计与表述时，教师应使用具有可检测性、可操作性的语言，如说明、比较、总结、归纳、分析、制作等能够体现学生外显行为的表达，这有利于教师在课堂教学中通过学生的行为表现判断学习目标的达成情况。

例如，有的老师针对 Earth First 单元设计了以下学习目标：

（1）理解与濒危动物和环境保护相关的文章内容；初步了解说明文的篇章结构，能够撰写环保倡议书并开展"碳足迹"调查活动。

（2）多渠道获取环保的学习资源，了解先进的环保理念，增强环保意识。

（3）基于单元主题和语言知识对濒危动物保护和环保问题提出解决方案，自觉践行绿色生活方式，实现知识与能力的迁移……

在以上目标中，教师使用了"理解""初步了解""增强意识""自觉践行"等非行为动词的表述，教师在课堂上难以操作和实施，也无法检测学生是否"理解"了，又"了解"到了什么程度。经过调整，学习目标设计如下。

通过本单元的学习，学生能够：

（1）运用有关 environmental protection 的话题词汇，列举全球共同面临的环境问题以及区域性环保问题，并解释造成问题的原因。

（2）运用 endangered、extinction、be frightened of 等词汇和词组介绍人类对于鲨鱼印象的转变及其原因，以鲨鱼、三江源和美人鱼为例谈论自己对人类与地球关系的认识。

（3）学习说明文的结构和语言特点，列举对濒危动物保护和环保问题的解决方案，围绕身边的环保话题完成一篇倡议书。

（4）开展"碳足迹"调查活动，运用单元中学到的知识完成调查报告，提出能减少碳足迹的健康生活方式的建议。

修改后的目标依托具体的学习活动，使用了"列举""解释""介绍""提出建议"等具有可操作性、可检测的行为动词，不仅呈现了达成目标的途径，也提供了可检测的学习证据，帮助教师判断学习发生的情况。

第三节　设计挑战性学习活动

一、什么是挑战性学习活动

学生在英语学习中，应在素养导向学习目标的引领下，聚焦引领性学习主题，开展有挑战性的学习任务与活动，全身心积极参与、体验成功、获得发展。挑战性学习活动反映的是实现学习目标的单元学习过程。每个单元的学习都是由一组彼此关联的、结构化的、有逻辑的系列学习活动所构成的。"挑战性"是指活动相对于学生现有水平，具有一定的难度要求，学生依靠现有的知识经验难以完成，必须吸收新的知识、建立新的联系，或者转变思路、调整方法才能完成。挑战性学习活动符合深度学习的要求，有助于学生将知识转化为能力，能力转化为素养，促进素养导向的学习目标的达成。

挑战性学习活动具有以下主要特征。

真实性　深度学习是在教师指导下的实践性学习活动，重视真实情境的创设，面向迁移运用和问题解决，强调学习者将形成的结构化知识迁移到真实社会情境中，关注学生在真实情境中探究、讨论、分析、解释、设计、评价、体验等学习过程。

综合性　深度学习强调学生在已有的知识和经验基础上建构新知识，运用新的知识体系来完成具有挑战性的活动，例如分析判断、举例说明、论证推理、总结归纳等，这些活动中解决问题的方法和思路都不是唯一的，答案也是相对开放的，教师需要引导学生综合调用多种知识和方法来解决问题。这也是使学生将知识转化为能力、能力转化为素养的重要过程。

建构性　深度学习关注学生知识体系的建构，强调学生在现有的知识与经验的基础上，建立知识间的关联，完善知识结构，建构新的知识体系，将知识以结构化和整合的方式存储在记忆中。建构性体现学生主动联系知识与经验进而建构知识体系的过程。

进阶性　单元的学习由一组彼此关联的、结构化的、有逻辑的系列学习活动构成。活动设计以单元为实施单位统筹规划，符合学生认知发展的逻辑，使学生的学习能够做到层层递进、不断深入，从而实现认知的逐步发展和素养的进阶。

单元整体教学是由单元内的具体语篇教学构成的，因此单元学习目标和深度学习的实现要依托于每一个具体语篇的深度学习。而针对单元内听说、阅读和写作等具体语篇的学习，2020年修订版课标提出，教师可以依据英语学习活动观设计层层递进的教学活动，引领学生围绕主题意义，通过学习理解、应用实践、迁移创新等一系列体现综合性、关联性和实践性等特点的英语学习活动，使学生基于已有的知识，依托不同类型的语篇，在分析问题和解决问题的过程中，促进自身语言知识学习、语言技能发展、文化内涵理解、多元思维发展、价值取向判断和学习策略运用。[①] 这一过程既是学生语言知识与语言技能整合发展的过程，也是他们文化意识不断增强、思维品质不断提升、学习能力不断提高的过程。

第一个层次是学习理解类活动，主要包括感知与注意、获取与梳理、概括与整合等基于语篇的学习活动，即教师围绕主题创设情境，激活学生已知，铺垫必要的语言和文化背景知识，引导出要解决的问题。在此基础上，以解决问题为目的，鼓励学生从语篇中获得新知，通过梳理、概括、整合信息，建立信息间的关联，形成新的知识结构，感知并理解语言所表达的意义和语篇所承载的文化价值取向。这个阶段的活动是培养学生逻辑思维的基础和手段，学生通过对语篇中基本知识的学习，将文本中的信息建立关联，与已有知识和经验建立联结，形成立体的、能长久留存的知识网络，为之后的应用实践活动打下基础。

第二个层次是应用实践类活动，主要包括描述与阐释、分析与判断、内化与运用等深入语篇的活动，是指在学习理解类活动的基础上，教师引导学生围绕主题和所形成的新的知识结构开展描述、阐释、分析、判断等交流活

---

① 中华人民共和国教育部. 普通高中英语课程标准（2017年版2020年修订）[M]. 北京：人民教育出版社，2020：13.

动，通过大量语言实践，逐步实现语言知识和文化知识的内化，巩固新的知识结构，促进语言运用自动化，助力学生将知识转化为能力。

第三个层次是迁移创新类活动，主要包括推理与论证、批判与评价、想象与创造等超越语篇的学习活动，具体指教师引导学生针对语篇背后的价值取向或作者态度进行分析与论证，赏析语篇的文体特征与修辞手法，探讨其与主题意义的关联，批判、评价作者的观点等，加深对主题意义的理解，进而使学生在新的语境中，基于新的知识结构，通过自主、合作、探究的学习方式，综合运用语言技能，进行多元思维，创造性地解决新的情境中的问题，理性表达观点、情感和态度，体现正确的价值观，实现深度学习，促进能力向素养的转化。

这三个层次的活动从基于文本的信息输入，到深入文本的初阶输出，再到超越文本的高阶输出，这种逻辑的进阶、发展、提升能够实现基于内容、聚焦文化、学习语言、发展思维的深度学习的目的，从而落实英语学科核心素养。

对比英语学习活动观与深度学习，不难发现，二者在理念与特点上不谋而合。例如，深度学习强调教师应整合意义联结的学习内容，重视学生经验与课堂知识之间的联系，引导学生将孤立的知识联结起来，建立知识间的紧密联系，并以结构化和整合的方式来存储所学知识。英语学习活动观同样注重知识间的关联与整合，强调教师要在主题探究活动中调动学生已有的知识和经验，帮助学生在已有知识的基础上，通过获取与梳理、概括与整合，建构和完善新的知识结构，建立知识间的关联，深化对该主题的理解和认识。[①]同时，在英语学习活动观下，"活动与体验"贯穿整个学习的过程，也就是说，所有学习活动都是以学生为主体的，学生在教师的指导下全身心参与的、有意义的、有价值的活动。总体而言，英语学习活动观的实施过程就是学生基于不完整的问题情境及不系统的认知、能力和价值判断，进入一个主题的学习，围绕该主题学习语言、探究意义、解决问题，学完之后能够针对特定主题形成相对完整的认知并发展能力和素养，用于解决真实情境中的问题。

在学生完成单元内各语篇的学习后，教师可以依据英语学习活动观，组

---

① 中华人民共和国教育部. 普通高中英语课程标准（2017 年版 2020 年修订）［M］. 北京：人民教育出版社，2020：16.

织学生综合单元所学，开展项目化学习。在项目化学习中，学生需要围绕具有创造性的真实任务，在总结单元所学内容、学习理解新内容的基础上，将形成的结构化知识应用、迁移到真实情境中解决问题或产出作品。

案 例 链 接

单元标题：Unit 6 Earth First（外研社版高中英语必修第二册）

该单元属于"人与自然"范畴，涉及"人类生存、社会发展与环境的关系"子主题。单元包含6个语篇，单元主线为"认识严峻的环保形势—思考人与地球的关系—践行绿色生活方式"。

表 2-3　Earth First 单元挑战性学习活动

课时	板块/语篇	挑战性学习活动	达成的单元学习目标
课时 1—2	Starting out Understanding ideas *Sharks: Dangerous or Endangered?*	观看人类破坏环境场景的视频，回答问题；小组合作，绘制一张有关珍稀动物保护的海报。	运用有关 environmental protection 的话题词汇，列举全球共同面临的环境问题以及区域性环保问题，并解释造成问题的原因。
课时 3—4	Using Language	阅读与改写"美人鱼"汉娜的故事和三江源保护区工作人员专访；提出解决全球变暖的可行性方案。	运用 endangered、extinction、be frightened of 等词汇和词组介绍人类对于鲨鱼印象的转变及其原因，以鲨鱼、三江源和美人鱼为例谈论自己对人类与地球关系的认识。
课时 5—6	Developing ideas *What's Really Green?*	以学生会的名义完成一篇环保倡议书。	学习说明文的结构和语言特点，列举对濒危动物保护和环保问题的解决方案，围绕身边的环保话题完成一篇倡议书。
课时 7	Presenting ideas	制作一份关于"碳足迹"的调查问卷，并在组间发放问卷；待回收后，总结实现低碳生活的有效措施并做汇报展示。	开展"碳足迹"调查活动，运用单元中学到的知识完成调查报告，提出能减少碳足迹的健康生活方式的建议。

通过在每课时中完成挑战性学习活动（见表2-3），实现对应的单元学习目标，学生在这一过程中沿着意义主线建构知识体系，加工、内化、输出单元学习内容，发展能力，实现思维进阶，提升素养。

二、如何设计挑战性学习活动

设计挑战性学习活动应以单元主题为引领，指向素养导向的学习目标，兼顾持续性学习评价。在具体的实施过程中挑战性学习活动需要被分解成系列能够激发学生深度参与的学习活动。挑战性学习活动通常表现为要求学生解决真实情境的复杂问题，学生需要按照一定的步骤，在实践性的活动中对学科知识内容进行检索、加工、综合应用，最终达成问题解决或产生作品，以凸显实践活动的整体性、关联性和结果导向性，强调学生完成实践活动的责任。每个学习活动与学习目标有明确的对应关系，由学习情境、驱动性问题、活动流程、学习内容及活动要求等组成。挑战性学习活动的设计主要参考2020年修订版课标中的"课程内容"和"教学建议"，在具体语篇的学习中，英语学习活动观为落实英语学科核心素养、实现深度学习提供了理论依据。教师应积极践行英语学习活动观，从学生已有的主题知识和经验出发，设计从学习理解到应用实践，再到迁移创新的主题意义探究活动。各个版本的教材中丰富多样的活动栏目也为学习活动的设计提供了支持与参考。设计挑战性学习活动还需要对学生的表现有所预设，即围绕单元、课时目标，结合具体学习内容，分析学生的经验和能力基础，找准学生素养发展的障碍点和进步空间，有针对性地设计教学指导。综上所述，教师在设计挑战性学习活动时，可以参考以下步骤。

（一）确定单元挑战性学习活动

立足2020年修订版课标中的"课程内容"和"教学建议"，以及教材中语篇材料、活动栏目及实施建议，构思单元挑战性学习活动。

单元挑战性学习活动的设计有四个关键要点（见图2-5）：一是强调单元

引领性学习主题在真实情境中的体现。教师要通过情境的创设，将学生的认识与生活实际联系起来，使学生将所学知识迁移到生活实际之中，强化新的认知与行为。二是指向问题解决或作品产出。单元学习的过程既是对单元主题认识的过程，也是为最终完成挑战性学习活动打基础的过程，教学的最终目的即解决某个真实情境中的问题，或产出较为完整的作品。教师根据语篇的主题和内容重新整合单元内容，构成学习单元，遵循学生认知发展的过程开展教学活动，并根据学生水平为学生搭建"脚手架"，使学生在教师的步步引导中实现问题解决或作品产出，达成最终目标。三是预设学生在学习过程中的表现和可能遇到的困难。围绕单元、课时目标，结合具体学习内容，分析学生的经验和能力基础，找准学生素养发展的障碍点和进步空间，有针对性地设计教学指导措施。四是关注学生在完成活动时的素养表现。在单元挑战性学习活动中，应具有包含学生在语言能力、文化意识、思维品质和学习能力上的综合的外显行为。例如，学生在何种程度上能够运用本单元所学的新的词块、语法进行表达，学生在口头或书面表达时的逻辑性如何，学生的表达中能否体现其对新事物的认知与态度，在完成活动的过程中是否体现了一定的学习策略等。通过学生的外显行为，教师可以判断学生达成的素养表现。

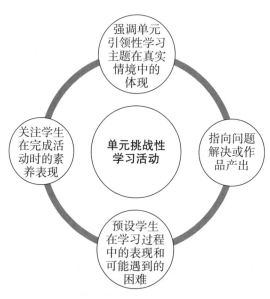

图 2-5　单元挑战性学习活动的设计要点

例如，在 Careers 单元的学习中，教师首先将 Planning a Careers Fair 确定为该单元的挑战性学习活动。单元内各课时的核心活动都围绕这一问题进行分解：职业必备的技能与素质有哪些？职业发展有着怎样的变化？应聘者和招聘方如何适应职业的发展变化？应该为未来求职做哪些准备？在单元学习的过程中，学生不断地输入新知，形成对每个问题的认知，并能够运用所学的语言进行表达，逐步构建关于 Careers 的知识体系，最终整合、迁移运用在单元挑战性学习活动之中。

（二）结合课时规划，细化课时学习活动

教师要基于单元整体的课时规划，结合学习主题和内容以及学生的学习基础、发展空间，参考课程标准与教科书中的活动栏目，依据学习理解、应用实践、迁移创新三个层次进行活动设计，细化课时学习活动。在学习理解类活动中，教师可以围绕主题创设情境，激活学生已有的知识和经验，铺垫必要的语言和文化背景知识，引出需要解决的问题。在此基础上，以解决问题为目的，鼓励学生从语篇中获得新知，通过梳理、概括、整合信息，建立信息间的关联，形成新的知识结构。在应用实践类活动中，教师引导学生围绕主题和所形成的新的知识结构开展描述、阐释、分析、判断等交流活动，逐步实现对语言知识和文化知识的内化，巩固新的知识结构，促进语言运用的自动化，助力学生将知识转化为能力。在迁移创新类活动中，教师可以引导学生针对语篇背后的价值取向或作者态度进行推理与论证，赏析语篇的文体特征与修辞手法，探讨其与主题意义的关联，批判、评价作者的观点等，加深对主题意义的理解，进而使学生能在新的语境中，基于新的知识结构，通过自主、合作、探究的学习方式，综合运用语言技能，进行多元思维，最终达成问题解决或作品产出。

（三）检验调整，完善挑战性学习活动

通过对挑战性学习活动特点的反思，结合试讲情况与学生访谈等内容，对挑战性学习活动进行调整与完善。对学习目标、学习内容和学习活动的一致性和适切性进行检验，将活动与前期确定的素养导向的学习目标进行对照，检查这些活动是否有利于达成学习目标，并在讨论后继续优化学习活动。

案 例 链 接

课例：Careers 单元 Lesson 3 "Meet the New Boss：You"（阅读课 2 课时）

单元内容关联分析：

本文主要介绍了科技发展会如何改变职业特点，讨论了个人如何应对未来的职业变化，属于"认识职业发展变化"子主题下的学习内容。在上一课时（Lesson 2）的学习中，学生再次修改了自己的 career plan，因此在本文的学习中学生会讨论判断一名同伴的 career plan 是否适合未来的职业发展。基于本文内容，学生将了解到科技的进步和发展会改变现有的职业特点，部分职业可能会消失或被取代，瞬息万变的职场将对每个人提出多方面的挑战。而在下一课时（Viewing Workshop）的学习中，学生将继续深入了解在机器人经济中哪些职业将继续存在或者被取代。

课时学习目标如下。

通过 2 课时的学习，学生能够做到以下几点：

（1）归纳文章探讨的主要内容，即职业将发生怎样的变化以及个人如何应对职业变化。

（2）获取文本细节信息，阐释未来的职业变化、造成职业变化的原因以及应对职业变化的具体方法。

（3）梳理文章结构，明确作者的写作手法。

（4）借助本课所学的 negative expressions，探讨未来职业发展变化以及作为中学生如何为未来的职业变化做准备。

表 2-4　"Meet the New Boss：You" 教学过程

学习目标	活动内容	设计意图	评价要点
目标 1：归纳文章探讨的主要内容，即职业将发生怎样的变化以及个人如何应对职业变化。	Activity 1 Students read a career plan written by their classmate（Mike）and state whether they think it is feasible in the future.	创设情境，引出本课主题，在阅读前激活学生已有的知识和经验。	学生能够基于给出的 career plan 发表自己的见解，判断该 career plan 在未来是否可行。
	Activity 2 Students read through the passage and figure out what the author thinks about future careers. Question：What does the author think about future careers?	通过梳理文章结构，获取文本探讨的主要内容。	学生能说出作者对于未来职业的看法，以及预测未来职业将发生的变化。
目标 2：获取文本细节信息，阐释未来的职业变化、造成职业变化的原因以及应对职业变化的具体方法。	Activity 3 Students read the passage again, figure out answers to the questions, and write them down. Questions： • What changes will there be in your career plans? • What should we do to adapt to career changes? Students write down answers and present their ideas in class.	学生在问题的引导下，进一步获取文本细节信息，习得语言知识。学生使用并内化文本中的语言及观点。	学生能够找出文章作者谈及的未来职业变化及应对方式。 学生能够使用列表或画图的方式呈现对以上两个问题的答案。

续表

学习目标	活动内容	设计意图	评价要点
对本课时学习内容进行总结反思。	Activity 4 Students think about on what points they agree or disagree with the writer and give their reasons.（第一课时结束）	学生总结反思本节课的所学内容，通过自我评价，进一步提升课堂学习效果。	学生能够基于 re-flection chart 总结出本节课自己对"职业"话题的学习内容，回答表格中的问题。
	Homework Students write a short reply to state what they think about Mike's career plan.	进一步内化本文的语言知识和文化知识。	学生能够在写回复的过程中使用本课所学的部分词汇。
目标 3：梳理文章结构，明确作者的写作手法。	Activity 5 Students read the passage again and think about whether the author's writing is logically organized. Questions： What do you think of the author's writing? Is it logically organized? Students analyze the structure of the passage and teacher gives a brief summary.	梳理作者的写作逻辑和手法，搭建文章的写作框架。	学生能够分析出文章各段间的逻辑关系，明确全文写作框架。

续表

学习目标	活动内容	设计意图	评价要点
目标 4：借助本课所学的 negative expressions，探讨未来职业发展变化以及作为中学生如何为未来的职业变化做准备。	Activity 6 Students think about the author's writing technique in this passage. Students read the sentences about career changes again and figure out what kind of expressions the author uses to contrast changes. Students use the negative expressions to talk about changes in future careers. Students work in pairs and use the negative expressions to talk about more career changes that they think will take place in ten years. Question： What changes will there be in careers in ten years' time? (You can use some negative expressions to talk about the changes.)	以文章内容为载体，帮助学生关注文本中的语言特点及 negative expressions，掌握描述变化的语言知识。	学生能够理解文章的语言特点，掌握 negative expressions 的含义及功能，使用 negative expressions 表述未来的职业变化。
	Activity 7 Students discuss what they are going to do now to prepare for future careers. Students write down what they are going to do now to prepare for future careers, post their notes on the wall and read their classmates' works. Students share wich notes are helpful or inspiring to him/her.	提出应对未来职业变化的方式，做到知行合一。	学生能够表达自己对作者观点的看法以及自身将如何为未来职业发展做准备。

续表

学习目标	活动内容	设计意图	评价要点
	Activity 8 Students summarize and reflect upon what they have learn about "careers" in this class. （第二课时结束）	学生总结反思本节课的所学内容，通过自我评价，进一步提升课堂学习效果。	学生能够基于 reflection chart 总结出本节课自己对"职业"话题的学习内容，回答表格中的问题。
	Homework Students polish their letter based on the structure and writing technique they have learnt in this class. Students list the job that they think will disappear in ten years' time and state their reasons.	基于文本内容进行发散性思考，预测未来哪些职业会消失，为下一课 viewing workshop 的学习做铺垫。	

　　在第一课时教学中，教师首先通过 career plan 创设情境，引出本课主题，在阅读前激活学生已有的知识和经验。学生接着阅读文章梳理结构，获取文本的主要内容。随后，在教师提出的开放性问题的引导下，学生进一步获取文本的细节信息，在此基础上，学生通过 presenting ideas 的活动充分内化语言和观点。在这一过程中，学生首先吸收新的知识，将新知识与自己的已知、经验之间建立起联系，形成知识结构。接着，学生对文本中的观点进行批判性思考，表达自己是否同意本文所述观点。学生批判性看待所学知识，并在观点的表述和自证中更深层次地梳理、加工、巩固已经学习的语言知识和文化知识。课后作业中，学生将口头的表述落实到书面上，进一步内化语言知识，进行深度思考。第一课时结束时，完成第1和第2个学习目标。

　　在第二课时的教学中，教师引导学生关注文本的语言。教师首先指导学生梳理作者的写作逻辑和手法，搭建文章的写作框架；进而以文章内容为载体，帮助学生关注文本中的语言特点及 negative expressions，掌握描述变化的语言知识。教师将对词汇、语言点的处理融合在主题意义探究的过程中，引导学生将所学语言的表达方式应用、迁移到新的问题 "What changes will there be in careers in ten years' time?" 的讨论和回答之中。随后，教师引导学生尝试提出应对未来职业变化的方式，培养学生的逻辑思维和批判思维，学生基于建构的结构化知识进行问题解决。最后，学生总结和反思本节课的所学内容，通过自我评价，为进一步发现问题、解决问题、提升课堂学习效果奠定基础。至此达成 4 个学习目标。在课后作业中，学生基于文本内容进行发散性思考，预测未来哪些职业会消失。这既是对本课所学内容的拓展，同时也为下一课 Viewing Workshop 的学习做好了铺垫。

在这一案例中，学生在层层递进的挑战性学习活动中吸收新的知识、建立新的联系，形成知识结构；综合调动多种知识和方法，加深对文本信息的梳理、加工和巩固；将形成的结构化知识迁移到真实社会情境中，并运用所学进行创造性的输出，从而达成问题解决或作品产出。

三、实践问题诊断与分析

教师在设计与实施挑战性学习活动的过程中，常遇到以下问题。

【问题 1】挑战性学习活动与语篇主题、目标和评价关联性较差。

问题表现：在设计挑战性学习活动时，不能紧扣语篇内容与学习目标，不能与评价活动进行有机关联。

问题分析：教师在设计挑战性学习活动时，要关注单元主题、目标、活动、评价之间的一致性。一要紧密联系内容与主题，对语篇的内容和语言进行系统梳理，确保单元挑战性学习活动所需要的知识结构与素养要求在各个语篇的教学中有所落实；二要有目标指向，可遵循英语学习活动观的层级设计，并对照目标设计活动，活动与目标达成逐条对应，确保目标的实现；三要在活动设计时同步考虑评价要点，如通过学生的何种表现/作品来观测学生的学习成效，在第四节将阐述如何有效实施持续性学习评价。

【问题2】 课时学习活动之间缺乏逻辑性和关联性。

问题表现：课时学习活动设计逻辑性较差，活动与活动之间没有清晰的逻辑关联；问题之间缺少关联。

问题分析：课时学习活动要以意义探究为主线，遵循英语学习活动观，设计学习理解、应用实践、迁移创新三类层层递进的学习活动，符合学生的认知发展。此外，活动和问题的设计要注意环环相扣，即完成活动序列靠前的活动可以为后续的活动奠定基础。教师也要在课上注意观察学生的回答，做好课后反思，针对课上学生的反应及时调整突兀、缺乏逻辑关联的问题。

【问题3】 教学设计中针对事实信息的问题占比过高。

问题表现：教师的课堂提问多为针对事实信息的、有明确答案的下位问题，缺少具有综合性、开放性、思维挑战性的上位问题。

问题分析：在学习活动的实施过程中，教师要给学生提供足够的时间和空间，在"少而精"的课堂活动中让学生能够充分思考和讨论问题解决的过程。

首先，教师要尽量减少回答事实信息的问题，提出更上位的问题，引导学生主动思考、积极提问、自主探究，让学生不是为了回答问题（找答案）而阅读，而是为了解决问题而学习。例如，在"The Secrets of Your Memory"一课的教学中[1]，教师提出问题"What are the expert's answers?"引导学生自主阅读探究，进行信息的梳理和理解，并在worksheet上完成知识的梳理和建构。

其次，可以通过搭建支架、提出新问题、追问等方式促进师生、生生互动，实现学生对知识的建构。在学生展示、师生交流中，教师针对学生的回答适时追问，如"How do you know that?""Can you explain…?"，与学生共同通过板书建构知识体系。

最后，教师还应该考虑学生的多种倾向，给学生更多表达和完善观点的机会，外显其内隐的思维过程，并及时给予反馈。例如，当学生提出不同的观点或疑问时，教师可以让学生继续表达观点，在课后解答疑问。

【问题4】 课堂教学中教师控制过多，学生自主性缺失。

问题表现：教学活动的设计与实施中教师控制过多，忽略了学生的主体性，缺少对学生学习兴趣和学习动机的关注，学生学习动机较弱。

问题分析：深度学习强调学生全身心参与，而实现这一过程有时需要较

---

[1] 案例设计者：山东省淄博齐盛高级中学蔡铭珂。

长的时间。因此，教师不应一味追赶教学进度，而应给予学生充足的时间，让学习循序渐进地发生。

一方面，课堂要突出学生的主体地位，让学生主动体验，积极参与活动，从而促进学生知识的主动建构和高阶思维的发展。教师可以借助可视化图形等，让学生先独自梳理语篇内容，接着在小组活动和班级展示中不断完善，避免逐个挖空、对答案。

另一方面，教师还需注意避免将自己对文本的解读或想法强加给学生，教师无法代替学生理解文本，而是应该通过活动的设计让学生自己理解和思考，使学生"内化于心"之后，再在英语学习活动之中"外化于行"。

第四节　开展持续性学习评价

在单元整体教学中，教师需要设计持续性的评价方案来收集学生学习发生的证据，判断其在单元学习过程中英语学科核心素养的发展情况。持续性学习评价贯穿学生学习的全过程，将关注点从"教师的教"转向"学生的学"，由对教学结果的评价转向对学生学习过程全方位的检测与反馈。

一、什么是持续性学习评价

持续性学习评价是指教师根据单元学习目标，在学习过程中或者学习结束后，通过师生对话、课堂观察、日常作业、评价量表、单元内容结构图、访谈和单元测试等多种方式，对学生英语学科核心素养的进阶和达成情况进行针对性的分析和诊断的过程。教师通过实施持续性学习评价，可以检测单元学习目标的达成情况，给予学生持续的信息反馈，引导其深度反思学习情况并调整学习方式或策略，实现深度学习；同时，持续性学习评价也为教师自身的反思性教学改进提供证据，有利于教师及时调节与改进教学。

持续性学习评价包含五个关键要素：评价目标、评价内容、评价任务、评价指标和评价方式。（见图 2-6）

评价目标统领整个持续性学习评价方案的设计，应与学习目标基本一致，指向学生英语学科核心素养的培育，设定评价目标是为了分析和诊断

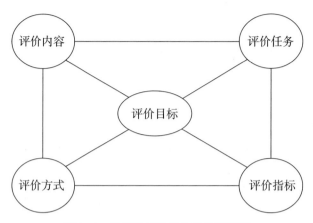

图 2-6　持续性学习评价的关键要素

学生在挑战性学习活动中的表现和英语学科核心素养的达成情况。为有效检测评价目标的达成情况，评价内容要关注学生语言能力、文化意识、思维品质、学习能力的整体表现与协同发展，能代表学习目标所指向的学习内容，即评价要求的知识技能范围与学习目标所指向的知识技能范围相同；评价内容分布应当与学习目标的内容分布一致，评价内容中的重点应与学习目标中的内容重点相一致。[①] 评价任务要与学生的学习活动保持一致，包括学生在课堂中参与的挑战性学习活动，以及课前和课后完成的作业、问卷、项目等多种任务载体。每一个评价任务都要有明确的评价指标，指标可根据不同的核心素养并结合课程六要素加以设定，通常用描述性语言呈现学生英语学科素养的外在表现。在持续性学习评价过程中，教师可根据评价目标利用多种评价方式来检测学生的素养进阶水平，如演讲、档案袋或者纸笔测验等。总之，评价内容、评价任务、评价指标和评价方式均指向评价目标的实现。

　　持续性学习评价的特征主要体现在四个方面：持续性、一致性、真实性和多元性。（见图 2-7）

　　持续性强调评价要贯穿单元学习始终，且重点关注学生在单元学习过程中的行为表现。对于单元中的每一课时，持续性学习评价都可以包括课前、

---

① 王少非，等. 促进学习的课堂评价 [M]. 上海：华东师范大学出版社，2019：164.

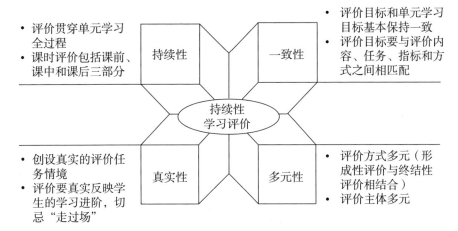

图 2-7　持续性学习评价的特征

课中和课后三个部分①：课前通过预习性作业、访谈、调查问卷或上一节课学生的学习成果进行评价诊断，以此作为教学设计的依据；课中通过师生对话、学生在挑战性学习活动中的外在行为表现、学生完成的作品等来评价学生知识结构的建构过程和应用效果，并据此相应调节课堂教学内容、策略和进度，也可以作为课时作业设计的依据；课后可以通过日常作业、实践型任务、单元测验等进行评价，诊断学生对所学语言和内容的掌握情况，并作为下一步教学设计的基础。具体如图 2-8 所示。

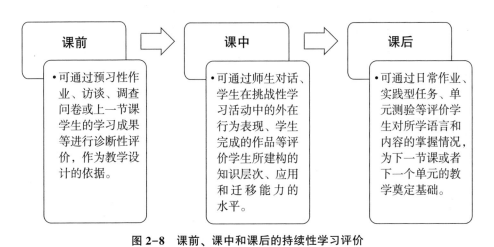

图 2-8　课前、课中和课后的持续性学习评价

① 刘月霞，郭华.深度学习：走向核心素养（理论普及读本）［M］.北京：教育科学出版社，2018：87-92.

一致性表现在两个方面：一是指评价目标要和单元学习目标基本一致，均指向英语学科核心素养的培养；二是评价目标和评价内容、评价任务、评价标准、评价方式之间要匹配。例如，教师为评价学生对"表达对情商的新认识，了解如何成功融入并适应新环境"这一内容的理解情况，需要设计承载该评价内容的评价任务，如"根据梳理出的思维导图阐述情商的重要性、发展的可能性和后天习得的必要性""口头阐述自己对情商的新认识和如何提高情商的思考""写一小段话阐述适应新环境的小窍门"等，并根据学生梳理出的思维导图和口头汇报等内容评判学生是否能运用所学的语言和内容表达个人对"情商"的新认知。

真实性具体体现在两个方面：一是指教师要创设真实的评价情境，全方位地评价学生的学习；二是评价内容要围绕单元主题设定，真实反映学生的学习进阶，切忌"为了评价而评价"。学生的深度学习集中表现在其能建立新旧知识间的关联，能运用和迁移新的知识结构去解决真实情境中的复杂问题。① 因此，教师在设计评价任务时，要结合单元学习主题和内容，创设能兼顾知识生成和应用的现实情境或者问题和任务情境，切实检测学生在完成单元学习后，能否运用所学语言和内容表达对单元主题相对完整的结构化认知、态度和价值判断，解决其生活中的问题。

多元性是指持续性学习评价应以形成性评价为主，并辅以终结性评价，定量评价与定性评价相结合，实现评价方式多样和评价主体多元。在课时教学评价中，教师要关注学生能否针对每个语篇的主题形成结构化知识。例如：学生能否运用新的知识结构描述事件、问题、过程等；能否分析事件、问题或结果产生的原因；能否针对问题解决给出建设性意见或建议等。在单元教学评价中，教师可以通过指导学生整理和归纳单元所学内容，利用个人、小组展示或项目化学习等方式观测和评价学生的行为表现和学习进阶，多维度检测学生基于主题发展核心素养的过程，及时提供指导和反馈，确保核心素养目标落地课堂。同时，"多元性"也体现在评价主体的多样性上，在评价的过程中，教师应充分调动学生的参与度，积极开展自评和互评活动，使学

---

① 王蔷，孙薇薇，蔡铭珂，等. 指向深度学习的高中英语单元整体教学设计 [J]. 外语教育研究前沿，2021，4（1）：17-25，87-88.

生从评价的接受者转变为评价主体和积极参与者①。

二、如何开展持续性学习评价

持续性学习评价的设计与实施要基于单元评价目标，确定评价内容、评价指标、评价任务和评价方式，突出对学生素养发展的评价，关注学生在语言能力、文化意识、思维品质、学习能力等维度的外在行为表现。本部分将结合案例具体阐释持续性学习评价设计与实施的四个步骤。

（一）基于评价目标，确定评价内容

教师要依据单元评价目标，围绕本单元英语学科核心素养的发展目标和课时目标，确定评价内容。教师可将素养导向的单元评价目标拆解为多条评价内容。评价内容要能评估学生在学习完单元的特定课时后能否迁移或外在表现出核心知识、关键能力和价值观念，教师在描述评价内容时要使用"表达"、"谈论"或"写出"等行为表现动词，使评价内容具有可操作性和可检测性。此外，由于语言知识是学生表达的基础，教师可在评价内容中梳理相应的语言知识，并注意评价学生是否运用文本中所学的语言知识对主题进行阐述。

下面继续以 Careers 这一单元为例阐述如何基于单元评价目标确定评价内容。该单元的内容均围绕"职业"这一话题展开，属于"人与自我"及"人与社会"的主题范畴，旨在引导学生思考未来职业选择，提升对职场及职业技能的认知，树立面向未来的职业观，为求职做好准备。经过单元内容研读和学生情况分析，教师确定三个单元子观念（单元评价目标），即"知晓必备的职业素养和技能"、"认识职业变化"和"为未来求职做准备"。下面我们详细阐述单元评价目标 1 的评价方式（见表 2-5）。

——————————

① 中华人民共和国教育部. 普通高中英语课程标准（2017 年版 2020 年修订）[M]. 北京：人民教育出版社，2020：82.

表2-5　Careers 单元评价目标1的评价内容

单元评价目标1	评价内容
知晓必备的职业素养和技能	阐释自己未来的职业选择和所应具备的素养，认识到做好职业规划的重要性（Topic Talk）。 【重点语言知识】 be responsible for, the marketing department, be fascinated by, the market economy, persuade somebody to do something, be reliable, get credits for a degree
	表达自己对情商的新认识，了解如何成功融入并适应新环境（Lesson 1+Reading Club 1）。 【重点语言知识】 Intelligence Quotient, Emotional Quotient, A is determined by B, deserve a chance, internal problems, get employed, predict somebody's success, adjust to, react to, not solely based on, have positive attitudes towards, have a good sense of…on
	阐述职业所需的具体技能，表达对未来职业发展趋势的见解（Lesson 2）。 【重点语言知识】 get prepared with, have the ability to learn new skills, keep up with technology developments, come up with new ideas

　　为评价目标"知晓必备的职业素养和技能"是否实现，教师需将此条目标拆解为可检测的评价内容，即"阐释自己未来的职业选择和所应具备的素养，认识到做好职业规划的重要性"，"表达自己对情商的新认识，了解如何成功融入并适应新环境"和"阐述职业所需的具体技能，表达对未来职业发展趋势的见解"。在书写评价内容时，教师梳理出相应的语言知识，判断学生能否运用所学的核心语言知识进行表达，生成对单元主题的理解。

（二）根据评价内容，设计评价任务

　　教师应根据评价内容设计多种类型的评价任务，从学生的外在行为表现

中探测学生的素养发展水平。评价的主体是多元的；评价的形式可以是正式的，也可以是非正式的，如口头提问学生"有哪些收获?""问题解决了吗?""还有问题吗?"。① 例如，在进行单元检测、模块检测等阶段性水平测试时，可以采用有不同层次题目的纸笔测验，根据需要考虑开卷或闭卷的方式，由个体独立完成试卷或基于项目开展小组合作学习的方式完成②，检验学生对内容的理解与掌握程度，诊断学业水平现状；针对思维容量大、思维层级丰富的学习重点、难点或核心学习活动，可以制定表现性评价方案，即结合对学生的语言、行为或作品的评价，对学生活动表现进行水平预设和行为描述，形成表现性评价指标、评价维度及目标达成的层次标准，最终研制评价工具或任务。

持续性学习评价任务要贯穿整个单元。在单元学习前，教师可通过问卷、测试题或者访谈等形式评价学生的已有知识和经验，了解学生的学习需求，明确学生的学习起点，将学情作为单元学习设计的重要依据。例如，在 Careers 这一单元中，教师在单元开始前，基于单元的主题和内容给学生发放问卷来了解学生对"个人未来职业选择及其所需职业素养"的认识。值得注意的是，调查问卷不是一个必需的环节，教师也可以在 Topic Talk 上课伊始以提问的方式了解学生对"职业"这一话题的前认知。

在单元学习中，教师需设计出各课时课前、课中和课后三个环节的评价任务，并确保各课时之间评价任务的综合性、关联性和实践性。（见表 2-6）由于在单元各课时的承接中，上一课时的课后评价任务即为下一课时的课前评价任务，因此在表格中仅显示出课中和课后的评价任务。

---

① 刘月霞，郭华. 深度学习：走向核心素养（理论普及读本）［M］. 北京：教育科学出版社，2018：88.

② 中华人民共和国教育部. 普通高中英语课程标准（2017 年版 2020 年修订）［M］. 北京：人民教育出版社，2020：90.

表 2-6　Unit 7 Careers 单元学习目标 1 评价任务

评价目标（学习目标）	评价内容	评价任务
单元学习前：分析学生对"个人未来职业选择及其所需职业素养"调查问卷的填写情况。		
知晓必备的职业素养和技能	阐释自己未来的职业选择和所应具备的素养，认识做好职业规划的重要性（Topic Talk）。 【重点语言知识】 be responsible for, the marketing department, be fascinated by, the market economy, persuade somebody to do something, be reliable, get credits for a degree	课中：学生能结合自身兴趣和个人素养，初步思考、阐释职业规划，并讨论应具备的职业素养和技能。 课后：①学生能写一小段话清晰陈述自己的职业规划；②学生能在学习评价表中总结所学语言和对"职业"的认识。
	表达自己对情商的新认识，了解如何成功融入并适应新环境（Lesson 1 + Reading Club 1）。 【重点语言知识】 Intelligence Quotient, Emotional Quotient, A is determined by B, deserve a chance, internal problems, get employed, predict somebody's success, adjust to, react to, not solely based on, have positive attitudes towards, have a good sense of…on	课中：①学生能根据自己梳理出的思维导图阐述情商的重要性、发展的可能性和后天习得的必要性；②学生能结合自身困境，探讨如何提高情商来解决问题。 课后：①学生结合自身实际问题，口头表达自己对情商的新认识和对如何提高自身情商的思考；②学生能在自主阅读 Reading Club 1 后写一小段话阐述适应新环境的小窍门。
	阐述职业所需的具体技能，表达对未来职业发展趋势的见解（Lesson 2）。 【重点语言知识】 get prepared with, have the ability to learn new skills, keep up with technology developments, come up with new ideas	课中：①学生能梳理、阐述未来职业发展所需的具体技能；②学生能针对 McDougall 教授关于未来职业必备技能的观点做出评价，针对未来职业发展趋势发表个人见解。 课后：①学生能结合所学内容进一步修改职业规划（Topic Talk 作业）；②学生能在反思日志中反思所学的听力技巧或对职业发展的认知。

续表

评价目标 （学习目标）	评价内容	评价任务
单元学习目标 2	……	……
单元学习目标 3	……	……

单元学习后：①学生在"模拟招聘会"任务中，以小组为单位合作成立新公司并对公司进行宣传，按照职业要求，运用与 Careers 相关的词汇、词组和表达法积极招揽人才；②学生梳理本单元的知识结构并绘制清晰的单元思维导图；③考查学生对单元测试题的完成情况（见图 2-9）。

　　教师可根据教学实际，参照单元内容结构图设计相应的测试题检验学生对本单元内容和知识的掌握情况。[①]（见图 2-9）

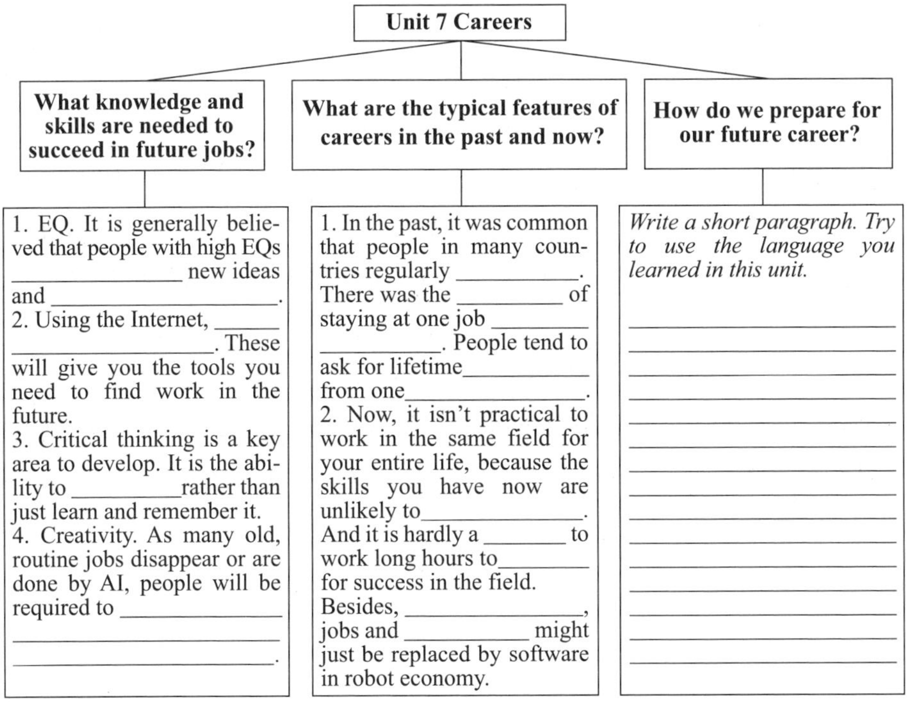

Unit 7 Careers

What knowledge and skills are needed to succeed in future jobs?

What are the typical features of careers in the past and now?

How do we prepare for our future career?

1. EQ. It is generally believed that people with high EQs _____ new ideas and _____.
2. Using the Internet, _____ _____. These will give you the tools you need to find work in the future.
3. Critical thinking is a key area to develop. It is the ability to _____ rather than just learn and remember it.
4. Creativity. As many old, routine jobs disappear or are done by AI, people will be required to _____ _____.

1. In the past, it was common that people in many countries regularly _____. There was the _____ of staying at one job _____. People tend to ask for lifetime_____ from one_____.
2. Now, it isn't practical to work in the same field for your entire life, because the skills you have now are unlikely to_____. And it is hardly a _____ to work long hours to_____ for success in the field. Besides, _____, jobs and _____ might just be replaced by software in robot economy.

Write a short paragraph. Try to use the language you learned in this unit.

_____

图 2-9　基于 Careers 单元内容结构图设计的测试题示例（信息补全题）

　　该试题要求学生围绕"有哪些职业素养和技能"、"职业变化趋势是什

———————————

① 案例设计者：北京师范大学附属实验中学孙薇薇。

么"和"如何为未来求职做准备"三个核心问题有逻辑地巩固本单元中有关职业的核心话题词汇，如"have positive attitudes towards"，"keep up with technology developments"和"consider and evaluate information"等，与评价内容相对应。在该试题案例中，学生可在有意义的语境中进行推断和补全信息，巩固单元中的核心语言知识，有助于学生运用所学语言、知识、方法和策略等表达个人对 Careers 这一话题的结构化认知，建构对 Careers 这一单元的认识；同时通过开放性的文段写作，学生可以创造性地思考自身如何为未来求职做准备，使学习内容真正内化为自身的能力和素养，从而解决真实生活中的问题。

（三）细化评价方式、指标，形成持续性学习评价方案

教师设计评价任务时已经初步考虑了开展评价的方式，但还需进一步思考：参与评价的主体是教师还是学生？口头评价还是书面评价？评价指标是什么？这些都需要细化设计。常规教学中以教师评价为主，常表现为教师的口头点评，缺少完整的评价环节和对评价结果的反馈。促进学生深度学习的评价要积极调动学生参与评价过程，学生作为评价者可以帮助其从教学的视角体验学习的反思性过程。教师应在常规教学的评价方式之上设计多样化的评价方式，既有教师评价，又有学生互评，也可倡导师生共同制定和执行评价标准，使学生从评价的接受者转变为评价活动的主体和积极参与者[1]，加强学生之间、师生之间评价信息的互动交流，促进自我监督式的学习[2]，使每个学生都能在监测和主动调控自我学习的过程中获得成就感。在 Careers 这一单元的 Writing Workshop 中，学生需要写一封求职信，在这一过程中，教师积极引导学生参与评价标准制定，最终形成评价量表。[3]（见表 2-7 和表 2-8）

---

[1] 王蔷，李亮. 推动核心素养背景下英语课堂教—学—评一体化：意义、理论与方法［J］. 课程·教材·教法，2019，39（5）：114-120.

[2] 中华人民共和国教育部. 普通高中英语课程标准（2017 年版 2020 年修订）［M］. 北京：人民教育出版社，2020：83.

[3] 案例设计者：北京师范大学附属实验中学陈林林、孙薇薇。

表 2-7　学生自评表

Question		YES	NO
1. Does my letter include	purpose of writing?		
	topic of the contest?		
	introduction of the contestants?		
	time and place of the contest?		
2. Does my letter have	a clear structure ?		
	clear transitions between sentences or paragraphs?		
3. Does my letter use	correct grammar, spelling or punctuation?		
	a proper tone ?		

4. Which part am I most satisfied with?

5. What could I improve next time?

表 2-8　学生互评表

Question		YES	NO
1. Does my letter include	purpose of writing?		
	topic of the contest?		
	introduction of the contestants?		
	time and place of the contest?		
2. Does my letter have	a clear structure ?		
	clear transitions between sentences or paragraphs?		
3. Does my letter use	correct grammar, spelling or punctuation?		
	a proper tone ?		

4. Underline any unclear expressions. Give suggestions.

5. Underline the expressions you like. Give reasons.

6. What is your over-all impression of this email? Give your comments & suggestions.

　　在以上两个评价表中，教师引导学生关注求职信的结构、内容和语言，通过问题的形式让学生在完成评价表的同时思考个人写作的优点和不足，并评价同伴的作品。

　　在本节课中，教师与学生共同研制评价标准，并充分利用自评和互评的方式调动学生参与评价的积极性：首先引导学生通过自查环节反思自己写作中存在的问题，培养其元认知能力和学习策略；其次通过学生互评，促进学生互相学习，进一步帮助学生明确求职信的评价维度，发展学习能力；最后教师评价，总结学生的共性错误，并提出改进建议，同时补充求职信的相关语料，培养学生撰写求职信的技能。综上所述，教师通过评价使学生在英语学习过程中不断体验进步与成功，以此促进学生英语学科核心素养的全面发展。

（四）依据教学实践，检验评价方案

　　在制定持续性学习评价方案之后，教师通过英语活动实施各种评价，采用开放性提问、讨论、完成任务等方式使学生的思维外化，并在这一过程中，观察学生学科核心素养发展的外在行为表现，给予及时反馈。在持续性学习评价开展的过程中，教师应始终在教学实践中结合六大要素检验评价是否符合深度学习的要求。（见表2-9）

表2-9　持续性学习评价的检验标准

要素	内容
评价要素完整	具有完整的评价方案，包括评价内容、评价任务、评价指标和评价方式等多个要素。
学生表现作为证据	评价要素的具体内容要关注学生在学习中的深度学习表现，关注基于学生表现设计的评价和反馈等内容。
持续性	评价应贯穿单元学习全过程，包括单元学习前、单元学习中、单元学习后；同时要关注评价结果对学生学习的反馈调节作用，促进学生反思和改进。
一致性	评价目标与学习目标基本一致，评价任务、评价方式与学习活动一致，评价指标与学习活动一致。
真实性	评价任务有主题、有真实情境。
多元性	评价内容多维，包括核心知识结构和多维素养表现；评价方式多样；评价主体多元，包括教师、学生个人、学生评价小组等。

　　教师通过检验可持续性学习评价方案，可为下一单元持续性学习评价的设计奠定基础。在制定持续性学习评价方案的过程中，教师应做到：从多个维度来论证评价方案与单元学习目标的自洽性、评价指标的可操作性，以及评价方案是否有利于促进单元学习目标的达成；评价活动是否体现学生主动探究意义的过程，是否反映语言、文化、思维的有机融合，是否体现学生的认知过程；评价主体是否多元；等等。

三、实践问题诊断与分析

　　【问题1】不清楚如何设计促进学生学习的评价。

　　问题表现：在单元评价中，一些教师多聚焦于对知识的机械性记忆，反复使用听写、默写和测验等方式检测学生对单一知识技能的掌握情况，评价方式单一，不能以多元的方式评价学生的综合素养发展情况，难以实现"以评促学"。

　　问题分析：在单元学习的不同阶段，教师可针对不同的评价目标，采用不同的评价方式和策略。

在单元学习前期，教师可以运用知识测验、技能测试或者基础类作业评价学生的低阶思维和单一技能。例如，考查学生能否拼写单词或理解某一语法点等，帮助学生检测自身是否夯实了语言基础。随着学生对单元主题认识的加深和对语言知识的积累，教师可尝试评价学生的高阶思维和复合技能，运用开放性问题、思维导图、个人意涵图（学生自主运用单词、短语、句子或图片描述想法）的形式让学生梳理语篇内容和语言知识，帮助学生形成结构化知识。在单元学习后期，教师可运用概念地图（用关键词或关键语句来呈现概念与概念、概念与案例的关系）、表现性任务、KWL 表格（用表格呈现学习进阶——What I know，What I want to know，What I learned）和自我反思等方式，检测学生是否能有逻辑地梳理单元内容和知识。在单元学习结束后，教师可运用单元综合测试题、具有挑战性的任务检测学生的英语学科核心素养达成情况，也可利用教材中的单元反思或单元总结等活动，让学生整理在单元中学到的核心语言知识或写出自己对单元话题的思考。例如：在学完 Humour 这一单元之后，教师可请学生写出自己记忆深刻的句子、词块，或者自己喜欢或不喜欢这个单元中的哪个部分并说明理由；教师也可引导学生结合单元内容写出个人收获，如 "The benefits of laughter I learnt" 和 "Some interesting facts I learnt about Rowan Atkinson" 等。

总之，教师要根据单元评价目标，灵活运用多元的评价方式持续收集学生学习发生的证据和有利于改善学生学习的信息，使评价真正起到促学的效果。

【问题2】评价指标过于宽泛，针对性不强。

问题表现：部分教师设计的评价表"流于形式"，评价指标宽泛，不能结合所学的语篇内容和学生在学习活动中的外在行为表现设计评价指标。

问题分析：在设计学生学习评价表时，教师要结合单元主题和特定语篇的核心知识结构，按照挑战性学习活动的顺序写出学生在各个任务中的外在行为表现。教师要注意评价条目需体现具体的学习内容，不可过于宽泛以至于评价指标适用于每一课的教学。例如，在北师大版选择性必修第一册 Unit 2 Success 单元的 "Money VS Success" 这一课中，学生需要进行的活动之一是"梳理、概括 Jason Harley 在捐出全部财产前后物质生活和精神生活两方面的变化，借助知识结构图呈现所形成的结构化知识"，教师则可根据这个活动设计学生自评指标："我能梳理出 Jason Harley 物质和精神生活的变化"。

如果教师仅将学生的自我评价指标表述为"我能够梳理语篇内容",这条指标就过于宽泛,适用于每一个语篇,难以检测学生在学习特定语篇时的外在行为表现,因此教师要结合语篇内容和课堂活动设计具体的、可检测的评价指标。

【问题3】不了解各种评价类型的区别。

问题表现:不明晰或者混淆"Assessment of learning","Assessment for learning"和"Assessment as learning"三种评价类型的概念。

问题分析:"Assessment of learning"(学习的评价)是总结学生阶段性的学习成果,并据此对学生进行评定、分类和筛选。例如,教师布置学生做一套单元测试题并进行打分,以此评判学生对单元知识的掌握情况。

"Assessment for learning"(为了学习的评价)指为了推进学习而进行的评价,教师需在学习前、学习中和学习后收集学生学习发生的各种证据,同时提供反馈,从而帮助学生更好地改进学习。比如:在课堂上,教师设计输出性活动,引导学生做小组展示,教师在学生展示后总结、评价学生的整体表现,并提出建设性建议,帮助学生更好地围绕文本内容进行输出性展示;或者教师在课堂上通过提问和追问的方式检测学生对所学的内容和知识是否理解到位,给予其针对性的反馈和指导,实现课堂实时互动,将"教""学""评"融为一体。总之,教师可以通过课堂提问、师生互动、小组讨论等方式实时了解学生的学习过程和学习困难,并及时给予学生针对性的鼓励、指导和建议,提高教学效率,实现"以评促学"。

"Assessment as learning"(作为学习的评价)是为了让学生在学习中学会评价而进行的评价,即学生在教师的支持或示范下,自主收集个人学习发生的证据,并监控自己的学习过程,以更好地促进自我的学习。比如,在写作教学中,教师让学生参与评价表的制定,并给予学生机会自评和互评,从而让学生在评价的过程中进一步加深对好的写作作品的认识,并完善自己的写作内容。

需要注意的是,教师实施"Assessment for learning"、"Assessment as learning"和"Assessment of learning"的时间段是不同的。"Assessment for learning"在单元学习前期或早期就可发生,比如,教师在单元学习前给学生分发与单元主题和内容相关的测试卷,了解学生的已有知识和经验。"Assessment as learning"可发生在单元学习中期,比如,在单元学习过程中,教师调动学生参与评价，让学生在教师的支持、示范和指导下为一些教学活动制定评价标准，以促进学生进一步的学习和反思。"Assessment of learning"多发生在单元学习后期或单元学习结束后，常以单元测试或者单元项目的形式阶段性评估学生的学习成果，并对学生进行评定、分类或筛选。

第五节　创设开放性学习环境

一、什么是开放性学习环境

学习环境是支持学习者开展建构性学习的各种学习资源的组合。理想的学习环境包括情境、协作、交流和意义建构四个部分，学习环境中的情境必须有利于学习者对所学内容的意义建构，协作应该贯穿整个学习活动，交流是协作过程中最基本的方式或环节，意义建构是教学过程的最终目标。[①] 影响知识建构的环境因素主要有学习情境（物理环境）、人际互动（社会环境）、学习资源（文化环境）。学习情境指参与学习的具体的现实物理环境，人际互动是指参与知识建构的社会因素，学习资源是指一切支持教学活动的软件资源和硬件系统。[②] 学习环境包括人文环境、物理环境和虚拟环境[③]，其不仅指物理上的学习时空和虚拟的网络学习空间，也强调学习空间的心理氛围和人际互动。

开放性学习环境主要包括丰富的学习资源、灵活的学习时空、多样的学习方式、开放性问题的设置、深入的学习交互、复杂情境下的问题解决、个性化的学习反馈等，能连接课内和课外，具有一定的弹性和开放性，能充分帮助学生实现知识和意义的建构。下面从人文环境、物理环境、虚拟环境三个方面具体阐述开放性学习环境的内涵与特征。

（一）开放性人文环境

开放性人文环境主要指安全、和谐、具有鼓励性的心理氛围和人际环境。

---

① 滕玉梅，金辉. 建构主义学习观和英语学习环境设计［J］. 教育探索，2006（3）：95-96.
② 张延宜. 优化学习环境：英语教师知识建构的有效条件［J］. 成人教育，2006（6）：69-70.
③ 摘自2021年2月郭华老师在普通高中指向核心素养的深度学习教学改进项目综合组及学科组组长第五次会议上的发言。

英语学科人文环境的开放性主要表现在两个方面：一是课堂活动的开放性，二是课堂反馈的开放性。就前者而言，教师要在课堂上提出开放性的问题，引导学生探究，鼓励小组合作、同伴讨论和个人思考，重视学生在学习过程中的情感体验和心理感受，在学习目标的指引下，允许学生按照自己的节奏开展学习。就后者而言，教师要对学生多样化的理解和表达给予尊重与接纳，尤其是对学生答题错误的宽容并给予启发式的反馈，给学生创造宽松的心理环境。

（二）开放性物理环境

学习的物理环境通常指的是学习活动赖以进行的一切物质条件所构成的整体，包括自然环境（地理环境、校园环境、教室的位置和室内布置）、设施环境（课桌椅、实验仪器、图书资料、电教设备和声光电温等）、时空环境（教学时间安排、班级规模、座位布局等）。开放性物理环境主要指开放的学习空间和学习时间，即突破教室和课时的限制，连接课堂内外，开展实践性、项目式和合作式的探究活动，促进学生对知识的迁移和应用。[①] 例如，教师可以为学生提供真实学习情境的校内外场所、个性化学习区域，或者有利于师生、生生合作探究的场所、设施以及有助于学生进行总结反思改进的工具等。在英语学科，物理环境的开放性主要体现在两个方面：一是创设便于交流讨论的课堂环境，例如，通过改变教室的桌椅摆放，让学生更有效地开展小组合作或同伴交流等；二是创设课外英语学习环境，让英语学习突破课堂的限制。

（三）开放性虚拟环境

虚拟环境主要指通过数字资源、软件工具、信息平台促进深度学习，为学习者构建丰富可选择、有进阶的学习素材。随着互联网、移动互联网、智能终端的普及与发展，资源的形态越发丰富，包括文字、图片、音频、视频、虚拟现实等。数字化的学习资源不仅便于共享与传播，更有助于教师充分运用资源进行再设计，为学生提供生动、直观、富有启发性的可视化知识再现。

---

① 摘自 2021 年 2 月罗滨老师在普通高中指向核心素养的深度学习教学改进项目综合组及学科组组长第五次会议上的发言。

"开放性虚拟环境"主要指教师要利用信息平台开发更多的课程资源，打破时空限制，使得线上、线下教学进一步融合，利用学习数据进行更多个性化、差异化、智能化的教学。

二、如何创设开放性学习环境

（一）营造安全的心理氛围，创设开放性人文环境

在人文环境方面，教师需要为学生营造安全、和谐和具有鼓励性的心理氛围①，提出开放性问题，尊重与接纳学生的多样化表达，增进师生之间和生生之间的互动交流，让学生在良好的课堂生态环境中发展语言能力、文化意识、思维品质和学习能力。

1. 设计开放性问题，鼓励学生自主探究

教师提问在很大程度上决定了课堂人文环境的开放度。教师要依据学生认知与思维发展的规律，设计开放的、有逻辑的问题，给予学生自主探究的空间，重视学生在学习过程中的情感体验和心理感受，引导学生在学习活动中理解和表达、分析与运用、评价与创造，推动学生的思维进阶发展，增强学生进行自主探究以及合作学习的意识，使其实现语言与思维的相互促进。②

在英语课堂中，教师要设置开放性的问题，以有趣、复杂、综合的任务激发学生强烈的参与动机，吸引学生全身心投入，使其开展持久、深入、有意义的学习探索并获得素养的发展。以人教版英语必修第一册 Unit 5 "The Chinese Writing System：Connecting the Past and the Present" 阅读课为例，教师立足学生高阶思维的培养，提出思辨性问题，促进学生与文本的深度互动。

活动：基于知识结构图在小组内探讨汉字书写体系的未来发展趋势。

Group work：The students discuss the following questions in groups.

Q1：How did the Chinese writing system develop after the Qin Dynasty？ Do

---

① 摘自 2021 年 2 月郭华老师在普通高中指向核心素养的深度学习教学改进项目综合组及学科组组长第五次会议上的发言。

② 张璐. 设计有效课堂提问的实践与思考［J］. 中小学外语教学（小学篇），2020，43（9）：1—6.

you think it is important? Why?

Q2：Where is the Chinese writing system going in the future?

在此活动中，教师提出具有开放性和探究性的问题，引导学生思考秦代至今汉字的重大发展并创造性地想象、预测汉字未来的走向，促进学生运用所学知识去迁移创造，解决现实生活中的问题，实现知识和能力的迁移。

此外，面对学生各种各样的回答，教师要允许不同声音的存在，根据学生的回答给予反馈、引导或继续追问，引发学生的深度思考。

2. 注重课堂互动，增进平等对话

深度学习强调民主平等的课堂互动环境①，合作对话、平等民主的师生关系可以营造鼓励性的人际环境，消除学生的畏惧心理，使其在充满安全感的环境中充分发挥自身的积极性和创造性。每一名学生都有表达和被倾听的权利，学生在同伴交流、小组讨论和与教师的平等互动中深度思考文本内容，并不断调整和表达观点，进而形成个人的思想认识来指导自身实践，实现深度学习。

在课堂上，教师应避免单一的师生互动模式，可引导学生参与有意义的生生互动活动，但是要注意活动需有明确的目标、基于语境、有语言实践、有高阶思维参与、体现对真实问题的解决等，给予学生分享和发表观点的时间，这样才能创设具有开放性的人文环境。比如，在"Money VS Success"这一课中，教师首先可创设"人物访谈"的小组活动，学生自由选择不同的角色，如主人公 Jason Harley、记者 Angela、被 Jason Harley 资助的学生、Jason Harley 的朋友等，站在不同人物的立场进行思考，评判 Jason Harley 的人生选择和成功观，在小组内充分交流观点；接着，教师可邀请个别小组在全班展示，并引导其他同学为展示组的学生做点评，促进学生在平等、和谐的人文环境中展开互动交流，给学生充分的时间和空间表达自己对金钱和成功关系的看法，深化其对成功的认知，形成个人的"价值与评判"。

（二）拓展学习空间和时间，提供开放性物理环境

教师要为学生提供便于交流讨论的课堂环境，为学生合作探究式的互动

---

① 张光陆. 深度学习视角下的课堂话语互动特征：基于会话分析［J］. 中国教育学刊，2021（1）：79-84.

创造物理条件。此外，教师也可根据教学内容设计课外探究性学习任务，并创设应用知识的真实场景，打破课堂的限制，连接课内和课外，促使学生在真实情境中解决问题，实现迁移与创造。

1. 突破教室限制，拓展课堂空间

课堂教学一般在教室里开展，学生有固定的座位，这样虽然能让众多学生集中在一起有序学习，但也会在一定程度上限制学生的交流互动。而且，有限的空间也会对课堂教学形成约束，教师只能在相应的空间内进行知识教学，难以建构和知识相对应的实践情境，从而使知识教学与实践分离开来，无形中束缚了学生的想象空间和实践机会。① 因此，教师需要突破教室限制，重构课堂空间。

首先，当教室里的桌椅布局不能满足教学活动开展的需要时，教师可以根据实际情况适当调整教室里桌椅的摆设，充分利用教室里的设施为学生创造开放的物理环境。比如，在开展英语辩论活动时，教师可将教室里的桌椅分别布置在讲台两侧，为学生创设更为真实的物理辩论环境。教师也可根据学生交流互动的需要将桌椅摆设为"四人一桌"或者"圆桌"等形式，打破教室固定座位的限制，或者引入其他"物理设备"，灵活建构课堂空间。例如，在学习与职业相关的单元主题时，教师可在教室的墙壁上粘贴写有"Careers Fair"字样的横幅，并将桌椅摆放为"摊位式"（每四套桌椅为一个摊位），模拟招聘会的真实场景，让学生在贴近生活实际的物理环境下，学习与职业相关的内容，谈论职业必备素养和技能等。在这个过程中，教室中灵活的座位布局和室内布置为师生、生生交互提供了真实应用知识的场所，有利于调动学生的学习兴趣，加深其对所学知识的理解，从而帮助其在生活实际中迁移与应用所学知识。

其次，为了能够情境化地呈现引领性学习主题，教师可充分利用传统的教学手段和教学资源（如黑板、白板、卡片、简笔画、教学挂图、模型、实物等），使学习内容与真实世界建立关联。比如，教师在设计基于深度学习的课堂时，可以适当布置学习和应用语言知识的物理环境：在教室内设立"外语读书角"，张贴英语名家名言、英语国家地图或者设计英语板报等，让学生在教室内的英语学习与生活实际建立联系。

---

① 赵彩娟. 拓展课堂边界：时间、空间与内容 [J]. 教育理论与实践，2020，40（32）：3-5.

2. 开展拓展活动，连接课堂内外

在日常教学中，有限的课时安排和课堂时间会在某种程度上影响学生对所学内容和知识的迁移创新。因此，当课堂时间难以使学生充分迁移与应用所学语言、内容和知识时，教师要通过合适的方式将部分课堂教学内容安排至课外，留出更多的时间为课堂教学所用，拓展课堂时间的界限。

首先，教师要打破课堂的限制，为学生提供课外学习英语的机会，提升学生的英语应用和迁移能力。教师可以设计探究性活动，鼓励学生在课下结成小组共同完成某一探究性任务，使学生充分发挥主观能动性，在课外寻找解决问题的方法。比如，在 Careers 这一单元中，教师结合单元内容，设计"模拟招聘会"的展示活动①，学生需要以小组为单位，阅读相关资料，在课下制作英文招聘方案，最后在课堂上运用所学语言和知识介绍公司的招聘方案与要求，以招揽人才。在这个过程中，学生在课下阅读、探究、交流，在课上展示，连接课堂内外，不仅实现了对单元学习内容的整体输出，提高了语言能力，也在课上、课下的合作探究中发展了学习能力和思维品质。

其次，教师要适当开展课外英语活动，促进课堂教学向课外延伸，培养学生的实践能力。② 教师可以为学生组织各种各样的英语活动，比如：英语文化系列讲座、读书节、演讲比赛、"我最喜欢的一本英文书"评选活动、英文故事会、作文比赛、英文歌曲大赛和英语广播电台主持人选拔赛等。这些活动不仅能拓展学生学习的物理环境，为学生创造良好的运用所学语言和知识的机会和氛围，也有利于激发学生学习英语的热情，提高其英语交流能力。

（三）利用现代信息技术，创设开放性虚拟环境

虚拟学习环境是一个支持合作学习的可视化的多用户系统，它是一个集计算机多媒体、邮件、发布包和信息群等功能为一体并通过网络在线课程的传输和反馈，来实现网络教学目的的学习管理系统。③ 当物理环境中的教学资源难以满足学生自主探究和互动的需求时，或者传统意义上的物理环境难

---

① 案例设计者：北京师范大学附属实验中学教师曹向前。
② 袁晓英. 创设英语学习环境　提高综合语言能力［J］. 中小学教师培训，2007（4）：47-48.
③ 刘湘庭. 基于建构主义理论的大学英语网络教学体系研究［J］. 长沙铁道学院学报（社会科学版），2005（1）：173-175.

以为学生创造生动、真实的学习情境时，出于提高学生学习效率和增强其学习效果的需求考虑，教师可利用网络提供的实时、个性化学习资源，为学生搭建自主学习平台，创设开放性的虚拟环境。

首先，教师可充分发挥信息技术对教与学的支持和服务功能，引导学生开展主动、个性化的探究活动，实现深度学习。例如：利用各种媒介开展移动学习和教学；指导学生利用电子词典等工具开展学习；使用数字化技术设计个性化学习平台；利用新媒体语篇开展主题阅读，扩大阅读量；通过网络专题讨论区开展写作教学；开展基于网络的同伴互评；等等。

其次，教师在实施课程的过程中，可选择恰当的数字技术和多媒体手段，将教学内容可视化，借助动画、视频、虚拟现实等技术，为学习者提供虚拟融合的"真实环境"，即与学生实际应用知识的情境相接近的环境，从而调动学生的学习兴趣，加深其对所学知识的理解，帮助学生在实际生活中应用与迁移所学知识。例如，在学习论说文"Is Your Memory Online"这一课中，为使学生学习 Sparrow 教授的研究方法，完成一项实验，验证 Sparrow 的观点，教师利用网络平台开展小组活动，将学生分为不同小组：第一小组通过网络视频，与远在柏林的一位教师做了一个验证"网络是否影响记忆"的小实验；第二小组也通过网络视频，与在另一城市的一位老师做了一个记忆测试；其他小组利用现场条件，借助移动终端设备，与观摩教师做了一个实验。[①] 在该案例中，教师利用网络虚拟平台，让每个学生都能感知和体验真实场景中科学实验的开展过程，使学生在虚拟融合的"真实环境"中完成"线上+线下"的互动与合作，促进学生对所学知识的深度理解。

此外，教师可利用网络平台更高效地开展学生学习效果评价，通过记录学习者利用网络教学平台的各种交流工具来检测学生的学习过程和学习成果。例如：学生在讨论区发送的有效信息数量可以作为其主动参与教学活动的参数，依此评价学生的交互学习程度；教师可以通过学生登录在线学习系统的时间来确定学习者的在线学习时长，通过学生在作业管理类软件中上传录音或电子版纸质作业的数量和时间来了解学习者的学习进度；利用网络听说系

---

① 中华人民共和国教育部. 普通高中英语课程标准（2017 年版 2020 年修订）［M］. 北京：人民教育出版社，2020：73-76.

统中学习数据智能分析、生词本、错题本等多种功能，全程监测和记录学生的答题数据和能力进阶变化等。

教师在利用信息技术创设开放性虚拟环境的过程中，需注意以下两个问题。

第一，明确信息技术的工具性。信息技术的使用要以学生的发展为前提，不可"贴标签式"运用信息技术，导致形式大于内容，无法真正发挥信息技术的作用。比如说，教师在课堂上让学生一边听录音一边用手写方式在平板电脑上做记录，然后让学生根据所做的记录回答问题。在这个环节中，在草稿纸上与在平板电脑上做笔记在学习方式上没有本质的区别，不仅平板电脑的优势没有真正发挥出来，而且有些学生由于操作不熟练，在平板电脑上几乎没有记录下有价值的信息。① 因此，在创设开放性虚拟环境的过程中，教师要准确把握信息技术的内涵，全面认识计算机、互联网、人工智能、大数据等工具在促进英语教与学的过程中的作用；要充分考虑应用信息技术的实效性，不断优化信息技术与英语教学深度融合的方式。

第二，不能忽视现实中师生、生生之间的交流。在使用信息技术的课堂上，由于物理环境的分离，师生之间、生生之间的交流需要以计算机网络作为互动媒介，这在一定程度上给师生之间的交流带来了困难，容易导致有些学生在学习中感到孤独迷茫，久而久之可能会丧失学习的动力和信心。因此，现代信息技术的使用不能替代师生课堂上真实而鲜活的人际互动、观点碰撞和情感交流。在推动英语教学信息化的过程中，重视现实环境中师生之间、生生之间的交流与互动，才是提高学生英语学科综合素养最有效的途径与方法。

总之，创设虚拟环境需要关注学生在学习过程中需要何种信息技术作为支撑和辅助，以及信息技术究竟能在多大程度上解决和优化教学实践中的问题。

---

① 程晓堂. 核心素养下的英语教学理念与实践［M］. 南宁：广西教育出版社，2020：180.

案 例 链 接

开放性人文环境的创设

以"Mother of Ten Thousand Babies"这一课为例，阐述教师如何设计开放性的问题以创设开放性的人文环境。该阅读文本是一篇人物小传，按照时间顺序讲述了林巧稚一生为祖国医疗事业做出的巨大贡献，着重描写了她在求学期间和职业发展道路上曾面临的几次人生抉择及其带来的影响。教师根据文本研读内容和学情提出开放性的问题。（见图 2-10）

开放性的问题

Q1: What did we learn about Lin Qiaozhi in our last listening class? (What happened when she was taking the entrance examination? What did she decide to do and why?)
Q2: What is a biography? Do you know how information in a biography is often organized?
Q3: What experiences has Lin Qiaozhi gone through in her life time?
Q4: Can you find any important decisions she made when she faced with different choices in her life? (Circle them)
Q5: What consequences or result(s) has each of her decisions led to?
Q6: If you had a chance to interview Lin Qiaozhi, what questions would you like to ask her? Similarly, if you were Lin Qiaozhi, how would you answer the questions? e.g.: ①When you were 18, you chose to study medicine. Why did you make such a decision? ②When your American colleagues invited you to stay in the US, why did you reject the offer? ③When your department was closed during the war, what did you do then? Why did you do so?
Q7: What would most women or people in her time make their choices when faced with the similar situations? Why? (Use examples to illustrate your point.)
Q8: What kind of person do you think Lin Qiaozhi was? What qualities does she have? (Find evidence to support your conclusion.)
Q9: Can you share one important decision you have made in your life so far? Explain the reasons for making that decision. If you were given another chance, would you choose to do the same and why? (The above can be done as a speaking or Writing Task.)

图 2-10　"Mother of Ten Thousand Babies"一课中的开放性问题

在本节课中，教师并没有按照自己的预设去引导学生，而是给予学生更多探究和自主生成的空间，创设出开放性的人文环境。教师首先通过第 1 个问题引导学生回顾所学，从学生对林巧稚的已知入手引出第 2 个问题，使学生思考人物传记中主要事件一般会以何种顺序呈现，并通过第 3 个问题使学生按照时间发展顺序梳理林巧稚生平主要事件。学生梳理出林巧稚的生平之后，教师通过第 4 个问题引导学生关注林巧稚一生的关键事件，并探究林巧稚在关键时刻做出的抉择，进而让学生思考第 5 个问题，以进一步分析林巧稚所做选择背后的原因和结果。在第 6 个问题中，教师为学生创设"与林巧稚面对面"的采访活动，使其根据林巧稚的人生事件进行提问，帮助学生在真实情境中内化所学内容和语言。接着，教师通过第 7 个问题启发学生将林巧稚的人生选择与大多数人进行对比，从不同角度进行讨论、评判和反思林巧稚的人生选择，进而使其在第 8 个问题中探讨其选择背后所体现的人生观和价值观，并在找寻证据的过程中赏析文中直接引语的作用。最后，教师通过第 9 个问题启发学生联系自身实际分享自己做出的重要选择，并陈述、反思自己做出此选择的原因。

教师始终以开放性问题为引导，创设开放的人文环境，使学生自主思考、探究主题意义，并联系自身经验，迁移所学来解决复杂情境中的问题——如何做出人生选择。

案 例 链 接

开放性虚拟环境的创设

在 Unit 7 Careers 单元的 "Meet the New Boss：You" 这一课中，教师利用虚拟环境问卷星平台来了解学情，从而有针对性地设计教学活动。① （见图 2-11）

---

① 问卷设计者：北京师范大学附属实验中学彭博。

A3- A Questionnaire About Future Career Planning

1. What job would you like to have in the future? (You can write "no idea" if you are not sure about your future career choices)　[简答题]

2. Would you like to work in the same field and stay at one job for your entire working life?　[单选题]

选项	小计	比例
Yes	12	28.57%
No	12	28.57%
No idea	18	42.86%
本题有效填写人次	42	

3. Is it possible to build a career (succeed) if you just finish what you are asked to do?　[单选题]

选项	小计	比例
Yes	8	19.05%
No	22	52.38%
No idea	12	28.57%
本题有效填写人次	42	

4. Do you know what you can do to prepare for your future career?　[单选题]

选项	小计	比例
Yes	16	38.1%
No	26	61.9%
本题有效填写人次	42	

5. What confusion do you have in future career planning?　[简答题]

6. Will some jobs be replaced by software or outsourced to robots in the future?　[单选题]

选项	小计	比例
Yes	5	55.56%
No	0	0%
No idea	4	44.44%
本题有效填写人次	9	

图 2-11　"Meet the New Boss：You" 课前调查问卷

　　教师在课前借助"问卷星"设计问卷（英语）进行调查，并通过网站自动统计，了解学生对未来职业的规划。教师根据调查结果了解学生对职业的认知，设计相应教学活动，让学生在导入环节探讨职业规划问题，为深入学习文本奠定基础。

　　此外，教师也可布置课下探究性任务，并充分利用多媒体平台给学生提供展示的机会。例如，在学习完北师大版高中英语选择性必修第一册 Unit 3

Conservation 这一单元之后，教师可给学生布置研究性任务，让他们从"濒危物种"、"环境资源"和"保护措施"三个主题中选择一个，利用英文网站上的资源做深入研究。[①] 然后，请学生以小组为单位准备相关主题汇报，并在课堂上展示。学生在观看各组成果展示时从内容、形式和语言三个维度进行评价，并给出反馈意见；各组课下根据反馈意见进一步修改和完善研究成果，并录屏。教师最终选择优秀作品上传至校园公众号和网站平台。图 2-12 为学生作品在网站上的展示。

图 2-12 学生作品在网站上的展示画面

在这一过程中，学生积极参与，教师给予学生开放性探究的机会，并为学生创造展示英语成果的平台，激发了学生学习英语的兴趣和信心。

三、实践问题诊断与分析

【问题 1】不知道如何营造安全的、和谐的心理氛围。

问题表现：教师经常给予学生绝对性的反馈，告诉学生"对"与"错"，将课堂变成一节核对答案的"测试课"。

问题分析：教师要保证课堂反馈的开放性，对学生多样化的理解和表达给予尊重与接纳，当学生的回答存在错误或疏漏时，教师要给予宽容和启发

---

① 案例设计者：北京师范大学附属实验中学杨立宪。

式反馈，引导学生对问题进行进一步思考，从而给学生创造宽松的心理环境，而非直接告诉学生答案。例如，"Money VS Success"这一阅读语篇讲述了百万富翁 Jason Harley 将全部家产捐给慈善机构和贫困人民的故事，旨在让学生意识到金钱不等同于成功。教师可在迁移创新环节提出"Do you think Jason make a good decision?"这一问题，如果学生给出"I don't think Jason make a good decision…I think success means money."之类的回答，教师不应直接将个人的价值观施加在学生身上，直接告诉学生"You are wrong. Jason helped the poor people and made contributions to our society. He is successful."之类的话，而是要尊重学生的观点，追问学生产生此种想法的原因，例如，教师听到学生的回答后可以继续给予反馈，"Yeah, an interesting idea. Could you tell me why you think so?"，以促进学生的进一步思考，并根据学生的回答给予启发性引导。

【问题 2】不知道如何创设开放性的人文环境。

问题表现：教师在课堂上经常提出过于追求细节或者预设性强的问题，学生自主探究的空间较小。

问题分析：一方面，教师要在课堂上提出开放性的问题引导学生探究，鼓励学生自主思考。教师在课堂上尽量不要问"非黑即白"或者预设性强的问题，比如："Do you want to be successful? Do you want to be a millionaire?"等问题，学生简单地回答"Yes"或"No"就可应付过去了，无法引发深度思考；教师可以转换提问方式，提出"What do you think success is? Why?"等开放性问题，给学生自主表达的空间，让学生结合自身经验探讨个人对成功的认知。

另一方面，教师要鼓励小组合作、同伴讨论和个人思考，重视学生在学习过程中的情感体验和心理感受。比如，在学完"Chinese Writing System: Connecting the Past and the Present"这一课后，学生了解了中国汉字发展历史及其对于传承中华文化的价值，教师可开展"汉语桥"的活动①，让学生以小组为单位交流讨论如何向参加"汉语桥"活动的外国友人介绍汉字书写体系的历史变迁及重要性，并邀请个别小组上台展示，其他小组对展示组的表现进行评价，给予学生学习和互评的空间，促进生生、师生之间的互动和交流。

_____

① 案例设计者：湖北省黄冈中学方秋萍。

【问题 3】 **不清楚如何增强虚拟环境的开放性。**

问题表现：教师不理解虚拟环境的开放性具体体现在哪些方面，不清楚如何增强虚拟环境的开放性，也难以把握虚拟环境的开放程度。

问题分析：虚拟环境的开放性主要体现在两个方面：一是环境资源要开放，教师要利用数字资源、软件工具或信息平台为学习者构建丰富可选择、有进阶的学习素材，为其提供记录、搜索、分享、合作以及创造的学习工具和平台，最大限度地满足学习者的学习需求。二是环境主体要开放，在创设虚拟环境的过程中，不能只让教师成为设计与开发学习资源、监控与调节学习进程的主体，也要充分调动学生参与虚拟环境创设的积极性。例如：可给学生探索和推荐网络学习资源的机会；引导学生自主运用网络平台上的数据来监控个人的学习过程、学习体验和学习结果，反思个人的学习策略；等等。

关于如何增强虚拟环境的开放性，教师可以从两方面入手。首先，充分运用信息技术让学生参与真实实践，使知识内容可视化，构建一个有意义的学习情境，提高学生的学习动机。比如，当学习有关信息技术"Avatars"（虚拟化身）的语篇时，教师可运用图片或视频的方式呈现 2D 和 3D 的"Avatars"，增进学生对"Avatars"的了解。此外，教师可指导学生根据自己的学习需求和认知兴趣，自主选择和利用网络资源，多渠道、多方式地完成语言实践活动；也可让学生评价或推荐网络学习资源或平台，提高学生辨别和应用信息技术的能力，最大限度提升其学习水平。

但是，增强虚拟环境的开放性并不代表使其无限开放，开放性过低会影响学生的学习效率或效果，开放性过高也会阻碍生生、师生在现实环境中的互动。因此，教师要把握好虚拟环境的开放程度，可通过三个问题判断开放程度是否合适：信息技术是否阻碍或者代替了学生原本学习过程中的思考或思维建构过程？使用信息技术是否需要耗费更高的时间或资金成本？使用信息技术是否使教学过程变得更加烦琐，而且很大程度上减少了生生、师生间真实互动交流的机会？如果三个方面存在"是"的情况，教师则不必使用信息技术或者需调整信息技术的使用程度，使虚拟环境的开放性更契合教学的实际需要。

第六节　进行反思性教学改进

深度教学是反思性的教学。[①] 教师只有在教学过程中根据持续性学习评价的结果不断改进教学，关注学生是否实现自我发展和意义建构，才能使教学有深度，让教学内容真正走进学生的心灵，使学生的深度学习真正发生。

一、什么是反思性教学改进

反思性教学改进的重点是"反思"，目的在于改进教学。何为"反思"？"反思"是"根据理论支撑和所得出的结论，人们采取积极的态度、持续并仔细地考虑任何信念或假定的知识……，反思包括有意识和自愿的努力，以便在确凿的证据和理论基础上建立信念"[②]。由此可见，人们可以通过反思在感性的信念或知识中提炼出理性的、基于证据的原则。何为"反思性教学"？舍恩（Schon）将反思应用于教育教学领域，指出反思性教学是教师从自己的教学经验中学习的过程。[③] 马颖和刘电芝认为"反思性教学"是教师主体通过一定的反思性实践，对一定对象进行反思以达到促进教学实践发展、实现教育目的的过程，具有目的性、实践性、批判创造性、全面全程性及合作互动性等特点。[④] 可见，"反思性教学"强调教师在教学过程中持续反思和改进教学，以促进学生的深度学习。

何为"反思性教学改进"？反思性教学改进与持续性学习评价紧密相关，是深度学习实践模型的过程性要素，主要是指教师个人或教研团队在观察和记录持续性学习评价中诊断出的学生英语学科核心素养的达成情况，分析教学存在的问题与原因，通过自我分析、教研组研讨和撰写教学反思等方式，进一步调整单元教学目标、改进教学进度、完善教学内容和丰富教学策略等的一种专业要求。值得注意的是，并非所有含有教师反思元素的教学改进都

---

① 伍远岳. 论深度教学：内涵、特征与标准 [J]. 教育研究与实验，2017（4）：58-65.

② DEWEY J. How we think：A restatement of the relation of reflective thinking to the educative process [M]. Boston，MA：D. C. Heath & Co Publishers，1933.

③ SCHÖN D A. The reflective practitioner：How professionals think in action [M]. New York：Basic Book，1983.

④ 马颖，刘电芝. "反思性教学"研究述评 [J]. 乐山师范学院学报，2003（6）：87-91.

可称为反思性教学改进，在教学改进过程中，如果教师的反思未带来其教学实践的优化，或者教师的反思没有基于教学证据，只是自发的反思，则不能被称为反思性教学改进。

反思性教学改进具有循环性。教师所采取的反思行为是以思考教学中的问题开始的，比如："我在教学中是怎样做的？""我这样做会对学生产生什么影响？""为什么我要求学生这样做？"等。① 然后综合评价这类问题并加以研究分析，一旦问题明确，教师就会进行一系列的假设或接受别人的合理化建议，进而改进自己的教学行为，形成新的教育思想，使问题得到解决。但是，新的问题还会出现，教师又会去发现问题，分析问题，到最后解决问题，从而形成一个螺旋式上升的反思过程。

反思性教学改进既可以是系统的，又可以是局部的，其不仅强调教师对自身教育理念、教学设计、教学实施、个人专业能力和团队合作方式等方面的系统反思改进，还可以是对某一课的教学设计与实施某个局部的反思改进。总之，反思性教学改进指向系统自洽和循环改进，实现基于实践反思的教—学—评的一致性。

反思性教学改进为什么重要呢？首先，反思性教学改进是教师专业发展的有效途径，它关注教师在课堂教学中的认知和实践过程，教师通过将新知识、旧知识和积累的经验重组并应用到教学中，以获得更丰富的知识，促进专业成长。其次，反思性教学改进是促进学生深度学习的有力抓手。在教学过程中，师生始终是互动关系，教师的反思结果会作用到学生的学习成果上，教师实施深度教学，学生才能实现深度学习。因此，反思性教学改进的评价标准始终是以能否促进学生的英语学科核心素养发展为根本宗旨，以促进学生的深度学习为根本目的的。

二、如何进行反思性教学改进

舍恩将反思分为"行动后反思"和"行动中反思"。"行动后反思"既包括课前对教学计划和教学内容的反思，也包括课后对教学行为和教学结果

---

① 高翔，王蔷. 反思性教学：促进外语教师自身发展的有效途径［J］. 外语教学，2003（2）：87-90.

的反思（回顾性评价）；"行动中反思"指的是在教学过程中对意外情况进行反思性讨论并能立即采取行动。① 例如，教师根据学生的兴趣和课堂反应来调整课堂提问或者处理生词的方式等。在此基础上，布鲁巴克（Brubacher）将教师的反思性实践分为三个方面：教学前反思，指反思教学中和教学后的预期结果，是教师对教学的预测；教学中反思，即教师能根据学生的实际情况及时进行反思，分析和调整教学策略，有效解决英语课堂中的具体问题；教学后反思是指课后反思，对教学过程进行反思并对教学效果和方法进行评价，从而提高教学质量。② 此处，我们将反思性教学改进分为两个方面：教学实施中的反思和教学实施后的反思。

（一）教学实施中的反思

教学实施中的反思，主要任务是明确正在使用的教学方法的有效性，同时对教学行为做出符合实际要求的改变。教师需要具备较强的学科知识储备和教学技能，能结合学生的现场教学反馈及时调整教学内容或教学方法，以取得更佳的教学效果。教学实施中的反思具有监控性，能使教学工作高质、高效运行，有助于教师提高教学调控和应变能力。比如，教师在实施 Careers 这一单元的"Career Skills"教学设计的过程中，反思教学效果，提出个人的教学策略。具体反思片段如下。③

具体反映到这两节课中，我认为如下两个做法非常有意义。

一是我在第二节课的设计中加了一个小活动，让学生去批判性地看待听力语篇所提及的内容，而这种批判性思维恰巧也是语篇中提到的一个未来必备的职业技能。这种处理方式我认为非常有价值，因为它让学生感受到，他们不是在一味地听教师说教，他们是真的在为自己思考，从而提高了学生的积极性和课堂参与度。而这一点，我相信也是教材的编写者所愿意看到的。

二是我会用黑板的很大比例去记录学生实时的课堂生成。当学生看到自己的思想被呈现在黑板上时，他们会感觉到自己的思考和表达都是有意义的，

---

① SCHÖN D A. The reflective practitioner：How professionals think in action ［M］. New York：Basic Book，1983.

② REAGAN T G，CASE C W，BRUBACHER J W. Becoming a reflective educator：How to build a culture of inquiry in the schools ［M］. 2nd ed. Thousand Oaks，Calif：Sage Publications，2000.

③ 反思教师：北京师范大学附属实验中学曹向前。

都是被尊重的，这样他们就更愿意思考，也更愿意表达了。一个学生乐于思考和表达的课堂，我认为就是一个好的课堂。

该教师根据课堂教学效果，自我评估教学策略的有效性，并思考之所以取得好的课堂教学效果的原因，实现深度反思，有助于其提高课堂调控能力，为之后教学工作的顺利开展奠定了基础。

（二）教学实施后的反思

教学实施后的反思，是对全部教学过程与成效的总结性思考，为下一周期教学规划的制定提供信息。教学后的反思具有批判性，能使教学经验理论化，有助于提高教师的教学总结与评价能力。例如，在上完 Careers 这一单元之后，教师可根据自身在教学实施过程中遇到的问题和解决问题的方法，总结、提炼教学经验，形成可迁移的教学智慧。下面为教师实施完 Careers 这一单元整体教学之后的反思片段。[①]

本单元是一次在实践中指向深度学习的高中英语单元整体教学，也是一次促进英语学科核心素养和学科育人目标落地课堂的成功尝试。

从单元整体教学内容来看，教师要依据课程标准，从课程内容出发，梳理、整合单元教学内容，建立各课时间的关联，提炼出单元引领性学习主题。

……

从单元整体学习目标来看，本单元首先通过 Topic Talk、Lesson1＋ReadingClub1 和 Lesson2 的学习活动，利用 career plan，阐释未来职业选择以及应当具备的职业素养，探讨未来职业所需的技能。其次通过 lesson 3 和 Viewing Workshop 的学习活动，探究未来职业的变化，分析变化产生的原因，探讨如何为未来的职业变化做准备。最后在 Writing Workshop 到 Project 的学习活动中，能够写一封求职信，并在模拟招聘会中，以雇主身份阐明职业要求，以应聘者身份表明自身技能和品质，为未来的职业发展做好准备。在单元学习目标的统领下，各课时目标层层递进，环环相扣，从认知到实践层次逐步建构对单元的认识。

从单元整体学习活动来看，上课教师要根据各课时之间的关联和每课时的重点内容，设计不同的学习活动和作业，形成整个单元的活动链。Topic

---

① 反思教师：北京师范大学附属实验中学陈林林。

Talk 这一课中，教师在导入环节以 career plan 为切入点，开启学生对 careers 话题的探讨，之后各个课时的学习始终贯穿对 career plan 的讨论，最后在本单元学习结束时，学生完成一封求职信。

……

总之，本单元的整体教学有利于帮助教师在教学中把握立德树人的根本任务，能够聚焦主题意义的建构，为学生探索英语学科语言知识与技能和形成核心素养奠定基础，使英语学科核心素养真正落地课堂。

可见，该教师在和教研组的成员共同实施单元整体教学之后，能够批判性思考单元教学的全过程，从单元教学内容、目标和活动等方面提炼 Careers 这一单元的特点以及教师开展指向深度学习的单元整体教学的步骤。

㊷ ㊸ ㊹ ㊺

如何进行反思性教学改进

下面我们以湖北省黄冈中学英语教研组的反思为例，阐述反思性教学改进该如何实施。该校作为深度学习教学改进项目高中英语学科的实验校，其英语教研团队选取人教版高中英语必修第一册 Unit 5 Languages Around the World 进行单元整体教学设计，经过对教学设计的八次修改和完善，对三次试讲和两次说课研讨会的反思和总结，最终在正式课堂中使学生的深度学习真正发生。起初，黄冈中学英语教研组对深度学习的理念了解不多，也不知如何进行单元整体教学设计，后在专家的指导下，开始尝试进行单元整体教学设计。整个过程中，该教研组始终保持学习的态度，不断反思和精进。

在教学实施过程中，教研组的方秋萍老师进行了两次试讲，她总结了试讲过程中的问题，并撰写了反思日志，以下为其反思日志的片段。

第一次试讲时，我感觉90分钟的连堂课真是漫长！在专家团队老师们的指导下，我意识到自己在课堂教学中有以下不足：

一是课堂中教师的控制较多，给学生自主阅读的时间不足。专家老师们建议我思考如何在课堂上凸显"活动与体验"这一深度学习的根本特征，更好地体现学生的主体地位；并且要大胆放手，给学生更多的自主权。

二是学生对文本内容、语言的内化相对较少。专家老师们建议我要给学生充足的时间开展"内化与应用"的活动。因为学生对文本充分的理解和内化是进行高阶思维问题探讨和输出所学知识的基础。

三是问题的设计不仅要环环相扣、逻辑严谨、符合意义探究目的，更要从学生的角度出发，考虑如何提问。专家老师们建议我可以适当减少意义不大的"Yes/No"的问题，针对难以回答的问题，可以调整问题提问的方式或者给学生一些提示。

四是教师对学生的关注较少。专家老师们建议，要进一步关注学生在活动中的表现。

五是课堂评价和反馈的有效性和引导性不够。专家老师们建议要丰富课堂评价方式并使反馈具体化，引导学生积极对学习内容与学习过程进行理解与反思，凸显学生的"价值与评判"。

在正式讲后，该教师反思自己的教学改进全过程，并提出之后努力的方向。

从最初的设计，到两次试讲，到最后呈现的正式讲课，我对专家团队所倡导的"以学生为中心，关注学生"这一理念，有了更深刻的认识。以下是我的课后反思。

第一，凸显学生主体地位。在课堂上该如何引导学生多说？该如何培养学生的批判性思维？我尝试着及时给出反馈，培养学生的批判性思维。我发现与课前设计好活动和问题同样重要的是，要在课堂上善于抓住生成，及时提炼、补充和追问，引导学生进一步反思、质疑与自我纠正，以逐渐发展思维的严密性、逻辑性和条理性。这就是批判性思维的训练过程。在这一过程中，我用心倾听，关注学生，及时提炼、补充、追问，请学生澄清或说明自己的观点。这一类引导学生多说的问题有如下形式："What do you mean by _____?" "Why do you say that?" "How do you know?" "Can you find some evidence to show that?" "Could you give me an example?" "Any different opinions?"。在我不断地追问下，学生不断地反思，从而能对文本内容、观点等展开评价，形成自己的观点，也发展了批判性思维。

第二，加强"内化与应用"活动。首先，提供更多的机会和充足的时间开展"内化与应用"活动，鼓励学生间的交流和师生交流。我把学生分成六个小组，以小组为单位开展课堂活动。其次，针对开放、较难以回答的问题，先给一两分钟让学生进行同伴交流，通过同伴交流或小组合作等形式解决问题。

......

第三，注重问题设计的逻辑性和有效性。我在引入部分通过两个聚焦单元主题的提问让学生回顾上一节课学到了什么，从而过渡到本课。

......

第四，关注学生，以学生为中心。在课堂活动中，我采用了个人、两人、小组等多种活动，把学习和思考的过程还给学生。在学生进行小组讨论时，我选择倾听或参与个别小组的讨论，了解其想法或遇到的问题并给予引导，着重关注学生具体谈论的内容或者遇到的问题。在反馈时，尝试以小组为单位激发学生进行交流和表达，比如提问时请第几小组来回答，让组内成员可以互相帮助，形成学习共同体。

......

第五，推进课堂活动的"教—学—评"一体化。2020 年修订版课标指出："完整的教学活动包括教、学、评三个方面"。在王蔷老师和专家老师们的指导下，我认识到评是为了促教和促学，于是尝试着和学生在阅读活动中构建评价表，并在最终形成了一个四个维度、四个层次的评价表，使师生在活动中能做出客观的评价，实现以评促教，以评促学，教评结合。

......

在反思日记中，该教师从教学观念系统和操作系统两方面进行了反思：教学设计和教学手段是否合理，教学行为与教学目标是否一致，情境活动和师生关系是否符合教学规律等，从设计、实施、评价、理念落实等方面总结了优缺点，并说明今后改进不足之处的方法，真实客观地呈现了自己的改进过程，突出了单元整体实施的改进策略、后续课时教学如何运用本课学习成果以及如何持续促进学生发展等内容。

三、实践问题诊断与分析

【问题1】**不清楚从哪些方面反思课堂教学**。

问题表现：教师在教学过程中和结束后，不清楚从哪些方面反思自身的教学，反思过于表面化，较少深入地思考教学现象背后的原因。

问题分析：教师在反思时要有开放的心态，不断地通过自我质疑来反思教学的效果。教师可以按照以下四个步骤来反思教学。

首先，自我询问课堂上所发生的事情。教师可陈述课堂上所发生的事情或所涉及的问题，可以提问的方式来进行反思，例如：这节课效果如何？我的教学效果是否达到了预期的目标？该如何做出调整？我今天教给学生了一些什么内容？学生是否学会了我教的内容？我怎么知道他们是否学会了？我教的这些内容对学生的学习有什么意义和价值？

其次，将教学事件和个人知识经验建立关联。教师可以尝试将教学中的问题与自己的教学技能、经验或课堂管理知识关联起来，思考以下问题：我以前见过这种教学现象吗？我有解决这个问题的相关技能和知识吗？我能对这个问题进行解释吗？

再次，思考教学事件背后的深层次因素。教师可深入思考事件或问题背后的重要影响因素，解释说明为什么这些因素对理解自己遇到的教学问题很重要，并参考相关理论和文献来支撑自己的推理。教师可以尝试回答以下问题：为什么会出现这个问题？理论上怎么解释？教学经验丰富的老师会如何理解或处理这个问题？

最后，重建解决方案。教师可吸取经验，调整或重新构建教学解决方案，比如说：遇到这种教学问题，我有别的解决方案吗？如果我用了新的教学方法，会发生什么？这个新的教学方法有理论支撑吗？对学生会有什么影响？

【问题2】**教师在反思之后缺少持续改进教学的行动**。

问题表现：教师没有清晰认识到反思的目的，仅为了反思而反思，且缺乏研究意识，没有结合反思的结果去持续改进自身的教学，并未真正解决教学中遇到的问题。

问题分析：教师可将教学中的各种行为作为意识对象，不断反思、调控和改进自身的教学行动，开展行动研究。这一研究包括：①课前的计划与准备，包括教学内容、学生的需要、学习目标；②课堂反馈与评价，即教师对课堂上学生的反应，如何解释和分析问题，如何进行有效的反馈和评价；③课堂调节与监控，教师应不断地获取教学活动中各个要素变化情况的信息，审视和检查教学效果，并能自觉地调节教学活动的各个方面和环节；④课后反思，教师应在课堂活动结束后对自己的行为进行回顾和评价，总结经验，反思不足之处，提高自我发展的自觉性。①

　　教师应在反思后围绕课堂教学的某一个方面或者围绕特定方面的某个问题进行持续性的改进，从而找到解决问题的对策。教师也可以在自我反思的基础上，与同事开展自由讨论，针对各自在课堂教学中遇到的问题发表看法，例如：某一问题的形成，如何自我反馈，采取的补救措施等；也可以围绕大家关心的问题共同讨论，一起分析问题产生的原因，并提出解决方案。

　　教师在课堂教学中要加深对学科的理解、对学生学习的理解，了解学生的学习规律和特点，洞察学生学习中存在的问题，用研究的方法找到解决问题的思路并在课堂教学中实践，持续地进行反思性改进，进而探索出育人的有效经验。

---

① 高翔，王蔷. 反思性教学：促进外语教师自身发展的有效途径 [J]. 外语教学，2003（2）：87-90.

第三章

高中英语深度学习的
教学关键问题与对策

本章结合英语学科特点，坚持问题导向，围绕教师在实施深度学习过程中遇到的主要困难和关键问题，提出有针对性的教学指导建议。这些问题包括：如何有效导入课堂？如何整合性地开展语言知识教学？如何"放手"促进学生的自主探究？如何有效提问？如何设计语言内化活动？……。本章在结合实例阐述问题的基础上，给出具体、可操作的解决对策和指导建议，力求帮助广大英语教师破解在实施深度学习过程中遇到的困惑，促进深度学习理念真正落地课堂。

第一节 如何通过有效导入帮助
学生形成学习期待

导入是教师在教授新知识之前，有目的、有方向、有方法地引导学生进入新的知识情境和学习情境的一种方式。[①] 从英语学习活动观的角度来看，导入环节对应学习理解层次的"感知与注意"，教师要围绕主题创设情境，激活学生的已有知识和经验，铺垫必要的语言和文化背景知识，引出要解决的问题。[②] 有效的导入需紧扣学习目标，结合文本内容，围绕主题意义探究主线，"唤醒"学生已有的知识，让学生意识到旧知和新知的差距，形成学习期待，为其实现新旧知识的"关联与结构"做铺垫。

一、课堂导入环节的常见误区

在日常教学中，教师对于导入活动的设计可能有一些误区，主要表现在以下三个方面。

（一）脱离文本，无关内容

英语教学中经常出现导入环节与教学内容联系不密切或者不相关的情况。很多教师在设计英语课堂导入时偏离学习目标和主题意义探究主线，创设的

---

① 王宝大，勒东昌，田雅青，等. 导入技能 结束技能 [M]. 北京：人民教育出版社，2001：2.

② 中华人民共和国教育部. 普通高中英语课程标准（2017 年版 2020 年修订）[M]. 北京：人民教育出版社，2020：62.

情境看似与主题相关，但是与接下来学生要学的内容缺乏关联，使得课堂中心不明且前后脱节，甚至误导学生。[①] 比如，北师大版高中英语必修第二册 Unit 5 Humans and Nature 单元的 "A Sea Story" 一课主要讲述了 "人与大海" 的故事："我" 和哥哥、弟弟在海上遇到 "莫斯肯漩涡"，他们俩不幸丧命，而 "我" 却在危难之际冷静观察、仔细分析漩涡的运动规律，并根据漩涡吸入物体的规律将圆木桶绑在身上，最终死里逃生。该文本旨在向读者表明人类面对大自然时的渺小，告诫读者要敬畏自然，遵循自然规律，但不少教师在导入此课时只关注到了 "Sea" 的主题情境，会向学生展示波涛汹涌的海洋的图片或视频，并询问学生看到这些图片和视频后的感受或者能从中获取到什么信息，学生往往会用 "dangerous"、"grand" 或者 "risky" 之类的宽泛形容词回答，并没有与其接下来要学习的 "人与大海" 的故事内容建立关联，学生也难以形成学习期待。

教师在导入环节如果只是片面地关注主题语境，而未紧密结合教学内容，就会 "导而不入"，难以为实现学习目标而服务。

（二）迂回曲折，化简为繁

导入环节要简明扼要、直奔主题，引出教学话题，奠定课堂基调，让学生迅速进入学习状态。[②] 但是，很多教师在导入环节用时过多，话语啰唆或者表述不清晰，使得导入 "迂回曲折"，影响课堂效率。例如，一位老师在上 "The Chinese Writing System：Connecting the Past and the Present" 这一课时，意图通过展示甲骨文和现代汉字的图片，让学生思考 "问题①：What can you see in those pictures?" 和 "问题②：What do you think of the relation between their old forms and present forms?" 这两个问题，为学生探究汉字书写发展历史做铺垫，导入环节片段如下。

T：Today, we are going to learn *Book 1 Unit 5 Languages around the world Reading and Thinking：Explore the Chinese Writing System*. In this unit, in Listening and Speaking, we have learned Chinese, Spanish and other languages that

---

① 梅旭峰. 初中英语课堂导入的问题及解决对策 [J]. 中小学外语教学（中学篇），2015, 38 (7)：35-38.

② 程晓堂，谢诗语. 中学英语课堂教学中的常见问题分析 [J]. 中小学外语教学（中学篇），2019, 42 (8)：1-7.

have the most native speakers. And Chinese is also one of the six UN official langua-ges . Right?

　　Ss：Yes.

　　T：So today we are going to focus on Chinese. To begin with，let's have some pictures. What can you see in these pictures?

　　Ss：Mountains，sun，fire，window…

　　T：Are you serious? So what is the name of these pictures?

　　Ss：（Silence）

　　T：What is the name of these pictures? We call them what?

　　Ss：（Silence）

　　T：Jiaguwen? Right? It is OK to call them Jiaguwen. So here is another ques-tion：Can you recognize these Chinese characters?

　　Ss：Yes.

　　T：Why? OK，the boy with glasses.

　　S1：It is the pictures based on the language.

　　T：Yeah. It is the pictures based on the languages. As you can see，you can look at the real things in our daily life. Thanks for your sharing. And the other ques-tions：How do you feel about the old forms of Chinese characters? How do you feel about them? Who created them?

　　Ss：They were created by ancient Chinese people.

　　T：And what kind of creation do you think? Very…?

　　Ss：Very wonderful.

　　T：And?

　　Ss：Brilliant.

　　T：Brilliant. Any more?

　　Ss：Creative.

　　T：Creative. So，as a Chinese，you feel…?

　　Ss：Proud.

　　T：Another question，what do you think of the relation between their old forms and present forms?

　　该教师在导入时没有直接聚焦问题①和问题②，而是问了很多无关问题，话语啰唆，比如两次提出问题 "What is the name of these pictures?"，学生保持沉默，不知如何回答，最后教师自己说出了 "甲骨文" 这一答案；而且，教师提出 "How do you feel about them?"（ "them" 指的是 "the old forms of Chinese characters"）这一问题，意图引导学生回答出 "汉字是由古人发明创造的" 这一答案，但是这个问题指向并不明确，会让学生误以为是要回答看完古汉字图片之后的感受。总之，在整个导入环节中，教师没有紧扣核心问题，而是在提出问题①之后以一种 "迂回曲折" 的方式引出问题②，降低了课堂效率。

在导入环节并非教师说得越多越好，教师要紧扣核心问题，开门见山，否则就会陷入 "化简为繁" 的误区，无法达到预期的课堂教学效果，甚至适得其反。

（三）表面 "热闹"，导而不入

在导入环节，教师容易过分强调学生的个体兴趣，没有将个体兴趣转变为对目标语篇的情境兴趣，致使导入环节过渡生硬、牵强，甚至出现无关环节。① 在很多英语课堂中，教师创设的导入情境无法激发学生学习语篇的兴趣或者使其形成学习期待，表面 "热闹"，但实则导而不入。比如，在听力课 "Why Do We Need Humour" 中，教师本可以直接聚焦 "幽默的好处" 导入课堂，但有的老师为了营造课堂氛围，先播放了美剧《生活大爆炸》的搞笑片段，耗时将近 2 分钟，然后并未提出任何关于视频内容本身的问题，就直接转入文本的教学。虽然学生在观看视频时笑声一片，但是并没有对将要学习的语篇内容本身产生认知期待。

因此，导入环节不可 "花里胡哨"，虽然采用多媒体手段导入会在某种程度上吸引学生的注意力，看似很有趣，但实则可能 "虚张声势"，不能促进学生对将要学习的内容的思考，无法激活学生的已有知识和经验，也难以使其发现旧知和新知间的差距，从而产生对新知的学习期待。

---

① 赵宏遇. 高中英语阅读新授课导入环节常见问题及改进策略［J］. 中小学外语教学（中学篇），2020，43（4）：30-33.

二、实现有效课堂导入的策略

（一）聚焦语篇主题，关联教学内容

导入环节的情境要与教学内容建立关联，直接对接语篇主题。以上文提到的"A Sea Story"为例，该文本是一个典型的记叙文，包括时间、地点、人物，及事情起因、经过和结果六要素，按照时间顺序展开故事情节。因此，在导入环节，教师可以先从"故事"入手，提出问题"Do you know any stories about people and the sea?"，然后展示有关"人与大海"的故事的图片，引导学生观察图片和运用目标词汇、短语描述图片；接着可引导学生阅读有关"莫斯肯漩涡和文章作者"的文段，待学生了解背景知识后可引导其阅读第一段，并预测接下来会发生的故事，随后让学生在"Who are the main characters in the story?"，"Who is telling the story?"和"When and where did the story happen?"等问题的驱动下阅读文本，逐步获取故事的六要素，从而使学生能够从课堂伊始到最后都沿着故事发展脉络梳理信息。

（二）基于学生认知体验，联系学生生活实际

导入环节的情境要基于学生的认知体验，密切联系学生的生活实际。只有当导入情境契合学生的生活、学习和认知体验时，才能让学生产生兴趣和情感的共鸣，对导入的内容产生探究的意愿。仍以"The Chinese Writing System：Connecting the Past and the Present"这一课为例，由于学生在语文和历史课上学习过汉字的演变历史，对这个话题比较熟悉，因此教师首先可在课堂上引导学生简单回顾上一课所学的内容；然后展示古汉字和现代汉字的图片，创设贴近学生生活实际的情境，引导学生观察图片，使其基于已知思考古汉字和现代汉字的异同；接着引导学生阅读标题"The Chinese Writing System：Connecting the Past and the Present"和观察插图，并思考"How do you understand the title?"和"If you were the writer of the passage, what would you talk about in this passage?"两个问题，使其结合插图和标题推断、预测文本主要内容，激发其阅读欲望，为梳理文本信息做铺垫。再如，在人教版高中英语必修第二册 Unit 5 Music 听说课中，学生需要听一段关于音乐类型的对话，获取四种音乐类型的特点，因此，在导入环节，教师可利用图片展示交

响乐演奏的场景，并播放一段融合多种音乐类型的剪辑视频，让学生充分感知每种音乐类型，产生情感上的共鸣，从而激发学生的听说兴趣；也可在此环节引入有关音乐类型的词汇，为学生获取听力文本的信息做铺垫。

（三）激活学生已有知识，形成新知学习期待

导入环节要让学生发现新知和旧知间的差距，形成认知期待。教师可根据文本意义设计探究主线，再根据主线的起点设计学习活动，"以终为始，以始为终"，先思考学生学完本节课之后需要建构什么样的知识结构，以及要生成什么认识或观念，然后在导入环节提出开放性问题，激活学生对所学主题和内容的已有认知、情感和态度。在这个过程中，教师也可评价学生对主题的前认知，从而在课堂中采取策略帮助学生逐步建构起更完整的知识结构。比如，"Money VS Success" 这一文本旨在让学生思考金钱与成功的关系。因此，教师可在导入环节直接通过 "What do you think success is?" 和 "Do you think being a millionaire means success?" 两个问题使学生聚焦主题，激活学生对 "成功与金钱关系" 的已有知识和经验。如果教师只是问学生 "Do you want to be a millionaire?" 之类的问题，不仅思维含量低，也与主题 "金钱与成功的关系" 关联不大，偏离主线，无法达到导入的目的。

总之，在设计导入活动时，教师要围绕意义探究主线，思考主线的起点和终点，在课堂伊始就密切结合语篇内容，激活学生已知，并使其意识到旧知和新知间的差距，从而产生强烈的学习期待和动机。

第二节　如何有效整合单元内容

深度学习提倡单元整体教学，要求在意义引领下有效整合单元内容，引导学生开展有意义的语言学习，通过建构知识，发展深度思维，获得能力发展和素养提升。深度学习的提出为改善英语教学碎片化、表层化现象提供了新的视角和途径。通过整合单元学习内容，将教科书上的教材单元有效整合为学生的学习单元，帮助学生建构知识结构，让知识以结构化的方式存储于记忆之中，有效避免了碎片化教学。

一、碎片化教学的表现

碎片化教学现象在目前的高中英语教学中较为普遍，它也是导致教学浮于表面、思维浅层化的主要原因。碎片化教学有以下三种典型表现：一是意义探究缺失，忽视意义表达；二是语言与意义割裂，忽视语篇语境；三是缺乏单元整体教学观。这些问题限制了学生建立知识间的关联，阻碍了其思维的发展和综合能力的提升。

（一）意义探究缺失，忽视意义表达

语篇是表达意义的语言单位，是作者为了表达意义而按照一定的逻辑和语言结构组织起来的连贯整体。然而，部分教师在设计活动与问题时，仅关注个别的、碎片化的信息，忽视了引导学生开展基于语篇的意义探究，导致学生的学习"只见树木不见森林"，难以建构关联。学生若仅通过寻找零散、下位问题答案的方式来学习，所获取到的信息便是碎片化的，无法在信息之间建立联系，也就无法理解语篇要传达的完整的意义。由于学生获取的信息浮于表面，缺乏整合凝练的思维过程，因此他们难以对内容产生深入理解和深度思考，限制了思维的发展。

以人教版高中英语必修第一册 Unit 2 Reading and Thinking 板块阅读教学"Living Legends"为例，教师提问"When was Lang Ping's determination tested? What did Lang Ping do in 2016?"，学生的回答为"When the Chinese team was preparing for the 2015 World Cup, Lang Ping's determination was tested. In 2016, Lang Ping led her volleyball team to Olympic gold in Brazil."。

在这一信息提取的过程中，教师的提问是零散的、具体的，学生在语篇中可以直接找到答案。学生在这类问题的引导下所获取的信息是碎片的、点状的，无法形成有效的意义联结，也难以生成对篇章主旨和内容的完整理解。

（二）语言与意义割裂，忽视语篇语境

语言与意义的割裂集中体现在教师孤立、零散地教授词汇、语法等内容，忽视对文本的整体意义探究。语言形式都是表意的，因此在语言知识的学习

中也应该遵循意义为先的原则，以意义表达驱动对语言形式的学习。① 但是，目前的英语教学中，许多教师在教学中仅把语篇或语境作为语言知识的载体，在教学中孤立地选取词汇或语法点进行教学，或逐字逐句拆解文本；在课后过分依赖单项选择和语法专项练习，强调形式而忽视了意义与功能。

例如，在人教版高中英语选择性必修第一册 Unit 3 Reading and Thinking 板块 "Sarek National Park—Europe's Hidden Natural Treasure" 教学中，有的教师找出文本中的生词、难词进行讲解：

buffet *v.* 连续猛击，打击

edge *n.* 边缘；锋、刃　　on the edge of…在……的边缘上

spread *v.* 展开，张开，扩散

branch *n.* 支流

教师仅给学生介绍了单词的意思和有关短语，却未能利用好词汇所在的语篇语境，导致了教学的碎片化，并没有达成词汇学习的目的。词汇的本义、在语境中的意义、文化内涵、在语篇中的作用等，例如，buffeting 一词表现了什么，branch 一词本义是什么，此处词汇的使用展现了怎样的场景，都要结合语篇语境进行剖析和学习。而上述碎片化的教学方式容易导致学生的机械背诵、记忆，不利于深度理解语言知识，学生难以将知识灵活迁移运用，深度学习也就难以发生。

（三）缺乏单元整体教学观

长期以来，由于教师教学方式的碎片化，学生的英语学习也呈现出碎片化的特点。教师缺乏从单元整体视角对语篇的思考，很少思考单元内部的编排逻辑，不能基于学生需要对单元内容进行重新整合与整体设计。② 学生的学习缺乏意义引领，难以建立知识间的关联，难以实现知识的整合性输出。2019 年起使用的各版本的高中英语教材的每个单元都有特定的主题，体现2017 年版课标中提出的"人与自我""人与社会""人与自然"主题语境下的某个主题。单元内的语篇均围绕该主题展开，内容上各有侧重，技能上涵

---

① 徐浩. 英语阅读教学中的整合与分解：从"碎片化"问题谈起 [J]. 英语学习，2018（10）：4.
② 胡润，陈新忠. 高中英语单元整体教学设计的策略 [J]. 中小学外语教学（中学篇），2020，43（9）：6-10.

盖听、说、读、看、写。但是，在目前的英语教学中，教师往往忽视了单元的整体性和单元内容之间的关联，机械地按照教材编排顺序（通常按照技能排序）依次讲授语篇内容，学生的学习内容易陷入"浅、碎、杂"，缺乏主线及关联，学生难以围绕单元主题建构起层次清晰的知识结构，也难以形成关于特定主题完整、准确的认知，不利于逻辑性、创新性、批判性思维的发展，不利于素养的进阶。

二、改变碎片化教学的策略

深度学习提倡单元整体教学，强调学生学习的整合性、关联性和建构性，为单元学习、语篇学习都提供了指引，能够较好地改善教学中的碎片化现象。在单元整体教学中，教师通过把握语篇之间的内在联系，厘清单元脉络，梳理意义主线，将以技能顺序编排的教材单元重新梳理整合，形成指向意义建构的学习单元。学生沿着单元主线开展主题意义探究与建构，并在这一过程中学习语言知识和文化知识，最终生成关于单元主题的知识网络。单元中的语言知识以结构化的形式（如词汇语义网、事实性信息等）融合在学生的知识网络中，实现意义探究与语言知识学习的统一。

（一）以主题意义为引领，整合单元内容

改变语言知识碎片化教学的关键是关联整合，而关联整合的核心是主题意义引领。因此，教师要在主题意义的引领下有效整合单元教学内容，实现教学内容由"散"到"整"的转变。2020 年修订版课标指出，英语课程内容包含六个要素：主题语境、语篇类型、语言知识、文化知识、语言技能和学习策略，提示教师从这几方面分析教材，有效整合单元内容。其中，特别强调英语课程的内容是"以主题为引领"的，英语学习活动围绕着主题展开，不同的主题又体现在不同类型的语篇之中。语篇中蕴含着静态的语言知识和文化知识，而语言技能和学习策略能盘活静态的语言知识和文化知识，形成有逻辑联系的知识网络。

案 例 链 接

单元标题：Unit 9 Learning（北师大版高中英语必修第三册）

该单元属于"人与自我"主题语境，涉及"乐于学习，善于学习，终身学习"的内容要求。从教材编排顺序来看，该单元共有1个引入板块（Topic Talk 听说）、2个阅读主语篇（Lesson 1、Lesson 3）、1个听说主语篇（Lesson 2）、1个写作板块（Writing Workshop）、1个看板块（Viewing Workshop）、2个补充阅读（Reading Club 1、Reading Club 2）、单元测评板块（Check Your Progress）和单元项目（Project）等内容组成。从主题与内容的角度对单元进行分析，可以按照语篇主题的侧重点，将语篇进行归类重组，得到如图 3-1 所示的单元结构图。

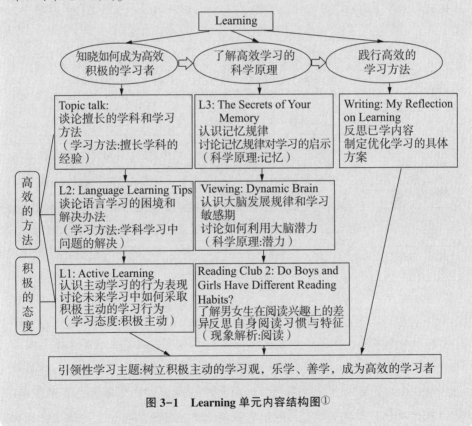

图 3-1 **Learning** 单元内容结构图①

———————

① 案例设计者：首都师范大学附属回龙观育新学校丁雪莹。

在重新整合的单元结构图中，教师明确了单元学习主线，即"知晓如何成为高效积极的学习者—了解高效学习的科学原理—践行高效的学习方法"，并按照意义探究主线重新调整了语篇教学的顺序，将教材单元重新整合形成了学习单元，更符合学生的认知规律——从知道如何做，到了解科学原理，再到践行高效的学习方法。单元内容的整合重构，有利于教师建立起单元内容的关联，确定每个语篇在单元学习中的位置和作用，在教学中更加有的放矢。当然，单元内容整合的方式不是唯一、固定的，可以有多种整合思路和呈现方式，其核心是要有助于学生认识某一主题，形成认知的规律。

在单元内容整合的基础上，教师继续细致研读语篇，对单元中的语言知识、文化知识、语言技能和学习策略进行进一步的分析，归纳学生完成学习后应达到的素养导向的学习目标（见图3-2），将课程内容融入单元的学习之中。

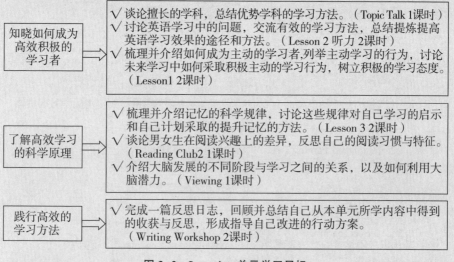

图3-2　Learning 单元学习目标

在目标制定时，教师从单元的主题与内容出发，对学生的单元学习目标进行分析与整合，充分体现学生的语言能力、文化意识、思维品质和学习能力的融合发展，帮助自身从课程内容的角度明确教学内容和要达成的目标，从而在教学中有意识、有重点地开展教学，整合性地发展学生的语言、文化与思维能力，落实核心素养。

（二）注重整合，强化语境，开展课时教学

单元学习目标的达成要依托课时的深度学习逐一落实。教师在开展课时教学时，要注意避免信息知识和语言知识学习的碎片化。在信息知识的学习过程中，教师要尽量通过上位问题，帮助学生自主、整合性地获取语篇信息，形成信息结构网络，以建构对语篇的完整理解，为整合记忆、深度思考奠定基础。

1. 关注语篇语境，促进理解应用

在语言知识教学中，教师要关注语篇和语境的作用。词汇的意义有多个层面——本义、语境中的意义、文化内涵、语法意义、搭配等，这些都要从语篇、语境中获取，[①] 语法的表意功能也是在语篇、语境中得以体现的。教师引导学生结合具体语境学习语言知识不仅能够提高教学效率，还能够加深学生对语言知识的理解，提高语言运用能力，促进深度学习的发生。

以 "Sarek National Park—Europe's Hidden Natural Treasure" 教学[②]为例，语篇的第一段内容如下。

I wake up to the sound of the wind buffeting the cloth of my tent. Even though the sun is brightly shining, telling whether it is morning or night is impossible. I'm above the Arctic Circle, where in summer the sun never sets. Checking my watch, I see that it is 7:30 a.m. I leave my tent and walk over to the mountain edge. Spreading out before me, branches of the Rapa River flow through the valley below. I'm in the remote far north of Sweden in Sarek National Park, a place with no roads or towns.

教师经过学情分析，认为本段中的 buffeting、edge、spreading、branches、valley 属于对学生有一定难度的 "生词"。在教学中，教师没有单独列出词汇让学生记住其含义，而是结合整段的语义表达，配以图片使学生理解整段话描绘的国家公园的景象，在这一过程中融合词汇学习，学生在语段中理解词

---

① 程惠云. 英语阅读教学 "碎片化" 问题的案例分析及对策 [J]. 英语学习, 2018（10）: 10-13.

② 案例设计者：海南中学三亚学校罗璐、李春平。

汇的意义。以 branch 一词为例，该词的本义是"树枝，分枝"，此处实际为其引申义"（河流的）支流"。在整句语境中，该词本义、语境中的意义、用法搭配都显而易见，且该词与 spread、flow through 共同描绘出河流的延伸感，学生对这些词汇及其意义表达的理解都更加深刻。（见图 3-3）

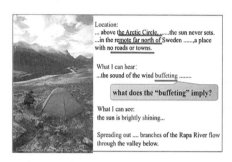

图 3-3 "Sarek National Park—Europe's Hidden Natural Treasure" 词汇教学

2. 围绕意义表达，建构知识结构

教师在开展教学时，要引导学生在主题引领下梳理、整合语篇内容，围绕意义表达进行语言知识的梳理和建构，形成知识结构。围绕意义对语言知识的梳理可以帮助教师明确语言教学的重点，并结合学生在语言储备上的已知和未知，更加有针对性地设置情境和学习活动。此外，教师还应关注在单元素养导向的学习目标中"语言能力"方面的目标，在课时教学中予以落实。

例如，在北师大版高中英语必修第三册 Unit 8 "Roots and Shoots" 阅读课的教学设计①中，教师首先带领学生明确了语篇的文体特征，它是一篇事理说明文，篇章结构采用"现象—问题—解决方法—号召"的写作顺序，进而分析了语篇语言的突出特征，即排比句、重复词的使用，并结合意义进行了进一步的梳理。例如，在介绍 just-me-ism 时，作者使用了 leave a tap running、leave a light on、drop a piece of litter 等语块，举例说明生活中常见的浪费资源和破坏环境的行为；在说明个人行为造成的巨大影响、号召每个人行动起来时，使用了…one little tap…, one little light…a little piece of litter…; …millions of…millions of…millions of…; Every individual matters; Ev-

---

① 案例设计者：首都师范大学附属回龙观育新学校何晨静，做适当修改。

ery individual has a role to play；Every individual makes a difference 等语块。在课堂教学中，教师在学生回答 "What is just-me-ism?" 这一问题时，便引导学生关注段落中的排比句；随后，在完成全文的内容梳理后，教师以"写一篇文章号召身边的同学一起采取行动"的任务为驱动，让学生带着任务寻找文章中具有说服力的语言，以此带领学生回顾文本，朗读、鉴赏文中的排比句式，感知节奏并总结特点；最后，学生将排比句式的知识迁移到自己的段落写作中。

围绕主题意义的语言知识梳理，可以帮助教师明确语篇的文体特征和语言特点，确定语言教学重点，在教学中有的放矢；对语言的学习贯穿课堂教学过程，从学生的朗读、体验，到师生共同的分析、总结，再到学生在新情境中的运用、迁移，有机地将语言学习贯穿在阅读之中，学生能够有效地学习并运用语篇篇章结构、文体特征和表达方式。

（三）引导学生整体输出，建构单元知识网络

教师梳理、整合单元内容，实施整合的教学，最终目的是帮助学生建立知识间的联系，建构新的知识结构，深化对主题的理解和认识。因此，在单元教学中，教师要引导学生学会整合所学，建构起单元知识网络，将所学知识迁移到新的情景中解决问题或产出作品。

一方面，在语篇教学中，教师要注重引导学生把握信息之间的联系，通过上位的问题，使学生梳理、概括、整合语篇中的信息，借助表格、结构图示等多种形式呈现信息，并在此基础上开展描述与阐释、内化与运用、分析与判断等活动，最后进行迁移创新，如推理论证、批判评价等，实现对语篇学习的输入与输出，体现了语言、文化、思维的融合发展。

以 Humour 单元 "My Favourite Comedian" 教学为例[①]，在 Text 1 的教学中，教师引导学生梳理 Mr Bean 在餐厅的行为，学生自主整合语篇核心内容。（见图 3-4）

可见，教师并非把信息直接呈现给学生，也不是让学生在一个个细碎的问题中寻找答案，而是引导其充分、自主地进入阅读过程，有充足的时间和相对开放的空间进行意义探究，这也体现了深度学习所提倡的"活动与体验"。

[①]　案例设计者：广东省佛山市三水中学曾霞。

Focus on the two scenes of Mr Bean in the fancy restaurant

Read paragraphs 2-3 and underlined all the verbs or verb phrases used to describe Mr Bean's body language.

Scene 1

takes out a card	puts it in an envelope	looks back at the envelop	puts it on the table for every one to see

is seated at the table	writes a few words	places it on a table	opens it to find a birthday card

图 3-4 "My Favourite Comedian" 教学 PPT

另一方面，学生在完成单元学习后，教师应鼓励学生自主梳理、整合单元所学内容，形成单元知识网络。对于初次尝试构建单元知识网络的学生，教师可以在方法上给予指导，如思维导图的基本形式、从哪些角度呈现对主题的认识等。教师要给予学生充分的信任和充足的自由度，让学生能够按照自己的理解和认识呈现自己在学完单元后的学习成果。同时，从评价的角度来说，学生知识网络建构的情况，也是教师进行单元学习效果评价的方式之一。此外，教师还可以设计单元整体的输出活动，让学生通过解决问题、产出作品，运用、迁移单元所学。

例如，学生在完成 Humour 单元学习后，将所学知识进行整合，实现整体输出，完成了单元总结（学生作品示例见图 3-5）、英文作文（作文示例见图 3-6），并写下了自己的单元学习感悟。

作文要求如下。

假设你是红星中学高二学生李华，你校交换生 Jim 刚来中国，不适应这里的生活，心情闷闷不乐，请你给他写一封邮件，内容包括：

（1）安慰他；

（2）给他推荐一些喜剧或者娱乐的方式；

（3）跟他分享"笑"的意义。①

---

① 案例设计者：北京师范大学第二附属中学郑津。

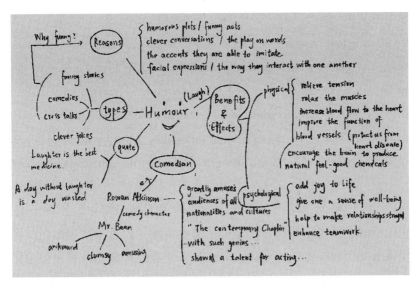

图 3-5　学生单元总结

学生作文示例:

Dear Jim,

　　I'm sorry to hear that you are having a difficult time recently. I've been to England to be an exchange student before, so I know it's hard for one to make the necessary adjustment to a new environment in a short time. Don't worry. It's natural to feel depressed at first. Let me tell you a "key" to solve it—watching comedies!

　　Whenever I feel down, I always watch comedies to amuse myself. One of my favorite comedies is Two Broke Girls. You can also watch it to relax yourself! This comedy is about two girls who work as waitresses in a small restaurant. They are poor but stay positive, and try their best to improve their own lives. The comedy shows us there is always sunshine in our life. Also, their friendship, hard work and positive attitude towards life also impress me and make me feel warm. Hope you can enjoy this comedy and don't be shy to laugh out!

　　Laughing plays a very important role in our daily life. Firstly, laughter helps relieve tension. It relaxes muscles in our body. Also, a good laugh increases the blood flow to the heart, which helps protect us from heart disease. Finally, when we laugh, our body is better able to fight against infection! Isn't it amazing? Let's laugh more and say 'goodbye' to sadness!

　　Hope you can soon find a sense of well-being in your life in China! If you have any other question, please let me know. I'll always be here to lend an ear for you.

Your faithful friend,
Li Hua

图 3-6　学生作文

学生感悟示例：

It's amazing that humour seems all around us at any moment, from small talks during breakfast to teacher's answers when you raise a question. Unit 4 unmasked the inner value of humour and make it logical to explain why we need humour. After the learning, I obtained a more specific and in-depth understanding for humour, such as how to deliver a proper humour at the proper time. In future life, I will try to find my humour in life and turn to humour when feeling down in order to get rid of frustration and unhappiness.

通过学生的单元总结可以看出，学生在单元学习结束后，对于 Humour 这一主题形成了结构化的认识，建构了层次清晰、内容关联的知识体系，有的学生从 types、meaning、reason、comedian 等角度对单元内容进行总结，有的同学涵盖了 quotes，还有的则围绕核心语篇开展总结。每个角度/语篇之下，都有细分的层次与丰富的内容。单元整合、总结的过程也体现了学生的思维过程，这是学生自己经历、体验、收获的过程，也是学习发生的重要过程。此外，单元总结中的语言归纳，也使学生在主题意义和语境中再次回顾复习核心语言点，促进学生对知识的融会贯通。

在单元整体输出活动中，教师巧妙设置了情境，引导学生将所学的语言知识应用于新的场景。除了对单元核心内容的迁移外，教师给出的内容要求第 3 点"跟他分享'笑'的意义"，则能够让学生表达自己对单元主题的认识，体现自己在完成单元学习后的认知与态度。学生也写下了自己的单元学习感悟，体现了学生对 humour 建构起了更完整和全面的认识。通过以上三种方式，教师引导学生实现对单元内容的整合，避免了碎片化教学和碎片化学习，强化知识结构，通过语言知识和文化知识的整合输出，体现对主题的深入认知与理解，让深度学习真正发生。

第三节　如何在课堂中"放手"
以促进学生自主探究

深度学习的核心特征是"活动与体验"，凸显学生作为学习主体的价值，强调学生的主动活动及学生在活动中生发的内心体验。① 学生深度学习的发生，不是被动地接受知识灌输，而是通过主动、有目的的英语学习活动，理解、应用、迁移知识，提升能力，发展素养。因此，对教师而言，要有"放手"意识，为学生提供充足的时间、开放的空间和充分的机会，鼓励学生自主探究，获得成长。

一、课堂教学的"不放手"现象

20 世纪 60 年代，著名教育家叶圣陶先生就曾指出，教育"如扶孩子走路，虽小心扶持，而时时不忘放手也……凡为教，目的在达到不需要教。以其欲达到不需要教，故随时宜注意减轻学生之依赖性，而多讲则与此相违"②。然而，在英语课堂教学中，却普遍存在着教师"控制"过多和教师"一言堂"的现象，说明教师在教学中缺乏"放手"意识。课堂教学"不放手"主要体现在学生活动的时间与机会少、课堂问题与活动开放性差、教师控制性与主导性强三个方面。

（一）学生活动的时间与机会少

学习是在学生的主动活动中发生的，教师无法代替学生学习。部分教师"剥夺"了属于学生的自主学习的机会，学生的深度学习难以发生。在有些课堂上，教师的讲授占据了课堂的大部分时间，剥夺了学生的发言、活动时间与机会，很多时候学生只配合老师回答"Yes/No"，或是回答一些简单的词句。实际上，在学生只能被动接受、无法主动参与的课堂上，学生内化知识的效率是非常低的，教师讲得再多、再细致，也是教师的知识，仍然停留在教师的"教"上，难以转化为学生的"学"，学生的"学"无法发生，教学仍然是失败的。

（二）课堂问题与活动开放性差

课堂问题与活动的设计体现教师对课堂开放程度的把握。有些教师设计

---

① 刘月霞，郭华．深度学习：走向核心素养（理论普及读本）［M］．北京：教育科学出版社，2018：51.

② 叶圣陶．叶圣陶教育文集：第 25 卷［M］．南京：江苏教育出版社，2004：18.

的每一个课堂问题都有固定、明确的答案，将问题和答案一一呈现在 PPT 上，课堂变成教师一页页翻动 PPT "对答案"的过程，学生只能紧跟 PPT 找答案、对答案，无法进行意义探究或问题解决，更谈不上学习自主性和思维的进阶。曾有一位教师在进行教学设计时，在一堂 40 分钟的阅读课上制作了 32 页 PPT，平均一分多钟就要翻页，PPT 的内容则是"提出问题—呈现答案"或"给出表格，学生填空"。在这节课上，这些有固定答案的问题"困住"了学生，难以调动起学生对学习的兴趣和主动性，尽管学生能回答出教师的问题，但学生只是在完成老师"找答案"的任务，对语篇的主题和内容只是一知半解，更谈不上主动建构知识体系和深度思考。

（三）教师控制性与主导性强

教师在课堂上的强势往往会限制学生的自主思考。有些教师在课前进行了深入的语篇研读，也精心设计了教学活动，但在实际开展教学时，总是代替学生解读文本，急于将自己的认识和理解灌输给学生，把自己认为的"标准答案"强加给学生，用自己的预设牵住了学生的思维。[①] 教师在课堂上的强势会导致学生处于一种"控制"之下，难以发挥个体的主动性全身心投入学习，也没有自主思考的机会。"一千个读者就有一千个哈姆雷特"，对于学习的内容，学生常常有独特的视角和独到的思考，如果教师不给予学生思考的时间，或对学生提出的其他想法"一棒子打死"，就可能会打击学生自主思考和探究的积极性，并让学生觉得教师并不尊重他们的想法，久而久之，学生的思考能力和主动思考的意愿都会降低，深度学习也就难以实现。

二、课堂教学的"放手"策略

课堂教学的关键是让学习发生，而学习发生的重要条件是学生作为主体的主动活动。要实现深度学习，教师要真正承认学生在教学中的主体地位，考虑学生的主观能动性，设计能够让学生全身心投入的学习活动，并在教学实施中大胆"放手"，让学生从被动到主动，从封闭式的任务走向开放、具

---

① 李恺，戴庆华，董金标. 从同课异构角度谈阅读教学中教师的放手意识 [J]. 中小学外语教学（中学篇），2021，44（12）：43-48.

有探究性的学习活动，成为学习的主人。① 2020 年修订版课标提倡指向核心素养发展的英语学习活动观和自主学习、合作学习、探究学习等学习方式②，为教师给学生提供自主探究的时间、空间和机会，打造开放性的课堂提供了路径支持。教师应设计并实施学习理解、应用实践、迁移创新等层层递进的英语学习活动，鼓励和指导学生积极投入学习活动，为学生提供上手做的机会、充分的内化时间、开放的思考空间和展示自我的舞台，使学生成为学习活动的主体，获得知识、能力，收获积极的情感体验，实现素养提升。

（一）"放手"给学生上手机会

在开展学习理解类活动时，教师要给学生足够的上手机会进行获取与梳理、概括与整合，不要代替学生的学习过程或直接将结果展示给学生，也不要担心学生出错或做得不到位。一方面，教师可以带领学生完成一部分内容，为学生做示范。教师可以先带着学生完成一部分的意义探究和对内容的梳理，再让学生独立完成剩下的部分，并在合作交流中进一步完善；另一方面，在学生自主学习和合作学习的过程中，教师可以观察学生的完成情况，及时了解学生的困难，提供直接的指导和帮助，并在课堂教学中以追问的方式进行补充。对学生的课堂学习来说，过程比结果更重要，即使学生不能一步做到位，但这个由不完美、常出错到一步步完善的过程，就记录着学生学习的发生。

以北师大版高中英语必修第三册 Unit 8 "Greening the Desert" 一课的听说教学为例③，在课前，教师通过对内容的梳理，将易解放的经历及当时的情感变化通过坐标图示整合在了一起。课上，教师引导学生听录音，并提供了一张坐标图，让学生将易解放的经历和情感变化在图上呈现出来。教师首先带着学生一起听易解放前期的经历与感受（"Before her son's death" "her son's death" 阶段），并记录在坐标图上，给学生做出示范；接着，"放手"让学生听剩下的录音并请学生在学案上进行自主记录；随后，学生与同伴合作完成

①　刘月霞. 指向"深度学习"的教学改进：让学习真实发生 ［J］. 中小学管理，2021（5）：13-17.

②　中华人民共和国教育部. 普通高中英语课程标准（2017 年版 2020 年修订）［M］. 北京：人民教育出版社，2020：3.

③　案例设计者：北京一零一中学怀柔分校徐杰、唐诗。

活动"Share your mind map with your partner, and then polish it again"，通过信息的交互，完善自己的坐标图。在这一过程中，教师可以在学生中倾听、观察，把握学生的完成情况。最后，在全班进行师生、生生交流，共建知识结构，生成易解放的经历主线和情感走向。（见图3-7）

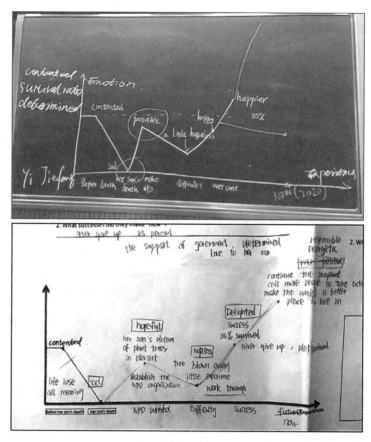

图3-7 "Greening the Desert"课堂板书与学生绘制的坐标图

在这堂课上，教师在示范后，"放手"让学生听、说、写。通过学生完成的学案可以看出，不同的学生在内容梳理、坐标图绘制上存在差异。教师在教学中关注学生的完成情况，结合学生的生成开展课堂教学；学生在不断地听、说、写的过程中，进一步梳理知识、学习语言。教师在课后反思中写道：要以学生为中心，设计合适的学习活动，让学生在课堂上有更多听、说、读、看、写的机会，学生的学习才能真正地发生。只有"放手"学生，相信学生，才能更大地激发学生潜力，提升学生的英语学科核心素养。

（二）"放手"给学生内化时间

"内化与应用"是英语学科深度学习的一个重要特征，强调"学生要积极主动地将外在知识内化于心，即通过互动与交流等输出活动，将外在知识转化为个人能理解并能表达出来的知识，进而用于解决真实情境中的新问题"①。内化是目前教学中普遍缺失的环节，许多教师将大部分课堂时间分配给了知识点的讲解，认为内化可以由学生自己在课下进行。但其实，学生将梳理整合的知识结构及时地在有情境的语言实践活动中互动交流，是将知识内化于心的重要环节，同时也是迁移创新知识、将知识转化为能力的基础。

在开展应用实践类活动时，教师要积极创设情境，设计描述与阐释、分析与判断、内化与运用类的活动，"放手"给学生充足的时间，让学生在活动中动口、动手、动脑，在真实的活动体验中充分内化语言知识和文化知识，促进语言运用的自动化。②。

在"Greening the Desert"一课的听说教学中，当学生自主学习、同伴交流、师生共建形成坐标图示后，教师创设情境："Introduce Yi Jiefang and her NPO to the exchange students from other countries."，使学生基于坐标图示向其他同学介绍易解放及 NPO 的故事，让他们在描述阐释和实践运用中充分内化语言。学生首先自己阐述，接着和同伴交流，最后再向全班展示。在十分钟左右的时间内，学生进行了多次的互动、交流，并不断完善自己的坐标图示，做到了动口、动手、动脑，在语言的多次复现中内化知识，把课本和学案上的内容真正转化为自己的知识。

（三）"放手"给学生思考空间

在迁移创新活动中，学生在教师的引导下，基于学习理解和应用实践的所学，进行推理与论证、批判与评价、想象与创造。这一过程也能够有效促进学生思维的进阶。教师在该部分的问题设计上要敢于"放手"，通过开放

---

① 王蔷、孙薇薇、蔡铭珂，等．指向深度学习的高中英语单元整体教学设计［J］．外语教育研究前沿，2021，4（1）：17-25，87-88.

② 中华人民共和国教育部．普通高中英语课程标准（2017年版2020年修订）［M］．北京：人民教育出版社，2020：63.

性的问题，为学生提供分享、参与的空间和时间，鼓励学生主动表达见解；问题的设计还要能够让学生有感而发、有话要说。在开放性问题的交流中，教师要倾听学生的声音、尊重学生的想法。课堂上多向性的课堂互动、对话式的协商讨论、真实自然的交谈方式，是促进课堂生成的重要条件，① 也是学生表达观点、发展思维的重要基础。

例如，在 "My Favourite Comedian" 阅读教学②的第二课时中，教师设计了如下问题： "1. What makes Rowan Atkinson successful in playing Mr Bean? (Provide evidence to support your idea.)"， "2. What can you learn from his life experiences?"。教师以两个开放性问题引导学生回扣文本，对 Rowan 进行评价。这两个问题并没有固定答案，只要学生基于文中的信息，言之有理即可。课前，教师预设了学生可能会回答的几种答案，例如，通过第三段 "Rowan had a very successful academic career" "He was awarded a scholarship" "Attained the highest marks" 等内容，可以发现 "Rowan had a good education background"；通过第四段可以发现 "Rowan made great efforts to overcome his stutter"。课前对学生回答的预设可以帮助教师在课上给学生示例或抛砖引玉，启发学生思考，还可以在学生分享后进行补充和完善。而在课堂实施中，学生往往会给出令教师意想不到的答案。以上述这节课为例，有一名学生根据文本第四段的内容，总结出 "Rowan could turn his shortcomings into advantages"，这是教师在课前并没有预设到的内容，在学生阐述这一观点和依据后教师也感到十分惊喜。在课后反思中，教师写道：多给学生畅所欲言和自由表达的机会……。在教学过程中，可以体会到，给学生开放的问题、没有标准答案的问题，学生总能给课堂带来意想不到的惊喜。另外，学生需要充足的自我思考时间、小组交流讨论时间，以及展示后的评价反思时间，只有真正思考了，学习才能真正发生。

（四）"放手"不等于"放羊"

需要特别强调的是，提倡教师"放手"并不等于"放羊"。提倡教师"放手"，是强调在教师教学中要开展以学生为主体的主动学习活动，注重学

---

① 王蕾. 英语课堂教学中的预设与生成 [J]. 英语教师，2009（8）：18-21.
② 案例设计者：广东省佛山市三水中学曾霞。

生的学习体验，给学生自主探究的时间、空间和机会。在这一过程中，教师不能做学生学习的"包办"者，但也不能做旁观者，而是要根据学生的水平和表现，及时搭建支架或者撤掉支架。教师的作用在于"搭脚手架（scaffolding）"，包括鼓励学生（encouraging）、提示学生（prompting）、追问学生（probing）、给出示范（modelling）、做出解释（clarifying）等。[①] 就像扶着孩子学习走路时，父母渐渐将手离开孩子的身体，却仍然停在孩子的不远处，随时关注其前行的状况，在他们将要跌倒时及时扶住。在课堂教学中，教师的"放手"实际上是在以"无形的手"帮助学生学习，在学生遇到困难时为学生提供指导和支持，通过多种方式让学生继续探究。这不仅需要教师转变教学理念，还需要教师具有把握课堂、关注学生的智慧。

仍以"My Favourite Comedian"一课的教学为例，教师在提出前述的两个开放性问题时，并非直接让学生展开讨论，而是首先给了学生示范和提示，为学生举出了例子，然后再"放手"让学生进行阅读和思考。在全班的讨论中，教师也通过问题如"How do you know that? Why do you think so?"持续引导，及时追问，在学生提出教师意想不到的观点时，教师也以开放的态度鼓励学生，并带领全班同学对此做了进一步的解释。教师的"放手"并非无所作为，也不是完全放任学生自由活动，而是通过恰当的引导，推动学生自主探究，给学生以舞台，才能让学生展现精彩。

第四节　如何通过有效提问实现课堂教学的逻辑进阶

一、教师提问中常见问题分析

深度学习是一种指向学生思维能力发展的有意义的学习方式，促进学生思维能力发展是深度学习追求的核心目标。[②] 高质量的问题能够引发学生的认知冲突，引导学生在参与问题探究的过程中触发思维活动，使学

---

① NUTTALL C. Teaching reading skills in a foreign language [M]. Oxford：Macmillan, 1996.
② 董晓晓，周东岱，黄雪娇，等. 深度学习视域下教学设计路径研究 [J]. 教育科学研究，2021（4）：55-60.

生在信息梳理、意义建构、批判质疑、创造表达的过程中发展思维品质、落实深度学习。但在英语课堂教学实践中，教师的提问还普遍存在一些问题。

首先，问题未能充分考虑学情，思维含量低。在日常教学中，一些教师缺少对学生实际水平和生活背景的了解，导致设置的问题不符合学生的认知规律或者脱离学生的实际情况，让学生难以回答或者无话可说。而且，问题多指向对文本事实性信息的简单重复，答案封闭，思维含量低，无法激发学生学习的兴趣点，造成课堂教学没有创新性，不利于较高层次学习目标的达成。

其次，问题之间缺乏联系，逻辑性不强。目前英语课堂中存在问题设计过多、问题指向分散和问题之间缺乏逻辑的现象。比如，问题设计无聚焦点、模棱两可，或者措辞不严谨、不科学，所提问题有多种理解角度，让学生无所适从。这样不仅会分散学生的注意力，浪费教学时间，影响教学任务的完成，还会使学生难以把握语篇内容的核心，导致知识结构凌乱，无法起到培养学生思辨能力的作用。因此，教师在设计问题时应充分考虑问题之间的关联，抓住问题之间的切合点，让问题能形成一条"链"，从而帮助学生以问题为支架，整合、思考并内化文本内容。

最后，问题的回答形式单一，以师生问答为主，缺乏生生互动。在一些课堂上，绝大部分时间都是教师提问、学生回答，虽然问题看起来环环相扣，但使学生应接不暇，影响师生对话的有效开展与学习目标的达成。而且，在这样的课堂中，教师充当评判者的角色，学生只能按照教师设置的问题逐一回答，缺乏自主提问、小组讨论和展示锻炼的机会，不利于学生自主探究能力的培养。

鉴于课堂提问对促进学生深度学习的重要性和目前教师在提问方面普遍存在的问题，如何通过有效提问体现课堂教学的逻辑进阶，促进学生的深度学习，是目前亟须解决的问题。

二、有效提问的原则

学生从浅层学习进入深度学习绝非一蹴而就，其间需要学生逐步掌握自主、探索、合作式学习手段①，由浅层学习逐步过渡到深层学习。因此，教师要围绕教学内容和学习目标，设计有逻辑的问题来层级式地铺垫教学内容，引导学生由浅入深地思考文本，最终能够创造性地解决实际问题。课堂教学发端于问题，行进于问题，终止于问题。教师要使学生形成探索和解决问题的强烈动机，进而促进其在学习中发展核心素养。为实现有效课堂提问，教师需要遵循以下原则。

（一）明确指向性，注重"逻辑线"

教师的课堂提问要围绕文本意义探究主线，聚焦问题解决，确保所有的问题都能形成一条"链"，共同指向对语篇主题的探究。因此，教师要深入解读文本，把握文本的主题、核心内容、篇章结构和作者观点等，进而基于文本解读确定学生需要解决的核心问题，确定学习目标，最后将各个核心问题组织为目标指向明确的"问题链"。

此外，课堂中的提问要环环相扣，各个问题要形成一个整体，逐层深入、富有逻辑，确保思维的连贯性，使学生在回答老师的问题时，从"浅水区"自然地、不知不觉地进入"深水区"。② 因此，课堂提问要与学习目标建立直接关联，遵循英语学习活动观的三个层次，即学习理解、应用实践、迁移创新，体现主题意义探究及思维发展的过程。

在学习理解层次，教师可针对语篇发展的逻辑脉络提出问题，促进学生整体把握文本信息的逻辑结构和信息关联，培养学生的逻辑思维；之后，教师可针对语篇内涵和文体结构设计问题，引导学生从表层理解走向深度理解，推断文本背后的意义或作者写作意图，培养其批判思维；为促进学生的迁移创新，教师可针对基于语篇解决问题的迁移能力进行提问，让学生在新情境中解决问题，激发学生的想象力和创新思维。这三个层次的问题设计环环相扣，上一个是下一个的基础，下一个是上一个的发展，使提出的问题形成一个完整的大的"问题链"，为学生建立思维路径，从而促进学生在对主题意义深入理解、形成自己的认识和解决问题的过程中不断

① 杨凤楼. 促进高中物理深度学习的"问题链"策略研究 [J]. 物理教师，2021，42（6）：34-37.

② 摘自2021年3月许时升老师在广东省义务教育英语立德树人任务下指向深度学习的单元整体教学研讨会上的发言。

提升思维能力。[1]

（二）把握渐进性，善于搭"台阶"

课堂提问要充分考虑学生的年龄特点和认知水平，在学生现有水平和学习内容所需水平之间铺设"台阶"，精心设计符合学生最近发展区的问题群，引导学生由表及里、由浅入深地理解文本。[2] 比如，在"The Chinese Writing System：Connecting the Past and the Present"这一课中，学生并不了解关于汉字演变历史的相关语言表达，因此，在课堂伊始，教师先聚焦单元主题，提出回顾性问题"Which languages have the most native speakers？"和"How many official languages are at the UN？What are they？"来引导学生回顾前一课时"听与说"中所学的内容，为本节课"中国汉字书写系统"的学习搭建台阶。然后，教师展示关于古汉字的插图，并使学生关注文本标题，通过问题"What can you see in these pictures？"，"What is the relation between their old forms and present forms？"和"How do you understand the title？If you were the writer of the passage，what would you talk about in this passage？"来引导学生结合插图和标题推断、预测文本主要内容，铺垫相关词汇，为学生自主梳理文本主要内容搭建支架。随后，教师让学生自主阅读，梳理文本结构，使其在问题"What major events happened to the Chinese writing system at different periods of time？"的驱动下阅读文本，提取、概括汉字书写体系的发展历史及其在不同时期的特征，并用时间轴的形式展现出来。

在此课堂上，教师充分考虑学生的原有认知和知识储备，通过难度适切、循序渐进的问题为学生自主梳理文本信息搭建台阶，使学生逐步走进文本、理解文本。

（三）关注开放性，尊重学生生成

教师提出的所有问题不应形成一个严密的闭环，要求学生严格按照教师既定的思维路线进行知识获取、内化和迁移，而是要具有充分的灵活性，

---

① 张秋会，王蔷. 初中英语阅读教学中发展学生思维品质的提问策略［J］. 中小学英语教学与研究，2019（11）：39-45.

② 唐明霞. 高中英语阅读教学中问题链的设计［J］. 中小学外语教学（中学篇），2016，39（9）：38-42.

尊重学生的生成，通过上位的问题给予学生足够的自主探究空间，使其在意义探究中自然而然地生成对主题的认知和价值判断。而且，问题应具有一定的挑战性、引导性和启发性，能引发学生的认知冲突，使其碰撞出智慧火花。

此外，教师的课堂提问要形成一条开放的、互动的"问题链"，"链节"应该可以随时断开，以满足临时加入新问题、展开师生互动的需要①，比如当教师提出较为上位的问题时，如果学生难以回答，教师可以根据课堂实际情况加入较为下位的问题，给学生以启发。而且，问题与问题之间要具有关联性，这样师生、生生之间才能以问题为媒介，共同探究所学语篇的意义和内容。

三、运用有效提问策略的案例解析

下面结合具体案例，阐释教师如何通过有效提问实现课堂教学的逻辑进阶。

以阅读文本"Money VS Success"为例②。在设计课堂问题之前，教师充分研读文本内容："Money VS Success"讲述了百万富翁 Jason Harley 捐出全部财产后重获快乐和幸福的故事，传达出其成功观——成功不能用金钱来衡量，成功感来自帮助他人和找到自我人生的真谛。作为一篇采访类人物报道，该文本由标题、导语和正文等部分构成，导语部分以多数人的成功观为背景，对比了两种不同的成功观：一味追求财富以获得成功感和放弃财富以追求其他形式的成功。正文共五段，第一至三段采用对比手法，从物质和精神两个维度讲述了 Jason Harley 捐出财产前后 16 年间的变化：以前他生活富足，却深感厌倦，并因不能帮助别人而自责；现在他生活虽简单，但精神上丰盈充实。第四至五段采用直接引语呈现了 Jason Harley 的人生选择和成功观。基于以上分析，教师整理了学生需要梳理和概括的知识结构图。（见图 3-8）

---

① 杨凤楼. 促进高中物理深度学习的"问题链"策略研究［J］. 物理教师，2021，42（6）：34-37.

② 案例设计者：王蕾，北京师范大学附属实验中学孙薇薇。

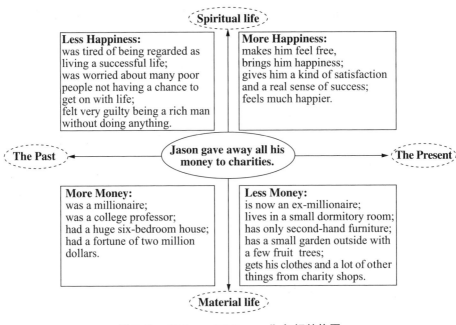

图3-8　"Money VS Success"知识结构图

　　"Money VS Success"这一语篇围绕成功与金钱的关系展开，需要实现的课时目标是"认识什么是成功"，建构正确的成功观。在深入研读文本后，教师在英语学习活动观的指导下设定本课学习目标。（见图3-9）

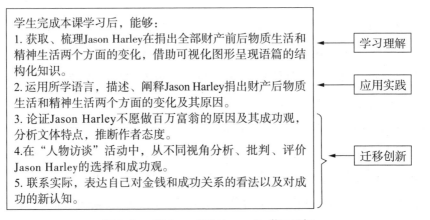

图3-9　"Money VS Success"学习目标

　　为实现上述目标，教师初步设计出以下问题来引导学生对文本的意义和内容进行探究。（见图3-10）

问题1：What do you think of living in a huge six-bedroom house?

问题2：If you live a rich life, will you give it up easily?

问题3：What can you get from the title and pictures?

问题4：What do you expect to read from the text?

问题5：Who is Jason Harley?

问题6：What did he do?

问题7：What's Jason Harley's attitude towards money and success?

问题8：What about most people?

问题9：What's the author's attitude towards Jason? Can you find it in the text?

问题10：What do you think of the author's writing style? Find examples in the passages to support yourself.

问题11：Why did he refuse to be a millionaire?

问题12：What can you infer from his words? What are his values?

问题13：What challenges might he have after giving away all his money?

问题14：What's your own value of success?

问题15：What will you do to achieve your own sense of success?

问题16：After learning this text, have you gained any new understanding of success? Write a poem to convey your interpretation of success.

图 3-10　"Money VS Success"一课中的教师提问（初版）

在该课中，教师共提出 16 个问题，不仅问题数量较多，问题本身也存在一些问题。首先，教师在导入环节提出问题 1 和问题 2，询问学生对居住在大房子中的看法及其是否会轻易放弃富裕的生活。一方面，这两个问题脱离本课需要学生建构的新的知识、情感态度和价值判断，无法使学生发现旧知和新知间的差距，进而形成学习期待；另一方面，这两个问题并未与学生的真实生活经历建立关联，难以引发学生对已有知识和经验的深度思考和反思，导致学生只能简单地给出"I think it is good."、"No, I will not give it up."等答案。接着，教师程序性地提出问题 3 和问题 4，让学生回答从标题和课本插图中获取的信息以及期待从文本中学到的内容。但是，插图中并未提供充足的信息线索，学生难以从中获取与文本内容密切相关的信息；而且，这两个问题也未与文本的核心知识建立关联，没有激活学生关于"金钱与成功关系"的已有知识和经验。

在获取与梳理环节，教师提出问题 5 至问题 8，让学生在文中寻找基本事实性信息：Jason Harley 是谁？他做了什么？他对金钱和成功的态度是什么？其他人对金钱的态度是什么？这四个问题只是针对文本的一些细节信息进行零碎式提问，学生可以直接从语篇中找到对应答案，无须按照文本的信息组织逻辑对获取的知识进行归纳和整合，不利于培养其思维能力；此外，这些问题也不涉及语篇的核心知识，即 Jason Harley 捐出财产后的物质和精神生活两方面的变化，脱离了文本主题意义的探究主线。

随后，教师通过问题 9 让学生思考作者对 Jason Harley 的态度，继而提出问题 10，引导学生举例阐述作者的写作风格。这两个问题不仅无法与上一环节的四个问题建立关联，而且其本身也缺乏联系。紧接着，教师提出问题 11 和问题 12，让学生思考 Jason Harley 拒绝当百万富翁的原因，并从他的话中推断出其价值观。一方面，这两个问题与"问题 10——探讨写作风格"缺乏逻辑关联，比较突兀。另一方面，教师在之前的环节中并未引导学生梳理、整合本课的知识结构，以及归纳 Jason Harley 捐款前后的生活变化，然后就直接在这一环节让学生思考他的价值观这一深层次问题，逻辑缺乏衔接，让学生难以回答。接下来，教师提出问题 13，让学生推测 Jason Harley 捐出财产后可能遇到的挑战。这一问题不仅缺乏真实情境，也过于宽泛，无法引导学生进入角色具体地思考 Jason Harley 的决定将会给其生活带来的影响。

在课堂最后，教师提出问题 14 至问题 16，引导学生思考个人的成功观及其对成功的新认知。由于教师在整堂课中铺垫不够，未引导学生按照文本信息组织的逻辑梳理 Jason Harley 捐出财产后的生活变化，始终没有触及文本的核心知识结构，导致学生无法深入理解"金钱与成功的关系"并生成对此问题的认识。因此，问题 14 至问题 16 只是"强贴价值标签"，过渡生硬。

通过以上分析可看出，该课堂中的教师提问主要存在以下三个方面的问题。

第一，问题之间在很大程度上违背了"逻辑性"的原则。比如：教师提出问题"What did he do?"（学习理解层次），引导学生梳理、概括文本信息之后，直接进入探讨作者情感态度的问题"What's Jason Harley's attitude towards money and success?"（迁移创新层次），继而询问学生大多数人对金钱的观点（新闻背景）"What about most people?"（学习理解层次），问题之间的层次衔接过于跳跃，缺乏逻辑连贯性，会使学生还没有完全"基于文本"获取信息，就开始"深入文本"探索作者的情感、态度和价值观，最后又回到"基于文本"的层次重新获取文本信息，不符合学生的认知规律。

第二，一些问题违背了"开放性"的原则。比如：教师提出的问题"If

you live a rich life，will you give it up easily？"缺乏开放的讨论空间，学生简单回答一个"No"就可以应付这个问题。究其原因，教师期待学生回答出其不会轻易放弃富裕的生活，从而引出文章主人公放弃富足生活去帮助他人的事迹，旨在通过"学生的选择"和"主人公的做法"之间的鲜明对比来激发学生的好奇心和阅读兴趣，预设性很强。此类带有教师强预设的问题会限制学生的思考空间，不利于营造具有开放性的学习环境。

第三，这些问题的排列不符合"渐进性"的原则。教师设置"Who is Jason Harley？"和"What did he do？"等零碎问题来引导学生提取文本中的基本事实性信息，问题本身缺乏一定的挑战性，而且问题之间缺少难度递进，学生可在文本中轻易找到答案，难以生发探究兴趣。教师应结合问题设置的目的和意义，提出更有挑战性的问题来引导学生自主探究，使学生在难度渐进的问题的引领下梳理、归纳、整合文本的知识结构，逐步生成对"金钱与成功关系"的新的认知、情感态度和价值判断。

根据对以上问题的分析，教师改进了提问的方式和逻辑，使所有问题形成了一条"链"。（见图3-11）

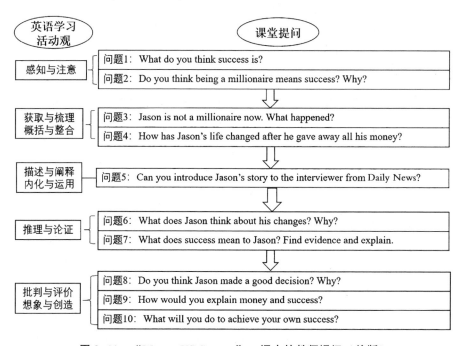

图3-11 "Money VS Success"一课中的教师提问（终版）

在感知与注意环节，教师首先通过问题 1 和问题 2 直指学生学完本课后需要建构的新的认知、情感态度和价值判断，即对"金钱和成功关系"的认识，使学生聚焦主题，"联想"（唤醒）自己对"成功"这一概念的已有知识和经验；接着，教师引导学生阅读新闻导语，了解大多数百万富翁对金钱的看法，进一步调动学生关于"金钱与成功关系"的已有知识和经验，帮助其进一步发现已有知识和需要建构的新知之间的差距，形成学习期待。问题 3 和问题 4 直接从文本信息的逻辑组织关系入手，紧扣语篇的核心知识，引导学生按照语篇逻辑主线归纳和整合 Jason Harley 捐出财产后物质和精神生活两个方面的具体变化，有利于培养学生梳理和提炼信息的思维能力。然后，教师创设向 Daily News 的记者介绍 Jason Harley 事迹的情境，让学生回答问题 5，使其在真实的活动体验中自然地、充分地内化语言。随后教师在课堂上提出问题 6 和问题 7，启发学生深入学习语篇，推断文本信息间的逻辑关系，分析 Jason Harley 对自身生活变化的态度，并站在不同的视角论证 Jason Harley 不愿意做百万富翁的原因及其成功观，进一步挖掘文本背后的意义，实现对文本的深度加工。接下来，教师在教学中模拟社会实践，创设了"人物访谈"情境，学生可以自由选择不同的角色，如主人公 Jason Harley、记者 Angela、被 Jason Harley 资助的学生、Jason Harley 的朋友等，站在不同人物的立场深度思考问题 8，评判 Jason Harley 的人生选择和成功观。紧接着，教师提出问题 9 来引导学生表达自己对"金钱和成功关系"的看法，深化其对成功的认知，从而在问题 10 中邀请学生讨论并列举实现自我成功需要做的事情，将学完本课后形成的认知结构迁移与应用到真实情境中来解决实际问题。

整体来看，改进后的课堂提问充分体现了以下三个原则。

首先，问题具有"逻辑性"。在改进后的课堂提问中，各个问题环环相扣，指向性明确，逻辑线清晰，先从学生学完本课后需要生成的认知、情感态度和价值判断入手，激活学生关于"金钱与成功关系"的已有知识和经验，使学生发现旧知和新知间的差距，形成学习期待，进而引导学生按照文本信息的组织逻辑归纳、整合 Jason Harley 捐出财产后物质和精神生活的变化，然后让学生基于已梳理的知识结构评价 Jason Harley 的选择和成功观，最后过渡到学生如何看待"金钱与成功的关系"以及如何实现自我的成功，问题之间层层递进、逻辑清晰。

其次，问题体现"开放性"。教师共提出 10 个问题（两课时）引导学生探究语篇的主题意义和内容，遵守"少即是多"的原则，使学生在开放的、上位的问题的引领下自主完成探究任务，提炼文本的核心知识结构、评价 Jason Harley 的决定并探讨个人的成功观，实现"整进整出"，避免学生被琐碎的问题和回答占用时间。

最后，问题排列也具有"渐进性"。各个开放性的问题都基于学生的生活经验和认知水平，兼具一定的挑战性和探究性，且问题之间难度递进合理，能充分调动学生学习的积极性，使其在自主探究中循序渐进地获取、梳理文本内容和语言，进而内化所学知识，逐步建构起围绕"成功"相对稳定的认知结构、情感态度和价值判断，为其核心素养的发展奠定基础。

第五节　如何针对不同基础的学生开展指向深度学习的教学

一、针对不同基础的学生开展指向深度学习的教学所面临的问题和挑战

在实施指向深度学习的教学的过程中，广大教师都对如何使基础薄弱的学生实现深度学习这一问题感到困惑，甚至很多老师认为基础薄弱的学生很难或者无法开展深度学习。教师通常认为深度学习主要针对英语综合能力较强的学生，因为他们能跨越语言表达的障碍，针对某一问题用英文展开深度的交流；对于基础较差的学生，他们的语言基本功还不够，只能聚焦语言知识点的问题，无法用英语探讨深刻的问题，难以开展深度学习。其实这是很多老师对深度学习存在的认识误区之一，深度学习的本质在于"学生真正在学习（动手动脑动心）"[①]，而不是强调学习内容的"深"或"难"，也并不意味着学生要讨论特别"深"或"难"的问题，而是要让所学内容和知识跟学生的已有知识和经验建立关联，让学生在学习的过程中去解决问题并感受到解决问题后的巨大喜悦。因此，不管基础如何，学生

---

① 摘自 2021 年 2 月郭华老师在普通高中指向核心素养的深度学习教学改进项目综合组及学科组组长第五次会议上的发言。

都可以在教师的引领下实现深度学习。诚然，基础不同的学生的确存在语言表达能力上的差别，基础薄弱的学生很需要夯实语言基础，但是不管学生的基础如何，语言的学习都不能只聚焦孤立的语言知识点，而要使其嵌入特定情境下的意义探究之中，只有这样，学生才能充分认识到语言的功能和意义。因此，不管学生程度如何，教师在进行语言知识教学时都要遵循"形式—功能—意义"相统一的原则，避免零散化、孤立化的语言知识点教授。

在教学实践中，虽然很多教师也认识到可以针对不同程度的学生开展指向深度学习的教学，但是却不知以何种途径来实施指向深度学习的教学。不少教师担心实施指向深度学习的教学会影响学生的考试成绩，认为学生语言基础还没扎实，难以完成有"挑战性的学习活动"，担心学生无法吸收或充分内化语言知识。其实，深度学习旨在全面提高学生的语言能力、思维品质、学习能力和文化意识，教师如果能合理践行深度学习理念，不仅会提高学生的成绩，也会全面促进学生综合素养的发展。

二、如何针对不同基础的学生开展指向深度学习的教学

针对不同基础的学生，教师可以采取不同的策略引领学生实现深度学习。对于基础薄弱的学生来说，教师需要多提供"支架"，多鼓励学生之间进行讨论，并通过内化活动让学生从语篇中充分汲取知识；对于基础比较好的学生，教师可以提出更上位的问题，无须很多下位问题的支持就可以开展更具挑战性的活动。但是不管学生程度如何，教师都要敢于"放手"，让学生在自主探究中夯实语言基础，充分内化所学并运用所学解决实际问题。在日常教学中，教师可采取以下具体策略，帮助基础薄弱的学生实现深度学习。

（一）合理预教语言，做好词汇清障

2020年修订版课标指出，对于英语学习基础薄弱的学生，教师应根据学生的实际水平扎实地做好补习工作，帮助这些学生认读和理解基础词汇、句子和课文，多朗读文章中的重点短语、句子和段落，尽量使用教材中的短语和句子围绕特定主题尝试说英语和写英语；适当补充适合的听读材料，增加

学生的语言体验。① 因此，教师在课堂的导入环节可以结合学生情况创设情境，并在情境中预教一些生词。在这个过程中，教师要有意识地引导学生在情境中感知新的语言形式及其用法，同时，适当"放手"，让学生分享与文本话题有关的已有知识和经验②，并鼓励学生在分享的过程中刻意运用生词，为其之后的学习奠定基础。

（二）鼓励合作学习，促进内化交流

合作学习指学生为了完成共同的学习任务所开展的有明确责任分工的互助性学习。③ 在课堂教学中，小组活动是合作学习的重要表现形式，即学生通过小组讨论、分享等方式，针对某一挑战性学习活动或者教师提出的问题进行讨论，交流、分享自身知识和经验，各司其职，相互配合，最终实现小组的共同目标。在合作学习的过程中，学生可以共享资源，在同伴交流中建构个体知识，培养学习自主性。④ 而且，有效的合作学习不仅有利于优秀学生发挥领导力，也能使普通学生在生生互动中获得成就感和认同感⑤，增强其在独立回答教师问题时的信心。因此，教师在提出启发性问题后可以让学生与同伴进行交流、分享，或者让学生结成小组共同完成某一挑战性学习活动，从而让学生与同伴之间相互点拨、相互促进，使不同水平的学生都能在同伴的帮助下深化对所学知识的理解。在这一过程中，学生需要运用所学的内容和语言与同伴讨论，能有效促进学生在交流中充分内化所学知识，为其高阶思维的发展奠定基础。

（三）提供适量"支架"，进行示范引导

教师要在教学过程中为基础薄弱的学生提供"支架"，适当降低"挑战性学习活动"的难度，让学生拥有完成任务的信心。比如，教师提出上位

---

① 中华人民共和国教育部. 普通高中英语课程标准（2017 年版 2020 年修订）［M］. 北京：人民教育出版社，2020：54.

② 李恺，戴庆华，董金标. 从同课异构角度谈阅读教学中教师的放手意识［J］. 中小学外语教学（中学篇），2021，44（12）：43-48.

③ 陈品山. 合作学习的教学实践与体会：评《合作学习与课堂教学》［J］. 科技管理研究，2022，42（12）：233.

④ 龚嵘. 大学英语自主式课堂教学模式中教师角色探微［J］. 外语界，2006（2）：16-22.

⑤ 蒋炎富，于新茹. 立足课堂观察，提升写作素养［J］. 英语学习，2018（4）：16-20.

的、开放的探究性问题后，可进一步补充下位的、相对具体的问题引导学生思考；当学生面对全新的任务时，教师可提供示范，让学生明晰该如何完成任务。此外，在学生迁移所学之前，教师要给予学生充足的时间让其内化所学，适当放慢教学进度。

三、面向不同基础学生的同课异构案例解析

本部分将结合北京师范大学附属实验中学（A 校）和北京回龙观育新学校（B 校）的同课异构课例（以下分别简称"案例 A"[①] 和"案例 B"[②]）具体探讨教师如何针对不同基础的学生开展指向深度学习的教学。

案例 A 和案例 B 的授课内容均为北师大版高中英语选择性必修第一册 Unit 3 Conservation 的 Writing Workshop "A 'For' and 'Against' Essay"。教材中提供的范文是一篇议论文，先总体介绍了工业化养殖的概念，并用数据说明人们为什么要进行工业化养殖；接着表明人们支持工业化养殖的原因，包括价格便宜、可提供更多食物供养世界人口、雇用的工人少、产量高、动物不易生病等原因；进而介绍人们反对工业化养殖的主要原因，并举例说明动物活动空间小的现状以及工业化养殖对环境的影响；最后作者客观总结工业化养殖弊大于利，并表达自己观点：我们应该减少工业化养殖。[③] 在学完范文之后，学生需要参照范文的结构、内容和语言，写一篇议论文探讨工业化养殖模式对环境的影响，分析和判断其利弊，提升对人与自然环境关系的辩证认识，呼吁人们通过日常行为履行环保职责。

案例 A 的授课对象为 A 校高二年级实验班的学生，学生英语基础较好，思维活跃，能理解文本背后的深层信息，有自主分析文本和自我总结的能力，也有自评和互评作文的经验，对动物产品的话题已有所了解。案例 B 的授课对象是 B 校高二年级实验班的学生，学生具备初步的听说和阅读能力，能够理解文本表层信息，英语基础较薄弱，个体差异较大；虽然学生在学习本课前搜集了有关动物产品的信息，但对于使用什么语

---

① 案例设计者：北京师范大学附属实验中学罗晚晴。
② 案例设计者：首都师范大学附属回龙观育新学校丁雪莹。
③ 本语篇研读选自首都师范大学附属回龙观育新学校丁雪莹的教学设计。

言来表达个人对动物产品的观点仍有困难。A 校和 B 校的两位教师分别针对其所在校的学情进行指向深度学习的教学设计与实施。以下将对比两位教师的教学实施情况，探讨如何针对不同基础的学生进行基于深度学习的教学。

（一）导入环节的对比与分析

在导入活动中，案例 A 从关于工业化养殖的图片着手，通过问题引导学生对"factory farming"和"organic farming"的利弊发表个人观点，并让学生思考何为"A'For' and'Against' Essay"，自然引入范文的阅读。由于 B 校学生基础薄弱，教师 B 更注重预教词汇和对之前所学知识的回顾，教师先让学生回顾单元中的所学内容，进而询问学生对"animal products"的观点；而且，教师以共读范文第一自然段的方式，帮助学生了解工业化养殖的定义，并学习其中的生词。（见表 3-1）

表 3-1　案例 A 和案例 B 导入环节的对比

［案例 A］	［案例 B］
1. 教师展示图片，引出"factory farming"的概念（Q1：Where are these chickens? Q2：What is the man doing?）。 2. 学生讨论问题"Which one do you support, factory farming or organic farming? Why?"（Q3），过渡到范文中的内容。	1. 教师引导学生回顾所学（Q1：What did you learn in this Unit?）。 2. 学生讨论对动物产品的看法（Q2：What is your opinion on animal products and why?）。 3. 学生讨论如何写议论文（Q3：How can we write a "for" and "against" essay?）。 4. 学生看图片了解"factory farming"，并在教师的引导下共读首段，学习生词，了解关于"factory farming"的背景信息。

在案例 A 和案例 B 的导入环节，师生互动的教学片段具体如下。（见表 3-2）

表 3-2　案例 A 和案例 B 导入环节教学片段对比

案例 A 教学片段	案例 B 教学片段
T：We see that these animals are kept indoors under artificial daylight so that they can live longer and grow faster. Do you know what kind of farming it is? Ss（齐）：Factory farming. T：Yeah, factory farming. You got the word. Such farming is called factory farming. Ok, now, look at this picture on the right, where are these chickens? Ss（齐）：Outdoors. T：Yeah, they are kept outdoors. They can enjoy the natural daylight, and eat whatever they like. So what do we call this kind of farming? Ss（齐）：Traditional farming. T：Actually, it is called organic farming. We know that factory farming and organic farming are very different ones. So which one do you support, organic farming or factory farming? Why? S1：I prefer organic farming, because I think it gives chickens some freedom so that they can develop in a more natural way. T：Yeah, it gives animals the freedom. It is the right they deserve, right? S2：I support factory farming, because it will be quicker to produce more meat and eggs. T：So you can eat them more? Right! As we can see, both kinds of farming have their advantages and disadvantages. To better explain two sides of a certain topic, we can write a "for" and "against" essay. So what is a "for" and "against" essay?	T：You already searched for the information about animal products. Would you like to discuss with your partner and then tell me your ideas?（学生讨论 1 分钟） T：Who wants to share your ideas about animal products? S1：Animal products are bad for the environment. T：（面向全班同学）She thought animal products are bad for the environment. Do you agree? Ss（齐）：Yeah. T：What's your idea?（指向另一名同学） S2：Some animal products have medical uses. It's good for human beings. T：Yeah, it's good for our heath, because we can use some animal products to make some drugs. Right! You have different ideas about animal products. In this lesson, we are going to write a "for" and "against" essay. What does a "for" and "against" essay mean? Ss（齐）：Agree or disagree? T：You can express your ideas about whether you agree with or disagree with that. So do you know what this type of essay is? Ss（齐）：议论文。 T：How do you say "议论文"? S3：Argument? T：（板书 Argument 一词）What does "argument" mean? S4：议论。 T：Argumentative writing is "议论文"（教师板书）. How can we write an argumentative writing?

续表

案例 A 教学片段	案例 B 教学片段
S3："for" means the positive part. And "against" means, in disagreement with, that is, the negative part. T：Execellent！It is an argumentative essay to express our opinions on a certain topic. Now, please turn to page 62. To better understand this text type, let's read a model text together. First, let's read the passage and find the main idea of each paragraph.	（学生沉默） T：How many paragraphs do we need to write？Now, discuss with your partner. （学生讨论） T：What do you need to write？Tell me about paragraph one. S5：Opinion. T：Your own opinion. What else？ S6：Background information. T：How about paragraph 2？ S7：Examples, facts, figures, and data. （教师重复学生的回答并板书） T：What about paragraph 3？（学生沉默） T：You are going to write the same contents as what in paragraph 2，right？Do you have any other ideas？What do you want to write in Paragraph 3？ S8："Against" ideas？ T：You mean you want to write different ideas in paragraph 3，right？Some other facts, right？ Ss（齐）：Yeah T：How about paragraph 4？ S9：Summary. T：Yeah. Now let's read a "for" and "against" essay about factory farming and check whether we got the right structure. Do you know factory farming？What does factory farming mean？（学生沉默） T：I will show you two pictures. From the pictures, could you guess what factory farming means？ S10：养殖场 T：Discuss with your partner. What does factory farming mean？（学生讨论）

续表

案例 A 教学片段	案例 B 教学片段
	T：Ok，now，what does factory farming mean? S：工业化养殖。 T：Right. Now，let's read the sentence. What does factory farming mean? Ss（齐）：Keeping farm animals inside buildings. T：（画关键词）Right！What is the purpose of it? Ss（齐）：To increase the production of meat or eggs. T：What is the result? Ss（齐）：Beef and eggs are produced in this way. T：It is the result. Right? Ok，now，let's read the text and find out the structure of the text. What does "structure" mean in Chinese? Ss（齐）：结构。

【对比与分析】

通过教学片段可知，在案例 B 中，学生由于语言知识储备不足，时不时会出现沉默的情况，但是教师并没有直接告诉学生答案，而是鼓励其通过讨论来解决问题。由此可见，对于基础较弱的学生，教师可以充分调动学生参与讨论，同时关注学生对关键词汇的理解情况，可用图片或者带领学生共读文本第一段落的方式加深学生对主题背景知识和相关语言知识的了解。

（二）"**Read for Structure**"环节的对比与分析

表 3-3　案例 A 和案例 B "Read for Structure" 教学环节的对比

［案例 A］	［案例 B］
Students read the text and answer the following questions： Q4：What is the main idea of each paragraph? Q5：What are the main arguments for and against the topic? Q6：What methods did the author use to make his/her arguments more convincing?	1. Students read the essay and find the structure. （Example 3） 2. Students read the essay and find the supporting details in each paragraph and share in pairs. Q4：What is the attitude of the writer? How do you know it? Q5：What are the supporting details used by the writer to express his idea? 3. Teacher takes paragraph 3 as an example to show how to find the supporting details. 4. Students are invited to find the supporting details in each paragraph. 5. Students discuss their ideas in pairs，and then teacher shows one of the students' notes and improves it with students.

【对比与分析】

在 "Read for Structure" 环节，案例 A 通过三个问题引导学生梳理出文本的 "main idea of each paragraph"、"main arguments" 和所运用的 "methods"，问题均比较上位，需要学生自己在阅读中发现和总结。而在案例 B 中，学生的语言基础比较薄弱，自主学习能力欠缺，因此教师给予学生支架，通过问题 4 让学生寻找作者的态度并找到依据，进而过渡到文本的论据，即 "supporting details"。同时，教师以第三自然段为例向学生示范如何找到支撑性细节，待学生找出细节后，教师先让学生进行同伴讨论，在交流中进一步总结自己找出的 "supporting details"，并挑出一名同学的笔记进行全班展示，然后带领大家共同修改被展示的笔记。可见，对于基础好的学生，教师可提出上位的问题后让学生自主发现，给学生更大的探究空间；对于基础较差的学生，教师要多讲解具体的例子予以示范，比如：为学生演示具体该如何在文中找出细节、如何记笔记等。

（三）"Read for Language" 环节的对比与分析

表3-4　案例 A 和案例 B "Read for Language" 教学环节的对比

［案例 A］	［案例 B］
Students read for sentence structures and linking words that can be used in a "for" and "against" essay. Q7：What sentence structures did the author use to clarify the arguments "for" and "against" the topic? Q8：What else can make an essay more coherent and closely-connected?	1. Teacher takes Paragraph 3 as an example to show how to find the useful expressions. Q6：How does the writer express his idea? Can you underline the useful expressions? 2. Students underline the useful expressions in other paragraphs. 3. Students sum up the useful expressions and sentence patterns in a "for" and "against" essay.

【对比与分析】

在 "Read for Language" 环节，案例 A 直接提出问题 7 和问题 8，让学生寻找 "sentence structures" 和逻辑衔接词。在案例 B 中，教师为帮助基础较差的学生了解如何梳理好的表达，先以一个段落为例向学生示范如何在文中寻找好的语言表达法，进而引导学生关注作者如何使用相关语言表述自己的观点，强调学生 "underline" 有用的语言表述，最后引导学生总结相关语言知识并思考如何将其迁移到新的语境中。

（四）写作任务的对比与分析

表3-5　案例 A 和案例 B 写作任务教学环节的对比

［案例 A］	［案例 B］
1. Students use the structure and language to write an outline for their opinions on Beijing's traffic restrictions. 2. Students finish the first draft with the help of the outline ［第一课时作业］。	1. Students retell each paragraph according to the notes. 2. Students sum up how to write a "for" and "against" essay. 3. Students search for information about animal products and find the content that they can use as their supporting details for their "for" and "against" essay writing ［第一课时作业］。

续表

［案例 A］	［案例 B］
	4. Students write the "for" and "against" essay on animal products in 15 minutes ［第二课时伊始］

【对比与分析】

首先，案例 A 和案例 B 的写作任务因单元规划的差异而有所不同：A 校学生在写作课之前刚学过 Lesson 3 "The Road to Destruction"，学生在这节阅读课中阐述了交通拥挤和交通污染的问题，也探讨了缓解交通压力的方法，学生具备有关"交通问题"的背景知识，因此，在写作课上，教师让学生学习 Writing Workshop 中范文的结构和语言，让其围绕"Beijing's Traffic Restrictions"写一篇"for" and "against" essay。通过这样的安排，学生既能将 Lesson 3 和 Writing Workshop 建立关联，又能巩固、迁移 Lesson 3 和 Writing Workshop 的相关知识。在案例 B 中，学生基础相对薄弱，因此教师主要聚焦范文内容，让学生充分探讨范文的语言、内容和结构，并针对范文主题"工业化养殖"的利弊写一篇议论文。

其次，在案例 A 中，教师安排学生在第一课时的最后一个环节写作文大纲，表达对"Beijing's Traffic Restrictions"的观点，将"完成初稿写作"布置为第一课时的作业。在案例 B 中，教师为帮助学生内化语言，专门设计"Internalization"的环节，让学生根据笔记复述范文中每一段的内容，并进一步总结如何写"for" and "against" essay，将作业布置为"继续查找有关动物产品议论文中需要的信息，思考哪些内容可以作为动物产品议论文的论点"；在第二课时伊始，教师给学生 15 分钟时间完成初稿。可见，对于基础较弱的学生，教师要通过内化活动帮助学生吸收所学知识，也可鼓励学生课下积极搜集材料扩充背景知识和获取更多相关的主题词汇，课堂进度也可适当放慢，给学生留出充足的时间来内化和写作。

（五）评价环节的对比与分析

表 3-6　案例 A 和案例 B 评价部分的教学环节对比

［案例 A］	［案例 B］
1. Students review what has been learnt in the previous lesson. 2. Students proofread their writings and mark any problems they found according to the self-check list. 3. Students do peer-editing according to the peer-editing sheet. 4. Students present their writings and give their comments and suggestions. 5. Students summarize the structure and argumentative methods of a "for" and "against" essay；Students summarize some useful sentence structures and linking expressions that can be used in a "for" and "against" essay.	1. Teacher shows one of the writings on the screen，and invites the whole class to evaluate it. This serves as a model for students to do self & peer assessment. 2. Students do self-assessment and peerassessment based on the evaluation sheet，then make necessary improvement according to others' comments. 3. Students are invited to share their revised writing in class. Students learn from others and take notes to improve their writing. 4. Teacher gives feedback. 5. Students are invited to give advice to the whole class on how to improve the passage.

【对比与分析】

在案例 A 中，教师让学生运用评价表进行自评和互评，最后邀请部分同学展示，其他同学给予点评；最后学生总结议论文的结构和语言特点，为之后的写作奠定基础。在案例 B 中，为加深学生对"何为好的议论文"的认知，教师引领学生共建评价表，充分发挥学生的主动性和创造性，引领学生实现深度学习。此外，由于 B 校学生缺乏自评和互评的经验，教师先引导学生共同评价一份作品，示范如何评价作文，然后再要求学生运用评价表进行自评和互评，在评价过程中，教师邀请学生分享自己学到的内容，并时常提醒学生记笔记，促使学生养成良好的学习习惯；最后，教师请学生总结如何才能写好一篇议论文，为其二稿写作打下基础。可见，对于基础比较薄弱的学生，教师要多做示范，给予学生更多的交流和讨论机会，并提醒学生以记笔记等"有痕"的学习方式内化所学。

（六）学生作品的对比与分析

表 3-7　案例 A 和案例 B 学生作品对比

［案例 A］	［案例 B］
学生作文：A "for" and "against" Essay on Beijing's Traffic Restrictions	学生作文：A "for" and "against" Essay on Animal Products

［案例 A］

Your 2nd Draft

With the rapid development of economy, more and more people have their own cars. The emergence of private cars provides us with the convenience of life, however, it becomes one of the causes of heavy traffic in big cities. As the problem becomes more and more prominent, the traffic restrictions appear.

The main argument for traffic restriction is that, apart from the inconvenience it might bring, it can ease the traffic pressure. It also can reduce the air pollution. According to the Jungle Daily newspaper, after adapting to the restriction, the carbon dioxide emission has dramatically declined. Moreover, the sharp cut-off of driving cars will help decrease the possibility of traffic jams.

On the other hand, opponents of traffic restrictions say that it is not convenient. For instance, someone has a really urgent business and unfortunately it's his turn to obey the restriction today, he has to make every efforts to get on the crowded subway. Finally, he gets to the destination. But it's an hour late. In addition to this, many people believe that it's not just restrictions, it's the deprivation of human rights.

To sum up, despite the inconvenience, traffic restrictions do have a loads of benefits. In my opinion, I think we should take a long-term view. Instead of focusing on present profit. Building a eco-friendly human world is the ultimate goal.

［案例 B］

Animals products involves food, clothes, decorations, drugs which are made from animals.

The main argument of us for animals products is that, apart from the hide of animals is are useful to strengthen the durability of the clothes or other, for the sake of human being's heath. it's necessary to get some animals products for food to gain nutrition.

On the other hand, opponent of animals products say that animals are important for the entire eco-system. Some people hunt endangered animals just to make beautiful cocloths, decorations, even eat. It will lead to their extinction and affect the animal variety, which is detrimental to the the balance between natural and animals.

To sum up, despite daily necessary food, animals products are can be stop completely. In my opinion, We should try to make friends with animals and stop to by buy animals products, although we would reduce some beautiful things.

【对比与分析】

虽然案例 A 和案例 B 学生的写作主题不同，分别针对 "Beijing's Traffic Restrictions" 和 "Animal Products" 写一篇议论文，但是从学生的文章内容中可看出其对范文结构和内容的内化和迁移。两篇学生作文都由背景介绍段、正面观点段、反面观点段和总结段构成，也都运用了范文中的语言，比如 "the main argument for…is that…"、"apart from"、"on the other hand" 以及 "to sum up" 等。其中，案例 A 的学生将所学的知识迁移到一个全新的情境中，表达个人对 "Beijing's Traffic Restrictions" 的观点；案例 B 的学生运用了自己课下搜集到的关于 "Animal Products" 的相关资料，比如 "the hide of animals…strengthen the durability of the clothes" "get some products for food to gain nutrition" 等，充分体现学生对自主搜集的相关资料的运用。综上所述，可以看出，两校学生虽然学习基础不同，但都迁移和运用了所学知识，实现了对范文结构、内容和语言的深度学习。

　　综上所述，面对不同基础的学生，教师要采取不同的策略，帮助学生实现深度学习。对于基础薄弱的学生，教师要在语言层面上给予更多的关注，同时要提供"支架"，给予适当示范和引导，并促进生生之间的交流，使学生充分内化并迁移所学，实现深度学习。

第六节　如何通过多样化活动促进
学生对所学知识的内化

一、课堂中内化不足的问题

　　在日常教学实践中，教师往往对"内化"的认识存在误区，很多英语课堂都存在"内化不足"的问题。首先，不少教师更重视英语课堂中的知识输入，没有意识到知识内化的重要性，甚至认为让学生在课堂上进行语言实践活动是浪费时间，影响课堂效率，于是经常在课上"赶进度"，争取在有限的时间"灌输"给学生更多的语言知识。其次，很多老师认为基础薄弱的学生需要通过做题来内化知识，会让学生背大量单词、做语法题，认为这样他们还能"落下点东西"，但是这些做法"治标不治本"，并不能让学生真正内化和应用所学的内容。最后，虽然一些教师意识到不管学生程度如何，其对知识的内化都尤其重要，但是不知道用何种方式促进学生内化。

　　2020 年修订版课标强调学生要在有情境的语言实践和运用活动中内化所学的语言知识和文化知识，将外在知识转化为个人能理解和表达出来的内容。[①] 学生不能只作为知识的接收者，教师要调动学生开口说，在"说"的过程中将外在的事实性知识转化为内在的结构化知识，进而将知识转化为能力，能力转化为素养。因此，内化环节在英语课堂中不可或缺，其既是学生实现迁移与创造的前提，也是连接知识和素养的"桥梁"。

　　鉴于英语教学实践中的实际问题和课堂中内化环节的重要性，本节将结合具体实例阐述教师如何通过多样化的活动促进学生对所学知识的内化。

---

　　① 　中华人民共和国教育部．普通高中英语课程标准（2017 年版 2020 年修订）［M］．北京：人民教育出版社，2020：62-63.

二、促进学生知识内化的策略

在英语课堂中，教师可引导学生合理运用思维工具自我梳理和总结所学内容，进而在有情境的语言实践活动中输出所学，促进学生对知识的内化与吸收。

（一）利用思维工具搭建"支架"，引导学生梳理文本信息

教师可以引导学生运用思维导图、表格等工具梳理语篇信息，建立信息间的关联。学生梳理时会对文本信息进一步整合和加工，这本身也是吸收语篇内容和语言的过程。其中，教师要注意不能把个人的理解和观点强加到学生身上，学生可以以各种形式来自主展示其对文本内容的理解；而且，思维导图和表格等只是工具，真正重要的是学生对文本内容的梳理，并在梳理的过程中形成结构化知识。比如，在"Money VS Success"这一课中，教师可引导学生细读文本，概括整合 Jason Harley 的生活变化，画出文中体现其变化的描述，并以思维导图的形式呈现出来。图 3-12 为学生 A 在上课过程中绘制的思维导图，其以个性化的方式梳理了 Jason 的生活变化。

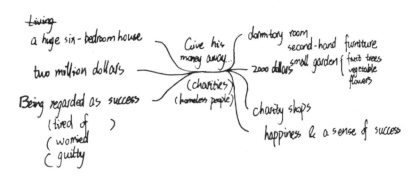

图 3-12　学生 A 绘制的思维导图

学生 A 运用了"second-hand furniture""give his money away"等目标词组来呈现 Jason 的生活变化。两名同学都在整合文本信息的过程中，逐步建构个人的结构化知识。

在学生梳理出个人的思维导图后，教师可首先挑选个别同学的作品进行

展示，并引导大家一起对这些同学的思维导图进行评价和补充，教师此时也可展示自己的思维导图或表格等给学生以参考；接着，教师可让学生根据自己的思维导图，在情境中进行描述阐释，先让学生按照图示进行自我描述，进而跟同伴互相交流，最后可邀请部分学生在全班进行展示，促进学生在描述和交流中充分内化，形成新的知识结构。

（二）板书重要语言、内容，实现知识显性留痕

在英语课堂中，学生通常会重复运用个人已有的语言知识，却不使用或很少使用新学的语言知识，这样学生就难以内化新知，也难以建立新旧知识间的关联，形成可迁移的结构化知识。针对这一现象，教师可充分利用板书引导学生内化知识。比如，在读前阶段，教师可以预教语言点，将重要的语块或句型书写到黑板上，引导学生关注；在阅读的过程中，教师可以通过师生对话或生生对话的方式对语篇内容和知识进行结构化梳理，或者邀请学生板书出结构化知识，教师再用不同颜色的粉笔对学生的生成进一步评价和完善，将相关语言、内容和知识都留在板书上，用于提醒学生在后面的语言输出活动中有意识地运用新学的知识进行阐述。为进一步引导学生运用新知进行语言表达，教师也可先让学生完成口语交际或写作任务，然后引导学生将个人的产出与教材中的原文进行对比，在比较中进一步思考和学习原文中好的结构或语言表述，引领学生在借鉴原文中语言表达法的基础上再次进行输出，从而进一步内化文本中的语言和内容，切实提高个人的口头或书面表达水平。比如，在进行北师大版高中英语选择性必修第一册 Unit 3 Conservation 这一单元的写作任务（A "For" and "Against" Essay）之前，教师引导学生发现范文的结构以及作者运用哪些语言来表达观点，将板书分为 "Structure"、"Supporting details" 和 "Language" 三部分呈现（见图 3-13）[①]，提醒学生在写作中要运用所学的结构和语言。

由板书可看出，教师呈现出表示衔接和论证的相关词组或句式，如 "the main argument for"、"it is cruel to"、"apart from" 和 "to sum up" 等，提醒学生运用新知。在学生完成写作后，教师引导学生将自己的作文与范文进行对比，反思不足之处，进一步学习和运用地道的词汇、词组和表达法。经过课

---

① 板书设计者：首都师范大学附属回龙观育新学校丁雪莹。

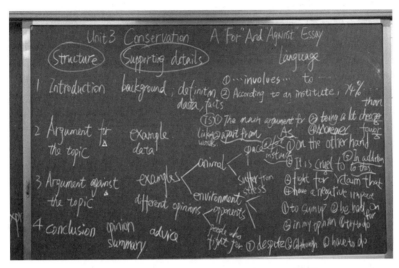

图 3-13　A "For" and "Against" Essay 板书

堂实践，发现这种教学方式给学生提供了很好的引导，学生的作文（见图 3-14）中充分运用了所学的语言。

图 3-14　学生的作文（横线标记处为学生运用的范文中的语言）

该生的英语基础较为薄弱，之前的作文最多不超过三句话，在这次深度学习教学改进项目的实践中，英语老师引导其总结语言知识，并在板书上呈现结构化的内容和知识，引导其借鉴范文中的语言，该生顺利完成了一篇议论文的写作。该生的作文中虽然有一些语法和词汇拼写错误，但是作文结构清晰，也使用了"the main argument for…is that"、"to sum up"和"in my opinion"等新学的目标语言，回扣板书内容，充分体现出该生对语言知识的内化，为其实现迁移与创造、价值与评判奠定基础。

（三）创设语言运用情境，设计语言实践活动

课堂中对语言知识的内化对基础薄弱的学生尤为重要，教师要让学生在语境中理解、围绕意义内化所学语言和内容。在课堂上，教师可先提出一些理解性问题，比如"What is the meaning of…""How do you understand the phrase…"等，让学生在语境中理解特定语言点的意义和用法。在学生理解之后，教师要尽可能多地为学生创造在真实情境中运用语言的机会，鼓励学生在语境中认识、体验、理解和内化语言，也要给足时间让学生进行最基本的输入和输出训练，如可以给学生提供一些句子结构作为语言支架，引导学生在输出性活动中运用所学的句子结构进行表达交流。教师也可采用"小步子循环"的教学方式，比如，当文本过长或学生的基础较为薄弱时，教师可在学生学习理解语篇中一个部分的内容后引导其进行强化记忆，并让他们借助笔记阐述或动笔写一个文段，如此循环往复，待学生学完整个文本的内容后，教师再设计综合性语言实践活动，引导学生在语言实践类活动中整体输出所学文本的语言和核心内容。

不管是口头输出还是写作表达，教师都可根据学生的情况进行调整。比如，在北师大版高中英语必修第一册 Unit 1 Lesson 3 "Memories of Christmas"这一课中，教材中的读后产出活动是"Tell your partner about your festival memories"，但是教师认为该文章语言优美，有很多需要学习的细节性表达，便采用读写结合的策略，将教材中的活动改编为"Write a short passage about your festival memories"[①]：第一课时主要引导学生阅读文本，获取文中圣诞节前后发生的重要事件，并梳理文中作者与奶奶之间的感情线，引导学生

---

① 案例设计者：北京一零一中学怀柔分校尹梦圆、薛文娟。

深入思考与体悟节日的意义、家人的关爱以及团聚的欢愉，为第二课时的写作做铺垫；教师在第二课时引导学生进行写作，完成一篇较高质量的记叙文。

为帮助学生内化语篇中的内容和语言知识并将其充分运用到写作中，教师引导学生梳理出文本的发展脉络，并提供时间轴作为支架（见图 3-15），学生借助时间轴自主梳理文本的细节信息。

Read and Explore
Activity 2: Read the passage very quickly and try to find out what Granny and the author did based on the timeline. Please write down the events on your paper.
Events:
1) moved in
…

图 3-15　教师提供的时间轴支架

学生梳理出语篇知识结构之后，若是由于基础较差难以直接描述阐释，教师可先带着学生借助时间轴共同描述，接着让学生自我描述、互相阐述、全班展示，有效促进基础薄弱的学生对语言和内容的内化。

此外，教师通过提问让学生思考"有无细节描写"给读者带来的不同感受，给学生探究语言魅力的思考空间，让学生积极参与内化活动，最终师生共同梳理出本文的细节描写表格（见表 3-8），引导学生体悟文章语言之美，促进其在写作中关注细节性描写。

表 3-8　Lesson 3 "Memories of Christmas" 中的细节描写

Tell	Show
Granny was sick, but she still helped me write the letter.	Her hand was slightly shaky, but she wrote "Father Christams, the North Pole" on the envelop.
Granny was very patient.	Granny had patience to sing it over and over again.
Granny said my tree was the most beautiful.	"That is the most beautiful tree I have ever seen" Granny said.

续表

Tell	Show
Granny was looking at me all the time and she cared me so much.	I remember catching her eye through the window.

通过对语篇内容和语言知识的梳理，学生能够将其合理运用到个人的写作中，实现对所学知识的内化和迁移。总之，教师要抓住文本的核心，确定意义探究主线，围绕文本语言设计分析、推断、表达的语言实践类活动，努力营造宽松的环境，让学生敢于表达，在师生和生生交流中碰撞思想火花，内化所学内容和知识，为学生发展高阶思维、实现深度学习奠定基础。

（四）设计单元语言复习课，引导学生整合单元内容

在一个单元学习结束后，教师可以设计单元语言复习课，让学生总结本单元所学的语言知识，并根据主题小单元或说或写，内化知识。例如，教师在教授有关自然环境保护的单元主题时，可以设计一节单元语言综合复习课，引导学生运用单元内容结构图或表格的形式回顾、梳理单元中有关环保问题的核心内容和语言，帮助学生建构主题知识网络，并根据意义探究主线复现语言，促成其对单元中重点语言知识的内化。教师也可在单元语言知识梳理表中给出引领性问题（见表3-9），引导学生围绕意义探究主线，梳理单元各个板块中的核心语言知识。

表3-9 单元语言知识梳理表

Guiding Questions	Section					
	Unit Opener	Reading	Listening	Viewing	Writing	Extending
What are the environmental problems?						
What caused the problems?						

续表

Guiding Questions	Section					
	Unit Opener	Reading	Listening	Viewing	Writing	Extending
What can we do to solve the problems?						

　　在上述单元语言知识梳理表中，教师提出了三个引领性问题"What are the environmental problems?"、"What caused the problems?"和"What can we do to solve the problems?"，引导学生按照"问题—原因—措施"的逻辑自主梳理单元中各个板块或课时的核心内容和语言点，有助于学生以结构化的方式将所学语言和知识储存在大脑中，有利于其在真实情境中提取所学知识和表达个人观点，为其实现迁移与创造、价值与评判奠定基础。

第四章

指向深度学习的高中英语
学科教学案例分析

　　本章依托英语学科指向深度学习的单元整体教学设计模板，呈现经过实践检验且证明有效的四个单元整体教学设计案例，展示在实际教学中如何实施深度学习。案例一侧重呈现如何围绕深度学习实施要素，促进学生形成价值判断；案例二紧扣深度学习的特征，体现如何在教学中促进语言、文化和思维的融合发展；案例三重在阐释如何将读与写深度结合，关注学生的生成；案例四详细剖析教师如何在开展单元教学时实施持续性学习评价，充分关注学生的行为表现。本章还对四个案例进行了评析。

案例一

围绕深度学习实施要素，促进学生形成核心素养

一、单元基本信息

实施学校、年级：湖北省黄冈中学 高一年级

设计者：瞿平、方秋萍、张红

使用教材：人教版高中英语必修第一册

单元名称：Unit 5 Languages Around the World

单元课时：8 课时

二、单元教学规划

（一）引领性学习主题

单元的开篇页由一张图片和一句引言构成。图片展示的是召开联合国大会的场景，会场周围上方的玻璃幕墙内是口译工作人员的工作间，图片旨在从"建立人类命运共同体"的视角，从理解全球事务协商、理解国与国之间沟通离不开语言的角度，引入语言学习这一单元主题。开篇页的引言"One language sets you in a corridor for life. Two languages open every door along the way"出自当代心理语言学家弗兰克·史密斯（Frank Smith），经典地诠释了掌握多门外语的重要性。教师还可以引入更多的关于英语语言学习的名人名言或者名人学习英语的故事，让学生进一步体会学习外语的重要性，激发英语学习的兴趣。

单元的第一个主语篇是 Listening and Speaking 的听力文本，要求学生通过听一段关于语言和语言学习的演讲，了解联合国的工作语言，并和同伴探讨自己希望学习的外语及学习的动机。主题意义是认识语言学习的动机。

单元的第二个主语篇 Reading and Thinking 的文本是一篇说明文，标题为"The Chinese Writing System：Connecting the Past and the Present"，主要介绍了我国汉字书写体系的发展历史，探索汉字发展对中华文明数千年的传承起到的积极作用，并思考了汉字未来的发展。主题意义是认识汉字的价值，思

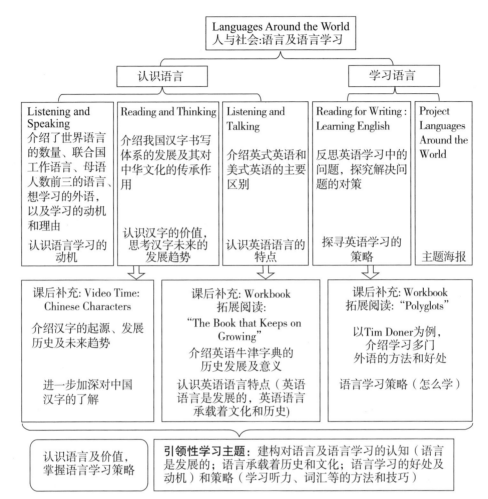

图 4-1 单元内容结构图

考汉字未来的发展趋势。

单元的第三个主语篇 Listening and Talking 的听力文本属于演讲报告类文体，其内容分为两部分：第一部分介绍英语的多样性，指出不同国家的人所使用的英语在发音、词汇和语法上的差别，这种差别不会造成英语母语者之间的交流障碍，但会给英语学习者造成一些困惑和误会。文本的第二部分是一段对话，以一次引发误会的具体事件为例，要求青少年了解几种英语变体之间的典型差异，避免交流中造成不必要的误会。主题意义是认识英语语言的特点。

单元的第四个主语篇 Reading for Writing 的阅读文本是一篇博文，展示了三名网友对 Wang Le 在网上提出的"英语学习的最大困难是什么？"这一问题的回答。内容分别涉及听母语人士讲英语、得体地使用英语及记忆单词三方面的问题。每一位跟帖者不仅提出了自己的问题，还有针对性地回答了前一位网友的困惑。三段网络跟帖的语言简洁，用词灵活，表达有个性。学生需要反思和总结自己在英语学习中遇到的困难，积极寻求解决方法，并以博客的文体形式完成写作。主题意义是探寻英语学习的策略。

课文最后一部分是 Video Time，介绍了中国汉字的起源、发展及未来的趋势。主题意义是认识中国汉字。此部分可以作为主语篇 Reading and Thinking（"The Chinese Writing System"）的课后补充材料。

课后拓展阅读"Polyglots"是一篇记叙文。以 Tim Doner 的故事为例，介绍了学习多门外语的方法和好处。此部分可以作为第四个主语篇 Reading for Writing 的课后阅读材料。Workbook 拓展阅读"The Book that Keeps on Growing"是一篇说明文，介绍了英语牛津字典的历史发展及意义，旨在告诉学生语言是发展的，语言承载着历史和文化。主题意义是认识英语语言特点。这一部分阅读可以整合到单元第三个主语篇 Listening and Talking 部分，作为这一部分的课后阅读。

Project 是基于本单元的学习内容，制作一份主题为"Languages Around the World"的海报。

因此，单元的第一、二、三个主语篇及课后 Workbook 拓展阅读"The Book that Keeps on Growing"可以整合归纳为认识语言，建构对语言及语言学习的认知，即认识世界语言的数量、母语使用人数前三的语言、语言学习的动机及汉语和英语在联合国工作语言中的价值。第四个主语篇、课后阅读"Polyglots"及 Project 可以整合为探寻英语学习的策略，形成"学习语言"小单元。整个单元的语篇顺序基本符合层层递进的逻辑，只需要将课后的两篇阅读的顺序稍作调整。

整个单元围绕语言及语言学习，遵循学生的认知规律，从激发语言学习兴趣到认识外语的种类、外语学习的动机、汉语的发展和价值、英语的特点和价值，再到探寻英语学习的策略，层层递进，有逻辑地帮助学生建构对语言及语言学习的认知（例如，语言是发展的，语言承载着文化和历史等）及策略（英语学习方法和技巧），最终生成认识，发展核心素养。

案 例 评 析

教师以引领性学习主题统领单元整体教学设计，解决了以往单元教学缺乏整体意识、内容碎片化、关联不紧密的问题，有助于教师树立单元意识，开展基于单元的整体教学。

在本单元的教学设计与实施中，教师通过研读课标和单元中各语篇的内容，在"人与社会-历史、社会与文化"的单元主题语境下，建立各语篇间的关联，形成"认识语言"和"学习语言"两个学习小单元，设定引领性学习主题为"建构对语言及语言学习的认知（语言是发展的；语言承载着历史和文化；语言学习的好处及动机）和策略（学习听力、词汇等的方法和技巧）"，最终通过单元 Project——基于本单元的学习内容，制作一份主题为"Languages Around the World"的海报来观测学生是否发展了对引领性学习主题的新认知，并指导其自身的语言学习。

（二）主题学情分析

本单元是高一上必修一的最后一个单元，经过前面四个单元的学习，高一学生基本适应了高中英语学习，但部分学生不太明确学习外语的长远动机，大部分学生学英语只是以考高分为目的，而且除了英语，不太了解其他外国语言，对国家及国家对应的语言的相关词汇不太熟悉。

学生在语文课上学习过汉字的发展历史，对这个话题很熟悉，但缺乏相关话题的英语词汇表达，不能用英语完整、准确地表达出中国汉字书写系统的历史发展及特点。

学生对英式英语和美式英语的差异性有所了解，但对英语学习常见问题的解决对策仍比较模糊。学生的语言学习策略停留在识记、理解、翻译的基本阶段。

（三）开放性学习环境

教师运用多媒体、黑板等资源创设课堂语言教学环境，也通过同伴讨论、小组合作等活动促进学生间的开放性交流。

（四）素养导向的学习目标

通过本单元的学习，学生能够：

1. 认识语言（数量、联合国语言、价值、发展）

（1）运用话题词汇说出联合国工作语言和世界上主要国家的语言，阐述外语学习的重要性及外语学习的动机。

（2）运用表示时间过渡的短语（at the beginning、dates back to several thousand years、by the Shang Dynasty、over the years、even today 等）介绍中国汉字历史发展及各时期的特点，阐述汉字的价值，讨论汉字未来的发展趋势。

（3）说出英式英语与美式英语的典型区别，在对话中运用一定的技巧和语言表达方式来请求对方重复或者解释个人没听清的内容。

2. 学习语言（英语语言学习策略）

（1）运用"have a lot of trouble with something""used to do""get used to"等词组和表达法，就英语学习的问题和方法在网络社区发表个人观点，并写成博文。

（2）在"创造词汇银行"的单元项目中，正确使用英英词典，建立个人词汇库。

（五）单元课时安排

表 4-1　单元课时安排

语篇	课型	第 * 课时	课时对应的单元学习目标
Opening Page + Listening and Speaking	听说课（演讲）	第 1 课时	运用话题词汇说出联合国工作语言和世界上主要国家的语言，阐述外语学习的重要性及外语学习的动机。
Reading and Thinking：The Chinese Writing System Video Time（Workbook）：Chinese Characters	阅读课（说明文）	第 2—3 课时	运用表示时间过渡的短语（at the beginning、dates back to several thousand years、by the Shang Dynasty、over the years、even today 等）介绍汉字历史发展及各时期的特点，阐述汉字的价值，讨论汉字未来的发展趋势。
Listening and Talking：English Expanding Your World（Workbook）：The Book that Keeps on Growing	听说课（演讲报告类）	第 4 课时	说出英式英语与美式英语的典型区别，在对话中运用一定的技巧和语言表达方式来请求对方重复或者解释个人没听清的内容。
Reading for Writing Learning English Reading（Workbook）：Polyglots	读写课（博文）	第 5—6 课时	运用"have a lot of trouble with something""used to do""get used to"等词组和表达法，就英语学习的问题和方法在网络社区发表个人观点，并写成博文。

续表

语篇	课型	第＊课时	课时对应的单元学习目标
Project: Create Your Own Word Bank		第 7 课时	在"创造词汇银行"的单元项目中，正确使用英英词典，建立个人词汇库。

案 例 评 析

　　素养导向的学习目标是学生经由单元学习而获得的核心素养的具体外在表现，应全面反映核心素养，体现学生素养水平在本单元的进阶发展。同时，单元学习目标应是可落实、可检测的，要有核心知识和活动作为载体。因此，教师需要在引领性学习主题的基础上，将学科核心素养具体化，挖掘本主题学习内容独特的素养发展价值。

　　本单元的学习目标融合了语言、文化和思维的综合发展，均指向学生的素养培育，且逻辑层层递进，让学生先建立对语言的认知，进而了解词汇学习策略、听力学习策略等，最终指导自身的语言学习。

（六）持续性学习评价

　　在本单元学习过程中或结束后，教师通过师生对话、记分牌、小组互评、日常作业、评价量表、单元测试、听写等来对单元学习目标的达成情况进行诊断与分析。

　　例如：针对第 1 条目标的第 2 小点，在学习第二个主语篇"探索中国汉字书写体系"时，教师可通过学生绘制的图示以及学生的口头介绍来评价学生对文本内容的理解与内化程度，观测该目标的达成情况，并根据情况调整教学进程。

　　（1）学生能够运用表示时间的关键词块，以时间轴或鱼骨图的形式呈现汉字书写体系的历史发展及各时期的特点。

　　（2）大多数学生能根据时间轴或鱼骨图口头介绍中国汉字书写体系的发展及各时期的特点，部分学生能谈论汉字书写体系在全球的未来发展趋势。

　　再如：针对第 2 条目标的第 1 小点，在学习博文写作时，教师初步制定评价表，使学生基于评价表进行自评和互评，诊断博文写作情况。评价表如

表4-2所示。

表 4-2 博文评价表

General content	1. Does the writer give a clear description of the problem?
	2. Is the advice clearly explained?
	3. Does each sentence relate to the main idea?
Basic writing skills	1. Does the writer use pronouns to refer to things or people correctly?
	2. Does the writer use correct spelling, punctuation and capitalization?
	3. Are there any grammar mistakes?

案 例 评 析

持续性学习评价是更好地实现核心素养的重要手段，也是深度学习的典型特征。教师通过持续性学习评价发挥诊断教学内容、调节教学策略、促进学生反思与发展等方面的作用。

本单元的持续性学习评价方案紧扣素养导向的学习目标，设计了促进目标达成的挑战性学习活动，也针对相应的挑战性学习活动设定了具体的评价标准。例如，在"就英语学习的问题和方法在网络社区发表个人观点，并写成博文"的任务中，教师从写作内容和写作技巧两方面出发，设定了六个小指标，包括：语言是否清晰和准确以及逻辑是否连贯等，并通过学生自评、互评以及师评的三重评价方式检测这一目标的达成情况。通过持续性学习评价，教师可以检测学生能否介绍语言文化，以及能否践行自身获得的语言策略，切实评价学生是否实现深度学习。

（七）反思性教学改进

"The Chinese Writing System：Conect the Past and the Present"授课教师方秋苹老师的教学反思如下。

在专家团队老师们的指导下，我意识到自己在课堂教学中有以下不足。

一是课堂中教师的控制较多，给学生自主阅读的时间不够。教师需要思考如何在课堂上凸显"活动与体验"这一深度学习的根本特征，以更好地体现学生的主体地位，并且要大胆放手，给学生更多的自主权。

二是学生对文本内容、语言的内化相对较少，应给学生充足的时间开展"内化与应用"活动。因为学生对文本充分的理解和内化是进行高阶思维问题探讨和输出所学知识的基础，所以教师在第一课时需要给学生更多的时间进行阅读和内化语言。

三是问题的设计不仅要环环相扣、逻辑严谨、符合意义探究目的，更需要从学生的角度出发，考虑如何提问。可适当减少意义不大的"Yes/No"问题，针对难以回答的问题，可以调整提问的方式或者给学生一些提示。

四是教师对学生的关注较少，要进一步关注学生在活动中的表现。

五是课堂评价和反馈的有效性和引导性不够，应丰富课堂评价方式并使反馈具体化，引导学生对学习内容与学习过程进行理解与反思，凸显学生的"价值与评判"。

因此，在第二次试讲和正式上课时，我做了如下调整。

第一，凸显学生主体地位。在课堂上如何引导学生多说呢？如何培养学生的批判性思维呢？我尝试着及时给出反馈。我发现与课前设计好活动和问题同样重要的是，要善于在课堂上抓住生成，及时提炼、补充和追问，引导学生进一步反思，不断挑战自我，进行自我质疑与纠正，以逐渐发展思维的严密性、逻辑性和条理性。这就是批判性思维的训练过程。引导学生多说的追问问题有如下形式："What do you mean by _____?""Why do you say that?""How do you know?""Can you find any evidence to show that?""Could you give me an example?""Any different opinions?"。在我不断地追问下，学生不断地反思，从而能对文本内容、观点等展开评价，形成自己的观点，也训练了批判性思维。

第二，强化学生对学习内容的"内化与应用"。首先，提供更多的机会和充足的时间开展"内化与应用"活动，鼓励学生间的交流和师生交流。我把学生分成六个小组，以小组为单位开展课堂活动。其次，在较开放、有挑战性的活动中，先给一两分钟让学生进行同伴交流，通过同伴交流或小组合作等形式解决问题。比如在画结构图并描述汉字书写体系这一活动中，先让学生画，然后让他们在同伴之间进行交流，互相借助图片给同伴介绍汉字发展的历史，再挑选两个代表到黑板前展示自己的结构图，并基于此描述和阐释汉字书写体系在各个时期的发展特点，尝试在信息和知识的复现中内化语言。在这一部分的意义探究中也解决了一些核心的生词和语言点。

　　第三，注重问题设计的逻辑性和有效性。我在引入部分通过两个聚焦单元主题的提问让学生回顾上一节课学到了什么，从而过渡到本课。在课堂提问上，也进一步关注了提问的简洁性、逻辑性和有效性，比如在最初的教学设计中有一部分意义不大的"Yes/No"的问题，如"Can you recognize these Chinese characters？""Can you find the words and phrases that describe a time？""Can you imagine where the Chinese writing system is going in the future？""Can you tell the writer's attitude towards the Chinese writing system？"，这些问题的设置无法驱使学生深度思考。有效的问题设置才能让学生进行理解性的学习、深层次的信息加工，运用批判性的高阶思维，主动地进行知识建构和知识转化，从而实现有效的课堂生成。所以我用以下问题进行了替换："What can you see in these pictures？""What major events happened to the Chinese writing system at different periods of time？""Where is the Chinese writing system going in the future？""What is the writer's attitude towards the Chinese writing system？"。经过这样的调整，学生们对相关问题的描述和阐释立刻鲜活生动起来，并且也提升了他们的表达欲。他们在这堂课上的思维很活跃，课堂上有大量的生成。有的生成内容展现出了很好的创造性思维。比如在评判哪个时期的汉字书写体系最重要时，有的学生认为秦汉字统一在历史上是最重要的，但有的学生就冲破了思维定式，大胆表达道，甲骨文是最重要的，没有甲骨文，就没有后来的书写体系的发展，中华古文明也不会传承下来。所以，在课堂活动中，提出的问题要有效，要能够让学生使用已学的语言知识，通过一系列的思维活动，形成新的认知结构和深层理解。

　　第四，关注学生，以学生为中心。在课堂活动中，我采用了个人、同伴、小组等不同组织形式的活动，让学生对学习和思考的过程掌握主动权。在学生小组讨论时，我选择倾听或参与个别小组的讨论，了解其想法或遇到的问题并给予引导，着重关注学生具体谈论的内容或者遇到的问题。在反馈时，尝试以小组为单位激发学生进行交流和表达，比如提问时请第几小组来回答，让组内成员可以互相帮助，形成学习共同体。此外，在学生回答问题或者表达时，鼓励学生用整句回答问题，并且进行追问，询问其是从文本中哪段话得出的结论，引导学生紧扣文本进行思考，而非直接给出宽泛、简单的反馈。在最后的演讲活动中，先开展了师生共建评价量表的活动，然后再引导学生根据量表确定的维度，从内容、语言等角度给予评价，一方面督促学生认真听他人的分享，另一方面，让学生通过其他人的发言来反思自己的演讲。在这一过程中，学生既学习了语言知识，运用了语言技能，也锻炼了思维品质，发展了组织信息和表达观点的能力。

案 例 评 析

反思性教学改进是深度学习实践模型中的一个重要环节，教师需要在教学实施前、中、后，通过个人或教研团队的观察和记录，诊断学生在英语学科核心素养上的达成情况，分析教学中存在的问题及其原因，并据此改进教学策略。

该教师从课堂提问、学生活动等方面入手，反思自己的教学过程，对如何设计有逻辑的问题和开放性学习活动进行深入探究，并由课堂上的"教师主体"逐步转向为"学生主体"，关注学生的课堂参与度和学习效果。该教师通过学生在学习活动中的外在行为表现，评估教学效果，并以此为基础进一步提炼促进学生深度学习的策略，为后续的教学内容完善和教学策略丰富奠定了基础，充分体现了该教师的"研究者思维"。

三、课时教学设计示例

表4-3 单元第2—3课时教学设计

第2—3课时	Reading and Thinking：The Chinese Writing System：Connecting the Past and the Present
	语篇研读

【What】

本文主要介绍了汉字书写体系从古至今的演变及其功能。文本首先描述了汉字书写体系的发展历史：汉字最初起源于象形文字，到商朝逐步发展成熟，在春秋和战国时期书写体系经过数千年的发展衍生出不同的书写形式，最终秦始皇统一书写体系。接着，文本交代了汉字对中华文明延续至今所起到的重要作用：汉字成为连接中国古与今的桥梁；书法成为中国文化艺术的瑰宝；同时，汉字书写体系也发挥着向世界传播中华文化的作用。

【Why】

通过对汉字书写体系发展历史及作用的介绍，旨在让读者了解汉字书写体系的发展脉络，思考汉字书写体系发展与中华文明传承的关系，感悟汉字的魅力，探寻汉字未来的发展趋势。

续表

【How】

本文是一篇说明文，采用了总分结构。文本标题含有两部分内容：文本话题"汉字书写体系"和其"连接古今"的功能。文本第一段开篇点题——中华文明一直延续不断并传承至今，其中一个重要的原因是汉字书写体系的发展与传承。第二至四段按时间顺序分别介绍了汉字从远古、商代、春秋战国、秦代到现代的演变与其在各时期的特征：picture-based language→well-developed system→varieties of characters→unified system→system still used in communication。这部分采用了过去完成时、一般过去时、一般现在时并运用了一些表示时间的短语来进行过渡，如 at the beginning、dates back to several thousand years、by the Shang Dynasty、over the years、under Emperor Qinshihuang of the Qin Dynasty 和 even today 等。第五、六段用作诠释的说明方法介绍了汉字书写体系的重要性：connect the past and the present、connect language and art、connect China and the world，这部分主要用一般现在时。文本包含两条线索，第一条是文本叙述的明线：按时间顺序梳理了汉字书写体系数千年的发展历史；第二条是暗线，呼应标题中的题眼"connecting"，说明汉字书写体系对中华文明传承数千年所起到的三个重要连接作用。

学情分析

通过本书前四个单元的学习，学生梳理文本信息的能力有所提高，能理顺段和段之间的逻辑关系，能找到时间线，但提取关键词、分清主次信息、理顺句和句之间逻辑关系的能力还有所欠缺。

学生在语文和历史课上学习过汉字的演变历史，对这个话题比较熟悉，但缺乏相关话题的英语表达词汇，不能用英语完整、准确地表达出汉字书写体系的历史发展及特点；学生难以归纳总结出汉字书写体系对传承中华文化的重要作用。

学习目标

单元学习目标	课时学习目标
认识语言：运用表示时间过渡的短语（at the beginning、dates back to several thousand years、by the Shang Dynasty、over the years、even today 等）介绍中国汉字历史发展及各时期的特点，阐述汉字的价值，讨论汉字未来的发展趋势。	在完成 2 课时的学习后，学生能够： （1）梳理汉字书写体系的发展过程，形成知识结构图；探讨汉字的未来发展趋势。 （2）基于知识结构图，运用所学语言描述、阐释汉字发展对中华文明数千年的传承起到的积极作用。 （3）推理、论证作者对汉字书写体系的态度，并针对汉字的价值表达自己的观点和态度。 （4）向参加"汉语桥"活动来我校参观的外国友人们介绍汉字书写体系的历史变迁及重要性。

续表

教学重难点

教学重点：
- 探讨汉字书写体系的发展历史，梳理文本结构，形成知识结构图。
- 阐释汉字书写体系的重要价值。
- 分析作者对汉字书写体系的态度，同时针对汉字的价值表达自己的观点和态度。

教学难点：
巩固内化、迁移应用所学汉字书写体系发展历史及其重要价值的内容和相关语言知识。

学习过程（第 2—3 课时）

学习目标	学习活动及互动方式（时间）	设计意图	效果评价	深度学习特征
激活已知。（感知与注意）	Activity 1（5 mins）Look at the pictures of the old Chinese characters and answer thefollowing questions. Q1：What can you see in these pictures? Q2：How do you feel about the old forms of Chinese characters?	利用图片，创设语境，导入主题，激活学生背景知识，引导学生关注汉字的发展和变化，引出相关话题词汇，如 picture-based、develop 等。	学生能运用"看"和"说"两种技能表达对不同时期汉字的认知。	**活动与体验**：学生围绕主题基于已知积极表达对不同时期汉字的认知。 **关联与结构**：教师通过设计的一系列问题激活学生对汉字的已有知识，使学生将旧知与新知建立起关联，产生阅读兴趣和动机。

学习过程（第 2—3 课时）				
学习目标	学习活动及互动方式（时间）	设计意图	效果评价	深度学习特征
激活已知。（感知与注意）	Activity 2（5 mins）Students look at the title and the picture, raise questions about what they want to know about the text and predict what the text might mainly talk about. Q: What might this text talk about?	引导学生结合插图和标题推断、预测文本主要内容，激发学生阅读欲望，为梳理文本主要内容做铺垫。	学生能根据标题和插图积极预测文本内容，并表达个人看法。	活动与体验：学生基于插图和标题积极主动地预测文本主要内容。关联与结构：学生根据插图和标题进行联想，预测本文内容。
梳理汉字书写体系的发展过程，形成知识结构图；探讨汉字的未来发展趋势。（获取与梳理、概括与整合）	Activity3（10 mins）（1）Read the text and check their predictions and answer the question: What have you learned about the Chinese writing system? （2）Sort out the structure of the passage: Students draw a mind-map based on the basic facts they get under the guidance of the teacher.	引导学生自主阅读，初步感知文本，探究语篇主题意义，增强阅读体验感，培养学生在阅读中积极主动探究语篇主题意义的意识，并且通过主题意义关键词梳理文本结构，从而对文本结构框架有一个清晰的认知。	1. 学生能通过自主阅读，找出两个关键词：develop 和 important，探究出语篇主题意义：the history and value of the Chinese writing system。2. 学生能通过主题意义关键词 history、value 建构文本框架：Introduce the Topic（Para. 1）The history of the Chinese writing system（Para. 2—4）The value of the Chinese writing system（Para. 5—6）	活动与体验：学生围绕读前提出的问题从文本中获取汉字书写体系的相关信息，积极主动地探究语篇的主题意义。关联与结构：学生通过主题意义关键词探究文本的结构框架。

续表

学习过程（第2—3课时）

学习目标	学习活动及互动方式（时间）	设计意图	效果评价	深度学习特征
梳理汉字书写体系的发展过程，形成知识结构图；探讨汉字的未来发展趋势。（获取与梳理、概括与整合）	Activity 4（10 mins）2nd reading（Detailed reading）Read Para. 2 to 4 to explore the details of the development of the Chinese writing system and draw a mind map. Q1：Can you find the words and phrases that describe a time? Q2：What happened to the Chinese writing system at each of those important times? Students draw a mindmap to sort out the history of Chinese writing system.	引导学生细读文本，提取、概括汉字书写体系发展历史及其不同时期的特征。	学生能通过细致阅读找出表示时间的词块，确定时间点，找出不同时期汉字书写体系的特点，并用知识结构图的形式展现出来。	活动与体验：学生充分发挥自主性，充分调动语言文化知识及思维能力，梳理汉字书写体系发展历史。关联与结构：学生将梳理出的汉字发展史绘制成思维导图，以结构化和整合的方式储存在记忆中。
梳理汉字书写体系的发展过程，形成知识结构图；探讨汉字的未来发展趋势。（内化与应用、分析与判断、推理与论证）	Activity 5（10 mins）Answer the following questions based on the mind map and the pictures in the textbook. Q1：Which period does each of the four types of characters belong to? State your reasons. Q2：In your opinion, which period matters most in Chinese history? And why?	1. 通过活动让学生内化应用所学的汉字书写体系发展史的知识并描述不同时期的汉字特征。2. 通过问题引导学生思考哪个时期为汉字发展最重要的时期。	1. 学生能运用所学的汉字发展历史的知识，判断课本图片中这些汉字所属的时期并应用 picture-based、well-developed、varieties、unified 等所学词汇描述汉字在不同时期的特点。2. 学生能在读懂文本的基础上结合自己已有的历史知识分析判断、推理论证文字统一对中华民族发展的重大意义。	分析与论证：学生能深入思考汉字发展变化的本质，把握各历史时期与该时期汉字特征的关系。价值与评判：学生能深入理解、批判评价文字统一对中华民族发展的重大意义。

续表

<table>
<tr><td colspan="5" align="center">学习过程（第2—3课时）</td></tr>
<tr>
<td>学习目标</td>
<td>学习活动及互动方式
（时间）</td>
<td>设计意图</td>
<td>效果评价</td>
<td>深度学习特征</td>
</tr>
<tr>
<td>梳理汉字书写体系的发展过程，形成知识结构图；探讨汉字的未来发展趋势。
（描述与阐释）</td>
<td>Activity 6（8 mins）
Group work：Form groups of four and discuss the following questions.
Q1：How did the Chinese writing system develop after the Qin Dynasty? Do you think it is important?
Q2：Can you imagine where the Chinese writing system is going in the future?</td>
<td>1. 引导学生通过合作，基于已有的课外知识思考秦代至今汉字的重大发展。
2. 鼓励学生展开想象，预测汉字的未来发展趋势。</td>
<td>1. 学生能通过合作，基于已有的课外知识，思考秦代至今汉字的重大发展，并简要说明这些发展的重要性。
2. 学生能展开想象并对以下问题表达自己的看法：在具有繁体和简体两套体系的情况下、在世界一体化的趋势下，汉字未来将如何发展？</td>
<td>迁移与创造：学生在新的情境中，通过自主、合作、探究的学习方式，思考秦代至今汉字的重大发展并创造性地想象预测汉字的未来发展趋势。</td>
</tr>
<tr>
<td>基于知识结构图，运用所学语言描述、阐释汉字发展对中华文明数千年的传承起到的积极作用。
（获取与梳理、概括与整合、描述与阐释）</td>
<td>Activity7（8 mins）
Read the text to explore the importance of the Chinese writing system and draw a mind map.
Q1：In what ways is the Chinese writing system important?
Q2：Can you find any evidence from the text to show that?</td>
<td>引导学生梳理、概括、整合汉字书写体系对中华文明传承的重要作用。在描述和阐释其重要性的过程中实现对语言和知识的内化。</td>
<td>1. 学生能提取概括汉字发展对中华文明数千年的传承意义：connect the past and the present，connect language and art，connect China and the world，并绘制成知识结构图。
2. 学生能用"当代人仍然能读懂古代作品；书法融合语言与艺术而成为中国文化艺术的瑰宝；外国友人通过学习汉字来学习如何欣赏中国历史与文化"等信息来阐释汉字书写体系的重要价值。</td>
<td>活动与体验：学生再次细读课文，基于知识结构图充分内化所学语言和内容。
关联与结构：学生以知识结构图的形式概括、整合汉字书写体系对中华文明传承的重要作用，建构起新的知识体系。</td>
</tr>
</table>

续表

	学习过程（第2—3课时）			
学习目标	学习活动及互动方式（时间）	设计意图	效果评价	深度学习特征
推理、论证作者对汉字书写体系的态度，并针对汉字的价值表达自己的观点和态度。（推理与论证、批判与评价）	Activity8（5 mins）Explore the writer's attitude towards the Chinese writing system, talk about your own ideas about the role of the Chinese writing system. Q1: Can you tell the writer's attitude towards the Chinese writing system? Give your reasons. Q2: What do you think of the role of the Chinese writing system? What's your attitude towards it?	1. 引导学生关注作者的态度，并根据文中信息进行推理论证。 2. 引导学生讨论汉字书写体系对中华文明传承的重要性，增强其对中华文化的认同感和自豪感，坚定文化自信。	1. 学生能够从文本中找出支撑信息以推理论证出作者对汉字书写体系持有肯定赞赏的态度。 2. 学生能够运用学到的关于汉字书写体系价值的知识，谈论汉字书写体系对中华文明传承的重要性，并表达出自己的看法和态度。	活动与体验：学生在小组活动中积极探讨作者的情感态度，并进行推理论证。 价值与评判：学生能深入理解、批判评价汉字书写体系对中华文明传承的重要性。
推理、论证作者对汉字书写体系的态度，并针对汉字的价值表达自己的观点和态度。（推理与论证、想象与创造）	Activity9（7 mins）Group work: Form groups of four and discuss the following questions. Q: Apart from the Chinese writing system, what other factors do you think have contributed to the continuation of Chinese civilization?	引导学生分析其他对中华文明传承有重要贡献的因素，培养学生的创造性思维。	学生能够生成自己的见解并表达出来，如：China's geographical features are also important factors; the advantages of Chinese culture also contribute…。	迁移与创造：学生将所学的汉字书写体系重要性的知识迁移到真实社会情境中，通过自主合作、探究，分析挖掘其他促进中华文明传承的因素。

	学习过程（第2—3课时）			
学习目标	学习活动及互动方式 （时间）	设计意图	效果评价	深度学习特征
向参加"汉语桥"活动来我校参观的外国友人们介绍汉字书写体系的历史变迁及重要性。 （内化与运用、想象与创造）	Activity 10（12 mins） Make a speech：Some contestants in the "Chinese Bridge" Competition are visiting our school. Make a speech at the welcome party. Your speech should include： 1. Your welcome and your appreciation of their interest in Chinese； 2. The development and importance of the Chinese writing system； 3. Your wish.	在"汉语桥"活动的主题语境中，让学生根据已有的知识结构图介绍汉字书写体系的历史变迁及其重要性，旨在提升学生对文本信息的梳理、加工能力，并引导学生运用所学进行创造性的输出；同时培养学生文化认同感，体现迁移创新。	1. 学生在演讲中能够用相关表达，如date back to、picture-based language、by the Shang Dynasty、well-developed systems、over the years、varieties of dialects and characters、under the Emperor Qinshihuang of the Qin Dynasty、unified 等介绍汉字的发展历史及不同时期的特征。 2. 学生在演讲中能从汉字的历史传承、书法艺术的魅力、传播中华文化或更多方面阐释汉字书写体系的重要价值。 3. 学生演讲内容要做到有条理、有层次，语言表达得体，既传递出文化自信，又表现出热情友好。	活动与体验：学生在具体的社会情境中自主思考汉字书写体系的重要性，充分体现学生的主体性。 迁移与创造：学生在模拟的情况中有理有据地评价汉字书写体系的价值，并创造性地输出，将所学知识迁移应用到新的情境中。 价值与评判：学生深入思考文化传承对国家民族发展的重大意义，增强文化认同感。

续表

课时教学板书设计

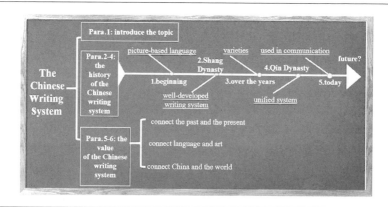

课时作业设计

你的英国朋友 Jack 给你发了一封电子邮件，说他最近在学习汉语，他发现汉字有繁体字和简体字，他感到很困惑：汉字为什么会出现繁体字和简体字两种体系呢？这对人们的交流有影响吗？这两种体系未来会如何发展？请你写一封回信为他解惑。回信要包含以下内容：

①汉字简化的历史、背景及原因。

②繁体字和简体字两种体系对交流的影响。

③你对两种体系未来发展的看法。

参考词汇：繁体字（traditional Chinese characters）、简体字（simplified Chinese characters）

课后反思

推进课堂活动的"教—学—评"一体化。课标指出："完整的教学活动包括教、学、评三个方面。"在王蔷老师和专家团队老师们的指导下，我认识到了评是为了促教和促学，并尝试着和学生们在阅读活动中一起构建了评价表，并最终形成了一个四个维度、四个层次的评价表，使得师生在活动中能做出客观的评价，实现以评促教、以评促学、教评结合。

案 例 评 析

挑战性学习活动需体现英语学习活动观的"学习理解—应用实践—迁移创新"三个层次，从基于文本的信息输入，到深入文本的初阶输出，再到超越文本的高阶输出，这种逻辑的进阶发展能够实现基于内容、聚焦文化、学习语言、发展思维的深度学习的目的，从而落实英语学科核心素养。

　　本案例通过一系列循环递进和整合关联的挑战性学习活动，使学生围绕"汉字书写体系发展历史及价值"这一主题，探讨汉字的发展历史，阐释汉字书写体系的重要价值，进而分析作者对汉字书写体系的态度，同时针对汉字的价值表达个人观点和态度，逐层深入，从认知到行动建构起一张结构化的知识网，推动学生对主题形成系统的理解和认识，达成预期的核心素养综合表现，实现深度学习。

案例二

以深度学习特征为抓手，促进语言、文化、思维融合发展

一、单元基本信息

实施学校、年级：北京汇文中学　高一年级

设计者：梁亚平、陈雨、符晓涛

使用教材：人教版高中英语必修第三册

单元名称：Unit 2 Morals and Virtues

单元课时：7 课时

二、单元教学规划

（一）引领性学习主题

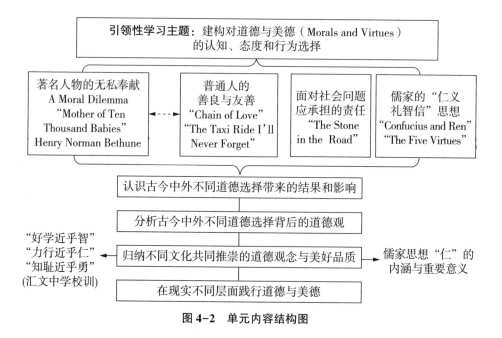

图 4-2　单元内容结构图

本单元围绕"道德与美德"主题展开，属于 2020 年修订版课标明确的

课程内容中"人与自我—做人与做事"主题群中"优秀品行，正确的人生态度，公民义务与社会责任"这一主题语境内容。

　　本单元由对话、访谈、人物小传、寓言故事、故事评论、视频访谈、名言介绍等多模态语篇构成（见表4-4），从认识道德困境并分析不同选择所带来的结果和影响，逐渐引入古今中外不同人物的道德选择背后所体现的道德观。本单元旨在帮助学生基于单元所学内容、生活体验以及各种所见所闻梳理和提炼出世界上不同民族普遍认可和赞颂的道德准则与美德精神，从而启发学生思考、分析和领悟生活中的人与事，帮助他们树立正确的世界观、人生观和价值观，塑造良好的品格，传承中华民族传统美德，弘扬中华民族优秀文化。

表 4-4　单元教学内容

语篇	语篇类型（技能）	语篇内容	语篇主题
Listening and Speaking: A Moral Dilemma	对话（听力）	妇产科专家林巧稚年轻时在"道德困境"中做出的选择、背后的原因及结果	国内著名人物的道德选择
Reading and Thinking: Mother of the Ten Thousand Babies	人物小传（阅读）	妇产科专家林巧稚一生中经历的人生选择、背后的原因及所体现的道德观	国内著名人物的道德选择和道德观
Discovering Useful Structures: Henry Norman Bethune	人物小传（阅读）	著名医生白求恩的生平及人物评价	国外著名人物的道德选择和道德观
Listening and Talking: Chain of Love	访谈（听力）	受到歌曲启发，普通人之间传递爱心的故事	陌生人之间如何传递爱心
Reading for Writing: The Stone in the Road	寓言故事及故事评论（读写）	不同人物对"路中央的石头"做出的不同反应以及最终的结局	普通人面对社会问题承担责任的重要性
Video Time: Confucius and Ren	专家访谈（看）	孔子所倡导的"仁"的思想的内涵及重要意义	中华传统文化所推崇的道德观念与美好品质及重要意义

语篇	语篇类型（技能）	语篇内容	语篇主题
Reading and Writing (Workbook): The Taxi Ride I'll Never Forget	记叙文（阅读）	出租车司机通过安静的陪伴激励绝症病人的故事	普通人如何通过小的善举激励他人
Expanding Your World (Workbook): The Five Virtues	名言介绍（阅读）	儒家的"仁义礼智信"思想的内涵	中华传统文化所推崇的道德观念与美好品质

案例评析

引领性学习主题概括了单元的主旨，是单元教学设计的核心。在引领性学习主题中应体现本单元的主题所具有的独特的核心素养价值，包括学生建构的关于该主题的知识结构，以及学生应形成的态度与价值观念。围绕着引领性学习主题，目标设计、活动设计和评价设计都指向学生引领性学习主题的建构。

教师在进行单元主题提炼时，重点关注了三个方面：一是基于对单元内容的梳理、概括，二是以 2020 年修订版课标中的内容要求为依据，三是结合了学生的学情和所处的人文环境。教师经过对单元内语篇的分析和梳理，将单元内容划分成了四个学习小单元探究主题：著名人物的无私奉献、普通人的善良与友善、普通人面对社会问题应承担的责任、儒家的"仁义礼智信"思想。在这样的学习小单元教学模块下，引导学生分析古今中外不同道德选择的道德观，归纳不同文化共同推崇的道德观念和美好品质。教师还关注到本单元对应的主题语境是"人与自我—做人与做事"这一主题群中的"优秀品行，正确的人生态度，公民义务与社会责任"，并从课程内容要素的角度对单元内容进行了梳理。同时，教师还结合了汇文中学"智、仁、勇"的校训精神，加深学生对美德的认识，最终倡导学生在现实生活中践行道德与美德。

（二）主题学情分析

学生为市级示范校高中一年级的学生，对"道德与美德"这一单元主题下的子话题（例如，道德困境和不同文化下人们所共同推崇的美德）有一定的了解和生活经验，但是对于语篇中所提及的妇科专家林巧稚的人物生平和与美德相关的寓言故事这些背景知识并不熟悉，对于语篇中与医学专业相关的词块和"动词-ing 形式作状语和作宾语补足语"的语法点也不够熟悉。

（三）开放性学习环境

运用多媒体、课件和黑板等资源创设开放性物理环境。教师深入思考问题链的设置，反复推敲并梳理问题间的逻辑关系及具体问题的提问方式，使学生能够将文本内容自然迁移到自己的学习生活中。

（四）素养导向的学习目标

1. 认识"道德困境"并分析不同选择带来的结果和影响

运用一般过去时描述林巧稚在道德困境中的选择及带来的影响，表达自身在道德困境中做出的选择并解释原因。

2. 分析古今中外不同人物的道德选择背后所体现的道德观

（1）运用动词-ing 形式和 reject the offer、tend patients 等词汇、词组和表达法，阐述万婴之母林巧稚的道德选择及道德观，结合自身经验进行人物评价。

（2）运用 receive kindness from somebody、pay somebody back、spark light in others by our kindness 等语言表达形式，探讨电台访谈中普通人传递善意的故事，分享身边的爱心故事。

（3）分析故事的结构和语言特点，通过评论西方寓言故事，阐释面对社会问题承担责任的重要性。

3. 在生活中自觉遵守和践行美德

归纳古今中外人们所推崇的道德观念以及与美好品质相关的话题词汇，并结合生活实际，运用所学语言阐释如何自觉践行美德。

案 例 评 析

单元学习目标反映学生在单元学习后的素养表现，与单元主题和内容的构建是一脉相承、相互呼应的，体现设计的一致性。同时，单元学习目标的表述应该是可操作、可检测的，并以单元学习内容为载体，便于目标在课时学习中得以逐步落实。此外，单元学习目标中，素养的发展是综合的、整体的，并非割裂的。例如，要实现第2条单元学习目标，学生不仅要有相应的语言知识，还要具备一定的高阶思维和对"道德选择"形成自己的价值判断，这就融合了核心素养中语言能力、文化意识、思维品质和学习能力四个方面。同时，按照学科核心素养划分的单元学习目标，从不同的维度对单元学习中学生的素养表现做出了进一步的明确，目标之间也是彼此关联、相互支持的，共同指向学生的发展和学科育人目标的达成。

（五）单元课时安排

表4-5　单元课时安排

语篇	课型	第＊课时	课时对应的单元学习目标
Listening and Speaking：A Moral Dilemma	听说（对话）	第1课时	运用一般过去时描述林巧稚在道德困境中的选择及带来的影响，表达自身在道德困境中做出的选择并解释原因。
Reading and Thinking：Mother of the Ten Thousand Babies	阅读（人物小传）	第2—3课时	运用动词-ing形式和reject the offer、tend patients等词组，阐述万婴之母林巧稚的道德选择及道德观，结合自身经验进行人物评价。
Discovering Useful Structures：Henry Norman Bethune	阅读（人物小传）	第4课时	运用receive kindness from somebody、pay somebody back、spark light in others by our kindness等语言表达形式，探讨电台访谈中普通人传递善意的故事，分享身边的爱心故事。
Listening and Talking：Chain of Love	听说（访谈）	第5课时	
Reading for Writing：The Stone in the Road	读写（寓言故事及故事评论）	第6课时	分析故事的结构和语言特点，通过评论西方寓言故事，阐释面对社会问题承担责任的重要性。

语篇	课型	第 * 课时	课时对应的单元学习目标
Video Time & Workbook	视听说与综合练习	第 7 课时	归纳古今中外人们所推崇的道德观念以及与美好品质相关的话题词汇，并结合生活实际，运用所学语言阐释如何自觉践行美德。

（六）持续性学习评价

在本单元学习的过程中，教师注重通过学生的自评表，检测目标的达成情况。例如，在 "Mother of Ten Thousand Babies" 这一课的学习中，为了评价第 2 条单元学习目标第 1 小点的达成情况，教师设计了如图 4-3 所示的学生自评表，引导学生对本堂课所学做出评价。通过学生的半开放式回答，教师可以评价学生语言学习情况及本课育人价值的达成程度。

Self-evaluation Sheet	
Name:	Class:
Things I have learned about Lin Qiaozhi:	
TWO things I found impressive:	
ONE question I still have:	

图 4-3　学生自评表

（七）反思性教学改进

"Mother of Ten Thousand Babies" 授课教师梁亚平老师的教学反思如下。

1. 充分发挥学生的主体作用，将 "活动与体验" 贯穿课堂始终

深度学习重视学生在学习中的主体地位，强调教学内容要与学生的经验建立关联。2020 年修订版课标的颁布，让我们更加关注学生在英语课堂中的主观能动性，教师应鼓励学生作为主题意义探究的主体来进行英语学习。为了更好地实现这一目的，教师往往在课前进行细致缜密的教学设计，帮助学

生在"活动与体验"中提升英语学科素养。在第一轮指向深度学习的教学实践后，王蕾老师肯定了我们的教学活动设计，认为我们在教学实施过程中充分体现了深度学习"活动与体验"的特征，但在具体落实的过程中对学生的"放手"还不够，学生略显被动。我们反复回看教学视频并进行了全面的反思，整个课堂多是根据教师的"预设"在层层推进，而学生的"生成"不够自然。在接下来两轮的教学改进中，我们鼓励学生成为课堂学习的中心，设置了多轮学生自主讨论、自主发现的教学环节，以调动学生积极参与主题意义的建构，学生课堂所得多由他们自己探索得来。在第二轮的教学实践中，教师增强了教学活动间的逻辑关联，对教学活动时间进行了重新分配，为学生留出了充分的自主探究时间。随着指向深度学习的探索不断深入，在第三轮教学实践中，板书间逻辑的梳理、语篇知识结构的构建皆由学生合作完成（见图4-4）。

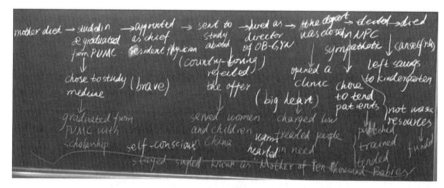

图 4-4　生生合作构建语篇知识结构（板书）

当教师充分调动了学生在英语学习中的能动性，生生交流便自然地贯穿于教学过程中，学生对于文本的认识也在自然地探讨中加深。指向深度学习的教学实践不是让教师带领学生去发现，而是让学生在"活动与体验"中自然生成，学生更加积极地参与并体验学习过程，自然而然地顺着主题意义进行深入思考，更为主动地建立知识结构间的关联。

2. 从学生的认知视角切入，为学生"内化与应用"留有充足时间

"内化与应用"是英语学科深度学习的独有特征，也是学生将学科知识内化于心进而解决实际问题的必要途径。在进行第一轮指向深度学习的教学探索时，我们基于学生基础较好的学情，默认学生读一遍文本即可初步掌握

语篇内容。虽然我们努力引导学生 4 次走入、走出文本，但课堂中设置的应用实践及迁移创新性活动多于学习理解类活动，没有给学生留出足够的自主梳理并内化语篇内容的时间。在第二轮及第三轮促成学生深度学习发生的教学实践中，我们尝试从学生的认知视角入手，放手让学生去梳理林巧稚的主要人生经历，并在此基础上讨论林巧稚艰难的人生抉择、选择后果及原因。学生利用思维导图梳理文本后，对语篇内容进一步"内化与应用"，之后基于文本的讨论也更为水到渠成。最后一轮教学改进实践后，王蔷老师启示我们可以再次带领班级所有学生借助生成的板书述说林巧稚的人生经历，将"内化与应用"落到实处，也为后面的讨论做好坚实铺垫。在具体的教学过程中，如若学生的基础较为扎实，教师往往自然带领学生深入挖掘文本背后的深意及迁移应用所学，而这些都应依托于学生对于文本内容有充分的"内化与应用"。教师在课堂中为每一个学生留有充足的时间和空间"内化与应用"所学，才能帮助学生巩固新知，实现知识向能力、能力向素养转化的目的，让深度学习切实发生、真正落地。"内化与应用"作为英语学科补充的深度学习的特征，其发生绝不是与高层级的活动相割裂的，而应自然地融合于教学的每一个活动中，贯穿课程始终的"活动与体验"也是为了帮助学生实现最有效的"内化与应用"。

3. 从多视角出发设置逻辑连贯的问题链，使"迁移与创造"自然发生

"迁移与创造"可以帮助学生在"内化"的基础上将所学迁移到真实的社会情境中，这是学生达成深度学习的表征之一，也是知识转化为能力、能力转化为素养的体现。三轮指向深度学习的教学实践凸显了问题链衔接连贯的重要性，逻辑清晰的问题链设置能够促使学生的"迁移与创造"自然发生。逻辑连贯的问题链将自然推动整节课的发展，学生能够将文本内容自然迁移到自己的学习生活中。在第一轮教学尝试中，王蔷老师肯定了我们问题链的设计，其显现出清楚的思路脉络。但由于学生的主动性并未被充分调动，我们在接下来的两轮改进中，不断优化问题链的设置。（见图 4-5 和图 4-6）

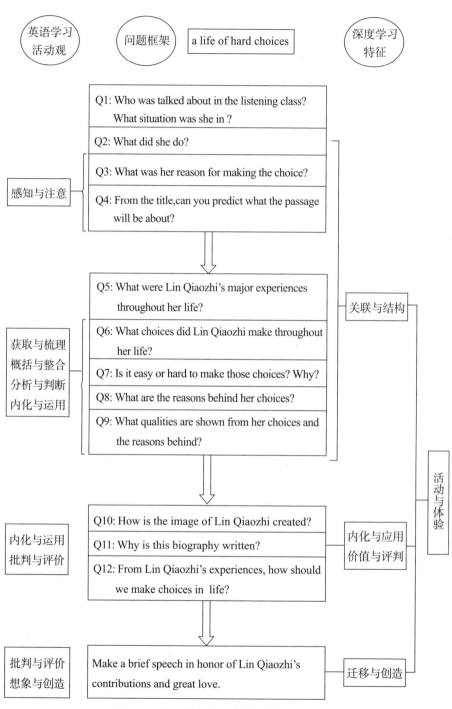

图 4-5　第一轮指向深度学习的问题链设计

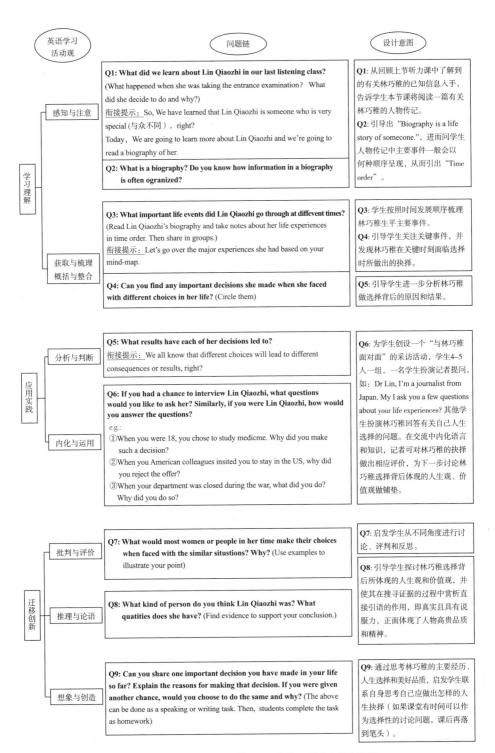

图 4-6　第三轮改进后指向深度学习的问题链设计

　　优化后的问题链串起了学习理解类、应用实践类及迁移创新类各层活动，厘清了教学环节的内在逻辑，引导学生以主线上的核心问题为线索，从信息获取到思维提升，逐层探究主题意义。当学生通过学习理解类及应用实践类活动对文本内容充分"内化"后，就会自然地将学习内容与自己的实际生活相联系。问题链的设计给学生提供了开放性学习环境，引导其在自主探究的过程中结合自身经历生成可指导实践的认识。

　　4. 精心打磨提问方式，充分考虑学生认知和经验

　　教师除了需要梳理好问题链的宏观脉络，还应打磨具体问题的提问方式。以询问林巧稚所具有的品质为例，在第一轮的教学设计中，我们是这样问的："What qualities are shown from her choices and the reasons behind?"；在第二轮的改进过程中，考虑到该问题与前面问题间的关联，将提问修改为"What qualities of Lin Qiaozhi did these choices show?"；基于王蔷老师的指导及前两轮实际的教学效果，在最后一轮的教学中，优化提问方式为"What kind of person do you think Lin Qiaozhi was?"。虽然问题的指向一样，但前两轮的提问主要基于教师视角出发，"What qualities"属于概念化的提问措辞，第三轮改进后的提问方式能够从学生的认知角度切入，更好地从学生的学习和经验出发，便于学生理解。"What kind of person"的问法也更加开放，给予学生更多的思考空间。经历过三轮指向深度学习的优化问题链的过程，教师能够在备课时从学生的思维习惯和视角入手，以更加全面的认知观为学生设置引发思考的课堂教学问题，促成学生学科核心素养及思维品质的发展。

　　5. 增强学习自评表的有效性，借由学生"价值与评判"实现学科育人

　　2020 年修订版课标倡导突出学生在评价中的主体地位。王蔷等老师指出，在深度学习过程中，学生能否深入反思和评判自己的学习内容、学习过程和学习结果，并对自身经验做出价值判断，对于其能否形成正确价值观非常重要。在第一轮指向深度学习的教学实践过程中，我们通过设计符合学情的学习自评表帮助学生反思课堂学习情况（见表 4-6）。为充分发挥学生在学习过程中的主体作用，我们试图将学习自评表的维度变得更加开放（见表 4-7），以激发学生在自评过程中的主观能动性。

表 4-6　第一轮指向深度学习的学生学习自评表

评价内容	评价结果（是/否）
我能够按照时间顺序梳理林巧稚所做出的人生抉择及产生的影响。	
我能够分析林巧稚做出的抉择背后的原因。	
我能够通过探讨本篇人物传记的主要写作特征，总结概括林巧稚所具备的美德。	
我能够基于文本信息，介绍林巧稚主要贡献并评价人物。	

表 4-7　第三轮改进后的指向深度学习的学生学习自评表

Self-evaluation sheet	
Name：	Class：

Things I have learned about Lin Qiaozhi：

TWO things I found impressive：

ONE question I still have：

　　开放式的学习自评表给予学生自由的反思空间，引导学生更为主动地评价学习发生的全过程。学生能够及时回顾所学，评价自己各方面的掌握情况，同时教师也可以从学生存在的困惑和疑问中获得启示，有针对性地补充教学内容并调整教学方式和进度。自评表的优化和改进对于师生来说都极富意义，启示教师在教学过程中不能只采用固定模式的评价表，而应根据教学内容及具体课型灵活设计学生学习自评表。当学生使用多种维度的自评表后，他们今后在评价自己学习时能够更具指向性，有助于深度学习的实现。

　　评价作为深度学习的重要环节，不仅需要学生提升其评价自我学习的能力，更需要教师能够根据学生学习过程中的表现给出及时有效的评价与反馈。在实际教学过程中，我们努力贯彻落实"教—学—评"一体化。但在最后一轮的教学实践中，仍有两处教师反馈不足之处值得深入思考与改进。其一，在进行访谈活动时，学生不能真正地进入语境，活动进行得不够真实自然，此处启示教师不仅需要给学生提供语言支架，还要给予学生必要的语用支撑。教师应根据学生实际生成的表现及时调整反馈内容，针对语用得体性（如眼神交流等）给出反馈，这也有助于培养学生的交际策略。另外，在学生联系自己人生选择的活动中，学生的回答多停留在表层、不够深入。教师应该通过给出一个自己的有关选择的例子及时引导学生更好地联系生活实际，学生的讨论和思考就会更加聚焦。

三轮指向深度学习的教学实践，让我们重新审视教师在课堂教学中的作用。达成学生深度学习的课堂是需要充分调动学生主观能动性的课堂，需要把课堂上的大部分时间还给学生去讨论、去探究。通过教师恰当的引领和鼓励，学生会成为课堂中的主体，可以更为深入地思考，最终促成深度学习的真正发生。总的来说，经过反复地打磨与改进，本节课逻辑更为严谨、思路愈加清晰，教学设计充分考虑到语篇在单元中的位置，划分具有逻辑关联的学习小单元有助于单元主题意义的探寻。

在指向深度学习的多轮教学实践探索过程中，我们始终基于单元整体展开教学，梳理单元各语篇间的关联，密切关注"关联与结构"。教学改进过程也让我们深刻地意识到要充分调动学生在学习过程中的主观能动性，促使"活动与体验"自然发生。教师尤其需要给予学生充足的时间实现深入的"内化与应用"，帮助学生自然地达成"分析与论证""迁移与创造"，并利用开放的学习评价表，引导学生更好地进行"价值与评判"。只有这样，深度学习才会真正落地。从本节课例中获取的指向深度学习的教学实践经验不会仅停留于本节课，必将全面渗透到每节课的课程设计与课堂教学中，教师会更加关注学生在学习过程中的主观能动性，给学生更多的等待时间以帮助学生实现更深入的"内化与应用"。教师对于深度学习理论的贯彻实践需要历经一个在"做中学"（learning by doing）的过程，我们也将不断尝试、摸索并总结经验，努力达成"教师愿意教、学生愿意学"、深度学习切实发生的高效英语课堂。

三、课时教学设计示例

表 4-8　单元第 2—3 课时教学设计

第 2—3 课时	Reading and Thinking: Mother of Ten Thousand Babies
	语篇研读

本板块借助单元核心人物林巧稚这一线索，从听说板块的道德困境话题自然过渡到阅读板块"学习做出人生抉择"（Learn to make choices in life）的话题；此外，本板块通过介绍为社会做出重大贡献的著名人物如何秉持道德与美德做出抉择，与后续的 Listening and Talking 板块探讨普通人如何秉持道德与美德做出抉择有着密切的关系，阅读内容为后面的听力内容提供了话题和背景的铺垫。

【What】
阅读文本是一篇人物小传，属于典型的记叙文。文章按照时间顺序讲述了林巧稚一生为祖国医疗事业做出的巨大贡献，并着重描写了她在求学期间和职业发展道路上曾面临的几次人生抉择以及所带来的影响。例如：没有遵循家中安排结婚而是面对高昂的学费继续上学；拒绝国外工作，回国服务祖国和人民；科室关闭，另开私人诊所帮助穷苦人民；在全国人民代表大会担任要职，并坚持发表医学研究，培养新人；去世时把个人积蓄捐给幼儿园，并建立医生培育基金；等等。同时，文章通过多处引用林巧稚的原话，真实、直接地体现了林巧稚坚定的信念、美好的心灵、高度的职业责任感和奉献精神，具有较强的说服力。

【Why】
本板块通过介绍林巧稚在求学期间和职业发展道路上面对的困境和人生选择，帮助学生感受到她美好的品质，启发学生反思自我，思考如何面对人生抉择。此外，文本通过介绍林巧稚作为我国著名的妇产科专家，为祖国医疗事业做出的巨大贡献，让学生感受到她身上的仁善、自强、勤奋、执着、敬业、慷慨，还有高度的责任感和广博的爱心，对学生产生重要的教育意义，激励他们坚持信念和梦想，理解生活的价值和意义，抓住机遇，把握自己的人生，做出有意义的人生选择。

【How】
篇章结构：阅读文本为人物小传，从第三人称的角度简要讲述了林巧稚的生平，引用人物原话进行英译，对其品质和影响加以说明，符合人物传记的体裁特征。全文共有 6 个自然段，可分为两个部分：第一部分（para. 1）通过引用人物原话，介绍了林巧稚的职业信念，体现了她的医者仁心，并引入文章主题；第二部分（para. 2—6）按照时间顺序介绍了林巧稚的主要经历以及在不同人生阶段所面临的重大抉择和产生的影响。

续表

文本语言：文本主要采用了一般过去时描述林巧稚的经历，符合描写内容的时间特征。文本语言简洁凝练，但不乏打动人心的细节，例如引用人物原话的英译，"Life is precious.…To a person nothing is more precious than their life, and if they entrust me with that life, how could I refuse that trust, saying I'm cold, hungry, or tired?"，真实而具有说服力地体现了林巧稚的美好品质和精神，符合人物传记的语篇特点。一方面，文本包含了大量与医学专业相关的单元重点词块，如 hired as a resident physician、private clinic、medical care、tend patients、publish medical research 等。另一方面，文本使用大量动词-ing 形式做状语或宾语补足语来描写林巧稚的言行，例如，"Thinking of all the people still in need of help, Dr Lin opened a private clinic." "At times she was even seen riding a donkey to faraway villages to provide medical care." 等。通过这些对人物言行生动而细致的描写，文章深入地刻画了林巧稚的人物性格和高尚的品质。

学情分析

学生为市级示范校高中一年级的学生，通过前一课的学习对于林巧稚这一主要人物有了一定的了解，同时具备通过阅读获取文本基本信息并结对讨论的能力。但是存在以下问题：（1）学生可能对于阅读文本中所囊括的医学专业词汇不够熟悉，因此课前学生可以通过阅读补充材料了解医学相关的专业词汇。（2）学生可能对于根据文本信息概括人物品质的方法和语言表达不够了解，因此在课堂教学中需要通过提问和教师示范进行引导。（3）学生可能对于传记类文本的写作特征不够了解，因此在教学中需要通过对比不同传记类文本和分析语言特征来进行梳理。

学习目标

单元学习目标	课时学习目标
分析古今中外不同人物的道德选择背后所体现的道德观。	1. 按照时间顺序梳理林巧稚主要的人生经历，了解其重要选择及带来的结果。 2. 基于事实依据总结并评价林巧稚所具备的优秀品质。 3. 联系实际生活反思过往的重要抉择及原因。

教学重难点

教学重点：

1. 按照时间顺序梳理林巧稚主要的人生经历，了解其重要抉择及带来的结果。

2. 基于事实依据总结并评价林巧稚所具备的优秀品质。

教学难点：

迁移语境，联系实际生活反思过往的重要抉择及原因。

续表

学习过程（第2—3课时）

学习目标	学习活动及互动方式（时间）	设计意图	效果评价	深度学习特征
激活已知。（感知与注意）	Lead-in（3 mins）Students review what they've learned in the previous period.Q: What did we learn about Lin Qiaozhi in our last listening class?Pre-reading（2 mins）Q1: What is a biography?Q2: Do you know how information in a biography is often organized?	从回顾上节听力课中了解到的有关林巧稚的信息入手，自然过渡到本课话题，激活学生的已有认知和学习兴趣。	学生能够对林巧稚的个人信息有基本的了解，对进一步了解她的生活产生兴趣，并初步感知传记的写作特点。	**活动与体验**：通过联系前课内容，激活学生已有认知。**关联与结构**：学生通过过渡性的问题，将旧知（林巧稚在高考考场上的选择）与新知（林巧稚一生的重大人生抉择）建立起关联，激发学习兴趣和动机。
按照时间顺序梳理林巧稚主要的人生经历，了解其重要选择及带来的结果。（获取与梳理）	While-reading1st reading（15 mins）Read Lin Qiaozhi's biography and take notes about her life experiences in time order. Then share in groups.Q: What important life events did Lin Qiaozhi go through at different times?	引导学生练习使用略读策略，按照时间发展顺序梳理林巧稚生平主要事件，引导学生关注关键事件，获取文章关键信息。	学生能够使用略读策略，运用关键词或简短的句子整理林巧稚一生中经历的重要事件，并用自己的方式进行呈现和描述。	**活动与体验**：这一活动凸显了学生作为学习主体的价值，使学生主动参与阅读活动，积极体验阅读过程，建立新的知识结构。

续表

学习过程（第 2—3 课时）

学习目标	学习活动及互动方式（时间）	设计意图	效果评价	深度学习特征
按照时间顺序梳理林巧稚主要的人生经历，了解其重要选择及带来的结果。（概括与整合）	2nd reading（15 mins）Read the passage carefully and summarize the "hard choices" in Lin Qiaozhi's life. Q: Can you find any important decisions she made when she faced with different choices in her life?	引导学生通过细读提取文章细节信息，整理出林巧稚在关键时刻面临选择时所做出的抉择，加深对于林巧稚这一人物的理解。	学生能够基于文本信息并深入文本进行概括分析，描述林巧稚一生中经历的人生抉择，体会林巧稚人生抉择的艰难。	**关联与结构**：通过问题链引导学生首先略读梳理文章关键信息，然后细读概括并描述林巧稚所做出的几次重大人生抉择，进行讨论与分享。
按照时间顺序梳理林巧稚主要的人生经历，了解其重要选择及带来的结果。（描述与阐释、分析与判断）	3rd reading（10 mins）Read the passage again and explore the results of Lin Qiaozhi's important decisions. Q: What results have each of her decisions led to?	引导学生深入文本，进一步分析林巧稚所做选择产生的结果。	学生能够以小组为单位分析林巧稚所做选择导致的结果，为总结林巧稚优秀的精神品质做好铺垫。	**活动与体验**：通过小组合作分析，讨论林巧稚人生选择的结果，使学生主动参与阅读活动，积极体验阅读过程。

续表

学习过程（第 2—3 课时）

学习目标	学习活动及互动方式 （时间）	设计意图	效果评价	深度学习特征
基于事实依据总结并评价林巧稚所具备的优秀品质。 联系实际生活反思过往的重要抉择及原因。 （内化与运用、批判与评价、推理与论证、想象与创造）	Post-reading（20 mins） 1. Interview time Q1：If you had a chance to interview Lin Qiaozhi, what questions would you like to ask her? Q2：Similarly, if you were Lin Qiaozhi, how would you answer the questions? 2. Analyze the reasons for Lin Qiaozhi's "hard choices". Q：What would most women or people in her time make their choices when faced with the similar situations? Why?（Use examples to illustrate your point.） 3. Summarize Lin Qiaozhi's qualities based on evidence in the text. Q：What kind of person do you think Lin Qiaozhi was? （Find evidence to support your conclusion.） 4. Relate to oneself and learn to make proper choices.	通过分析林巧稚艰难抉择背后的原因，引导学生基于林巧稚的事迹，对人物的品质进行评价，并联系自身，阐述曾经面对的重要人生抉择及背后的原因。	学生能够基于文本内容，在真实语境中以访谈的形式叙述林巧稚的人生经历，基于事例总结并评价林巧稚的精神品质。	活动与体验： 通过设置真实语境，引导学生主动参与访谈活动，积极体验学习过程。 分析与论证： 通过问题链引导学生进一步挖掘林巧稚的"抉择之艰难"，领会其精神品质，对文本进行深入思考。 迁移与创造： 通过将所学的"林巧稚的道德选择"这一话题迁移到个人真实的生活情境中，引导学生回顾自己人生中曾面临的重要选择并阐释原因。

	学习过程（第2—3课时）			
学习目标	学习活动及互动方式 （时间）	设计意图	效果评价	深度学习特征
	Q1：Can you share one important decision you have made in your life so far? Explain the reasons for making that decision. Q2：If you were given another chance, would you choose to do the same and why?			

自我评价

Evaluate what you have learned about Dr Lin Qiaozhi with the self-evaluation sheet.

（借助学习评价表引导学生课后评价和反思自己的学习成效，为总结和改进学习提供支架，实现基于"价值与评判"的深度学习。）

课时作业设计

- Write down your decision and the reasons behind and your reflections about it.
- Learn more about Lin Qiaozhi through the Internet.

案 例 评 析

在意义探究的过程中，教师要在深度学习特征的指引下，依托英语学习活动观，引导学生通过学习理解、应用实践和迁移创新等循环递进的学习活动，不断加深对主题意义的认识和对核心语言的内化。例如，在本案例中，学生首先通过教师提问，联系前课内容，激活对林巧稚的旧知（林巧稚在高考考场上的选择），并将旧知与本课将要学习的新知（林巧稚一生重大的人生抉择）建立起关联，形成新的学习期待，激发学习兴趣和动机。继而，学生通过学习理解层次的活动获取有关林巧稚的信息，构建起基本的知识结构；在应用实践层次的活动中，通过采访活动内化语言，并进一步分析林巧稚所做选择产生的结果；基于前两个层次的学习，学生在迁移创新活动中对林巧稚的品质进行进一步的思考与讨论，在生活情境中反思自身，形成正确的态度和价值观，做出正确的行为选择。整个课堂以学生的活动与体验为主，学生在教师的引导下开展关联与结构、分析与论证、内化与应用、迁移与创造等活动，深化对主题的认识。本案例的学习效果评价设计紧紧围绕学习目标和活动意图展开，贯穿课堂教学的始终，凸显"教—学—评"一体化的理念，确保学习的真正发生。教师关注结构化知识的梳理和内化，注重对学生认识转变和深化的引导，保障了学科育人目标在课堂教学中的有效落实。

案例三

关注学生生成的读写结合教学

一、单元基本信息

> 实施学校、年级：湖北省华中师大一附中　高一年级
>
> 设计者：陈婷、黄秀丽、徐丽娜、魏婷
>
> 使用教材：人教版高中英语必修第二册
>
> 单元名称：Unit 5 Music
>
> 单元课时：8 课时

二、单元教学规划

（一）引领性学习主题

本单元的主题 Music 是人与社会主题语境下"文学、艺术与体育"主题群的子主题之一——音乐，主要涉及音乐类型及喜好（的原因）、现代科技背景下新的音乐形式发挥的纽带作用、音乐的疗愈功能、音乐作品及代表人物的鉴赏与评论以及策划音乐节等内容。对于本主题的探究能帮助学生增进对音乐类型、代表人物和作品以及音乐作用的认知，积累并运用主题词汇谈论自己的音乐喜好，感受音乐给人们的生活带来的积极影响，结合自身经历评论音乐作品，培养学生对音乐的热爱和鉴赏能力，了解在科技加持下音乐对于让生活更美好以及推进人类共享文明所发挥的巨大作用。

教材中整个单元共包括 8 个主要语篇，分别是：（1）Listening and Speaking 听说部分的听力语篇，是一篇关于音乐喜好的口头采访，以访谈及转述的形式谈论了乡村音乐、嘻哈流行音乐和古典音乐三种音乐形式及其特点。这部分还提供了著名乡村音乐歌手 Bob Dylan 的经典作品"Blowin'in the Wind"的歌词，供学生体会歌词中不完全爆破（Incomplete plosives）的发音特点。（2）Reading and Thinking 读思部分的阅读语篇"The Virtual Choir"，介绍了美国音乐制作人 Eric Whitacre 在互联网+的时代

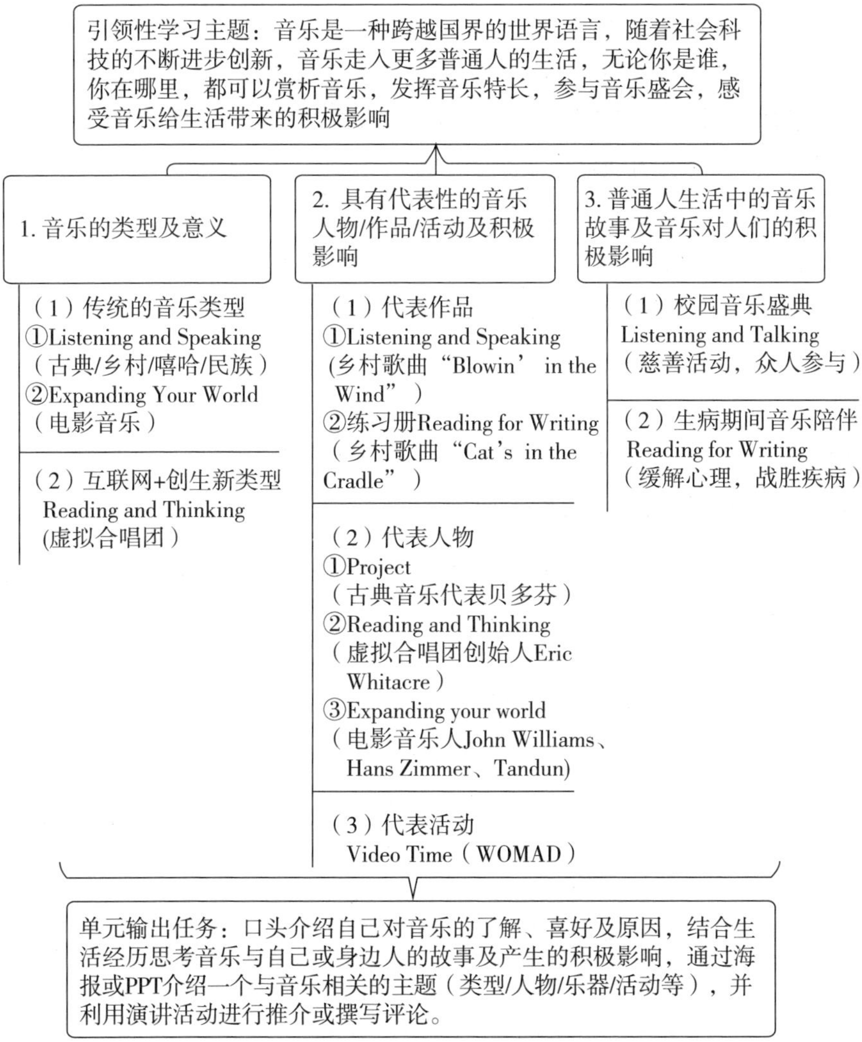

引领性学习主题：音乐是一种跨越国界的世界语言，随着社会科技的不断进步创新，音乐走入更多普通人的生活，无论你是谁，你在哪里，都可以赏析音乐，发挥音乐特长，参与音乐盛会，感受音乐给生活带来的积极影响

1. 音乐的类型及意义	2. 具有代表性的音乐人物/作品/活动及积极影响	3. 普通人生活中的音乐故事及音乐对人们的积极影响

（1）传统的音乐类型
①Listening and Speaking
（古典/乡村/嘻哈/民族）
②Expanding Your World
（电影音乐）

（2）互联网+创生新类型
Reading and Thinking
(虚拟合唱团）

（1）代表作品
①Listening and Speaking
（乡村歌曲"Blowin' in the Wind"）
②练习册Reading for Writing
（乡村歌曲"Cat's in the Cradle"）

（2）代表人物
①Project
（古典音乐代表贝多芬）
②Reading and Thinking
（虚拟合唱团创始人Eric Whitacre）
③Expanding your world
（电影音乐人John Williams、Hans Zimmer、Tandun)

（3）代表活动
Video Time（WOMAD）

（1）校园音乐盛典
Listening and Talking
（慈善活动，众人参与）

（2）生病期间音乐陪伴
Reading for Writing
（缓解心理，战胜疾病）

单元输出任务：口头介绍自己对音乐的了解、喜好及原因，结合生活经历思考音乐与自己或身边人的故事及产生的积极影响，通过海报或PPT介绍一个与音乐相关的主题（类型/人物/乐器/活动等），并利用演讲活动进行推介或撰写评论。

图4-7　单元内容结构图

背景下创作的一种全新的合唱形式——虚拟合唱团。（3）Listening and Talking 听说部分的听力语篇是有关校园音乐节的通知。以口头通知的形式告知了校园音乐节的时间、地点、邀请的音乐家及主要活动，并且号召大家以不同形式参与音乐节，最后介绍了举办音乐节的目的。（4）Reading and Writing 读写部分的阅读语篇是一篇演讲稿，演讲主题围绕音乐的疗愈功能展开，从演讲者的亲身经历出发，谈论音乐如何帮助人们生活得更好，建议人们让音乐成为生活的一部分。（5）Project 部分的阅读语篇介绍了古典音乐代表人物贝多芬的人生经历。（6）Video Time 视听说部分的视听语篇与世界音乐盛会 WOMAD 有关。旁白介绍了 WOMAD 名称的含义，盛会的活动形式和内容；然后以访谈的形式介绍了歌唱家、作词家兼 WOMAD 的合作创始人对盛会的热切喜爱；随后意大利的乐队队长以说唱结合的形式介绍了他们的音乐形式、灵感来源等。（7）Workbook 中 Reading and Writing 读写部分的阅读语篇 "Cat's in the Cradle"，呈现了美国著名乡村音乐人 Harry and Sandy Chapin 的经典歌曲的歌词以及对该作品两篇简短的评论。两篇评论涉及歌名、歌词、对歌词的感受以及歌词与自己生活的联系。（8）Workbook 中 Expanding Your World 拓展领域的阅读语篇 "Music Scores in Films"，以博文的形式介绍了电影配乐，首先以电影 *Jaws* 中的配乐为例说明配乐的作用，并分别介绍了东西方两位配乐人的代表作及其制作的电影音乐的特点，最后作者表达了期待。

综合以上语篇的主题内容和意义来看，本单元主要从"音乐的类型及意义""具有代表性的音乐人物/作品/活动及积极影响""普通人生活中的音乐故事及音乐对人们的积极影响"三个方面阐述了以下引领性学习主题："音乐是一种跨越国界的世界语言，随着社会科技的不断进步创新，音乐走入更多普通人的生活，无论你是谁，你在哪里，都可以赏析音乐，发挥音乐特长，参与音乐盛会，感受音乐给生活带来的积极影响。"

在本单元中，过去分词用于表达情感和情景贯穿于每个语篇当中，有利于实现在主题语境下学习单元语法的目标。单元的输出要求为基于自己对音乐的综合理解以及整理的主题词汇来谈论对于音乐的喜爱，讲述自己的音乐故事，评论歌词，介绍音乐的某一方面（如类型、人物、乐器、影响等），走入音乐的世界，完成音乐相关的主题语言的综合性学习。学生在语篇分析和学习的过程中，体会文本组织结构，形成层层推进的思维习惯，培养逻辑思维和批判性思维，并树立起音乐作为世界语言对于推进人类幸福与文明有重大意义的价值观。

案 例 评 析

引领性学习主题是对单元内容的价值提炼，是核心素养的具体体现。本单元的主题为 "Music"，其蕴含着丰富的文化意涵，同时又与学生生活实际和个人兴趣密切相关。因此，教师在提炼本单元的引领性学习主题时，将音乐与学生的生活紧密联系起来，使学生感受音乐给生活带来的积极影响，认识到在新科技加持下音乐让生活更美好，以及音乐在推进人类共享文明方面所发挥的巨大作用，形成对音乐更为完整、深入的认知。

（二）主题学情分析

本单元是学生感兴趣的话题，对于很多学生来说，音乐已是生活的一部分，故而对于音乐的形式、影响和自己的偏好等方面有话可说。但对于虚拟合唱团这种新的音乐形式还不太了解，对于中国的合唱团也知之甚少。另外，学生的语言学习策略停留在识记、理解、翻译等层面，引导学生将单元话题语言运用于主题的探索，进而实现语言的内化，是教学的难点和重点之一。

（三）开放性学习环境

（1）课堂教学中关注学生情感，营造宽松、民主、和谐的教学氛围。

（2）教师结合单元主题和学情精心创设课堂教学语言环境。

（3）结合学情适当选用网络上有关音乐主题的材料，例如补充 Eric Whitacre 关于虚拟合唱团的 TED 演讲，增加学生对虚拟合唱团的了解，活化教材，激发其学习兴趣，从而促进学生对于主题的理解和表达。

（4）教师基于学生差异化特点，选择性布置课外阅读等开放性作业，鼓励学有余力的学生听、读更多有关音乐的语篇，拓宽学生的视野。

（5）以项目化学习的方式，引导学生走向社会、走向生活，了解东方和西方音乐的现状和发展趋势，真正运用所学知识思考与音乐相关的问题。

（四）素养导向的学习目标

（1）运用话题词汇（country music、classical music、hip-hop music、Chinese traditional songs 等）探讨各种不同的音乐形式，谈论自己的音乐喜好及原因，拓展对音乐的认知。

（2）结合文本语境总结概括过去分词的功能，按照时间线和运用所学的语言知识阐述虚拟合唱团的创建及发展过程，评论这种新的音乐形式给人们带来的影响。

（3）运用 music festival、in celebration of、fantastic 等词汇和词组介绍、分享音乐节，建立起音乐与每个人都相关的意识。

（4）能够联系自己或身边人的生活经历，运用 have an impact on、help somebody recover、give somebody a sense of satisfaction 等表达法写一篇演讲稿，表达音乐对生活产生的积极影响，并给歌词写评论。

（5）策划音乐展示项目，以海报或 PPT 的形式介绍音乐节、乐器或者音乐家等，实现话题语言迁移创新，表达对音乐形式及其对人类美好生活意义的理解。

（五）单元课时安排

表 4-9　单元课时安排

语篇	课型	第＊课时	课时对应的单元学习目标
Listening and Speaking：Talk about Music Preferences	听说（采访）	第 1 课时	运用话题词汇（country music、classical music、hip-hop music、Chinese traditional songs 等）探讨各种不同的音乐形式，谈论自己的音乐喜好及原因，拓展对音乐的认知。
Reading and Thinking：The Virtual Choir	阅读（说明文）	第 2—3 课时	结合文本语境总结概括过去分词的功能，按照时间线和运用所学的语言知识阐述虚拟合唱团的创建及发展过程，评论这种新的音乐形式给人们带来的影响。
Listening and Talking：Plan a Music Festival Video Time World Music	视听说（口头通知）	第 4 课时	运用 music festival、in celebration of、fantastic 等词汇和词组介绍、分享音乐节，建立起音乐与每个人都相关的意识。
Reading for Writing：Write a Speech Discovering Useful Structures	读写 1（演讲稿）	第 5 课时	能够联系自己或身边人的生活经历，运用 have an impact on、help somebody recover、give somebody a sense of satisfaction 等表达法写一篇演讲稿，表达音乐对生活产生的积极影响，并给歌词写评论。
Reading and Writing in workbook：Cat's in the Cradle	读写 2（歌词）	第 6 课时	

续表

语篇	课型	第＊课时	课时对应的单元学习目标
Expanding Your World: Music Scores in Films	拓展阅读	第 7 课时	策划音乐展示项目，以海报或 PPT 的形式介绍音乐节、乐器或者音乐家等，实现话题语言迁移创新，表达对音乐形式及其对人类美好生活意义的理解。
Project Exploring Interesting Aspects of Music	项目化学习	第 8 课时	

案 例 评 析

素养导向的学习目标的设计围绕着单元内各语篇展开，让学生在听、说、读、看、写的活动中建立起对多种音乐形式的理解，了解音乐对人类美好生活的意义，以及新时代下科技与音乐融合的魅力，发展文化素养。学习目标体现了核心素养中语言能力、文化意识、思维品质和学习能力四个方面，并与课时教学相对应，保障教师在课时教学中保持目标意识，逐步落实单元学习目标。同时，目标的设计也体现了可操作性和可检测性。

（六）持续性学习评价

评价内容：在音乐的主题语境中，学生能够基于文本学习谈论自己对于音乐的喜好，及对音乐积极作用的认知；能运用演讲的形式讲述音乐改变生活的巨大能量；能用海报或者 PPT 的形式展示自己对于音乐某一方面的研究。

评价关注点：

（1）能否谈论对于不同音乐类型的认识及自己的音乐喜好？

（2）能否梳理出虚拟合唱团的形成、形式、创始人、意义等基本信息？

（3）能否总结几个文本的语言特征（包括词汇、语法、语篇和语用）并写出自己的演讲稿和歌词评论？

（4）能否以海报或 PPT 的形式展示自己对于音乐某方面的研究？

评价方法：师评、互评、自评。

案 例 评 析

教师在单元教学中开展持续性学习评价，通过师评、自评和互评多种方式，关注学生的加工过程与输出内容，为教学改进提供评价依据。

（七）反思性教学改进

单元设计与实施教师陈婷老师的教学反思如下。

本单元的教学，从设计到实践到改进再实践再反思，是一个不断明晰深度学习的特点和教学策略的过程。结合专家指导和自我学习，大单元教学设计从首稿到定稿，主要实现了以下两个方面的转变。

1. 从"割裂"到"整合"

深度学习意味着联系与构建，最初的单元内容结构图对文本内容的建构是孤立的，分为音乐种类、新的音乐形式、音乐展示和音乐的意义，各部分之间没有建立起联系。最后版本的单元内容结构图则将文本内容归类为"音乐的类型及意义""具有代表性的音乐人物/作品/活动及积极影响""普通人生活中的音乐故事及音乐对人们的积极影响"三个方面，以服务于主题意义，从了解到欣赏再到输出，单元脉络清晰，教学层层推进。

2. 从"浅表"到"深度"

深度学习还意味着迁移与运用。学以致用，学习的重要目的是能迁移学习内容来解决实际生活中的问题。对于引领性学习主题的提炼由首版的"音乐是世界通用的语言"的简单表述到终版的"音乐是一种跨越国界的世界语言，随着社会科技的不断进步创新，音乐走入更多普通人的生活，无论你是谁，你在哪里，都可以赏析音乐，发挥音乐特长，参与音乐盛会，感受音乐给生活带来的积极影响"，将音乐与人们的生活结合起来。同时，在每个课时的设计上也由遵循课本文本出现的顺序到充分考虑学习的渐进性和思维的进阶性，促成深度学习的落地。

具体到课时，以下主要谈一谈对读写课的教学改进的思考。读写课处于本单元的第5和第6课时，文本以演讲稿的形式讲述了音乐对人的积极影响，少女 Sarah Williams 从自己的亲身经历出发，讲述了音乐如何帮她重拾健康和信心的故事，并呼吁人们和音乐交朋友，享受音乐和生活。文本呈现了演讲稿的基本要素和语言特点，尤其是排比、比喻和拟人等修辞手法的运用让文本更加生动、有说服力。从首版设计到终版操练，呈现出以下变化。

①重心由"从读到写"到"写作指导"

首版的读写课在阅读教学上花费的时间和精力过多，而用于写作指导和学生实际写作的时间较少。终版的读写课真正让阅读教学服务于写作指导，着重于文本的结构和语言特点等的梳理，为写作输出做好铺垫。

②引导由"结果导向"到"任务驱动"

首版的设计从读到写，貌似水到渠成，实则学生很被动，目的也不明确。终版开头就呈现真实情境下的写作任务并请学生尝试完成任务，以让学生感受完成任务所需要的能力和实际能力间的差距，并在此基础上进行有目的的阅读。这样的设计，能让学生自觉去文本中寻求对写作有帮助的内容，变被动为主动，更加有利于任务的高效完成。

3. 评价由"教师评价"到"多元评价"

首版设计的评价形式比较单一，终版的学习评价贯穿教学过程，评价主体多元，评价起到改进、诊断等功效。

当然，作为深度学习大单元教学的首次尝试，本单元的教学还有许多不足之处。例如在梳理主题语言的环节，教师试图用提问、解释和翻译的方法帮助学生理解语言，减少了学生主动学习、归纳和阐释想法的机会。此外，阅读课对于文本意义的挖掘深度不够，停留在对虚拟合唱团的一些浅表知识的了解上。对上述问题，在今后的教学中应该有针对性的改进。

三、课时教学设计示例

表 4-10　单元第 5 课时教学设计

第 5 课时	Reading for Writing：Write a Speech
语篇研读	

主题语境：音乐的疗愈功能

语篇类型：该语篇是一个以多种修辞方式为特色的演讲稿。语篇从演讲者的亲身经历出发，谈论音乐如何帮助人们生活得更好并建议大家把音乐作为生活的一部分。

第 5 课时的学习目标为：能够联系自己或身边人的生活经历，运用 have an impact on、help somebody recover、give somebody a sense of satisfaction 等表达法写一篇演讲稿，表达音乐对生活产生的积极影响。

【what】

文章以演讲稿的形式讲述了音乐对 Sarah Williams 的影响。她两年前身患重病，对生活失去了信心和希望。在音乐的帮助下，她逐渐恢复了健康。音乐给她带来了勇气和希望，成为她生活中不可或缺的一部分。最后她结合亲身经历和对音乐的感悟，呼吁大家和音乐交朋友，享受音乐和生活。

【why】

这篇演讲稿鼓励读者联系自身和他人经历思考音乐对我们生活的积极影响。这个演讲能启发学生思考音乐是如何影响个体生活的以及音乐对心理健康的重要作用。

【how】

语篇的第一段是典型的演讲稿开头，包括打招呼、演讲者自我介绍和演讲主题简介三个要素。第二段第一句用设问句引出自己的亲身经历。由于演讲稿的作者是一位青少年，她的个人经历会让学生更容易产生共鸣。作者讲述了自己的患病过程，然后引用名人名言点出主旨，即音乐是心灵的良药。第三段运用了排比、比喻和拟人的修辞手法，进一步凸显音乐的力量。最后一段是典型的演讲稿结尾，包含建议和致谢等要素。结尾给大家提出了建议：每个人都有遭遇困难和烦恼的时候，这个时候音乐可以慰藉我们的心灵。

这篇演讲稿有利于学生熟悉演讲体裁的基本体例要求，学生也可以据此练习写英文演讲稿展示观点，还能学习到设问、引用名人名言、排比、比喻、拟人等修辞手法，从而在各种写作体裁中丰富自己的语言表达形式。

续表

学情分析

演讲稿是英语中常见的应用文体裁，也是高考可能涉及的应用文写作类型，学生可能在日常生活中接触过，但对英文演讲稿的具体写作要求和写作技巧还不熟悉。学生在此前的学习和阅读中接触过一些英文修辞手法，但较少见到设问、引用名人名言、排比、比喻、拟人等多种修辞手法集中出现在同一个语篇中，更缺乏应用的机会。在写作上，学生可能只使用一两种修辞手法。因此，本单元的读写语篇提供了一个典型的写作示范素材和模仿文本。

学习目标

单元学习目标	课时学习目标
能够联系自己或身边人的生活经历，运用 have an impact on、help somebody recover、give somebody a sense of satisfaction 等表达法写一篇演讲稿，表达音乐对生活产生的积极影响。	1. 获取 Sarah Williams 与音乐的故事大意，梳理英语演讲稿的基本要素。 2. 识别英语演讲中设问、引用名人名言、排比、比喻、拟人等修辞手法并尝试写修辞句。 3. 能够运用本单元关于音乐的表达，结合演讲稿写作要素和相关的修辞手法，完成一篇关于音乐对个人影响的演讲稿（如时间允许可尝试进行口头演讲）。

教学重难点

教学重点：

1. 梳理演讲稿的基本要素和结构。

2. 识别常见修辞手法并尝试写修辞句。

教学难点：

能够运用本单元关于音乐的表达，结合演讲稿写作要素和相关的修辞手法，完成一篇关于音乐对个人影响的演讲稿。

续表

学习过程（第 5 课时）				
学习目标	学习活动及互动方式 （时间）	设计意图	效果评价	深度学习特征
激活已知。 （感知与注意）	Activity 1（3 mins） Lead-in video： Q1：What kind of music is it？ Q2：How do you feel about it？Why？	结合主题语境，通过音乐视频导入语篇话题，讨论音乐类型和音乐的影响，激活学生的已知。	学生能够使用相关的音乐词汇讨论音乐类型和描述听音乐的感受。	**关联与结构**：学生围绕主题将已有知识与新知识建立联系。
	Activity 2（3 mins） Lead-in discussion： Q1：How often do you listen to music？Who is your favorite singer？What is your favorite song？ Q2：Do you enjoy singing？Do you play any musical instruments？ Q3：How does music help you in your life？	讨论学生喜爱的音乐及其对生活的影响，为接下来的第一次写作任务做铺垫。	学生能够分享自己喜欢的音乐类型并描述其对生活的影响。	**关联与结构**：学生围绕主题将已有知识与新知识建立联系。

续表

学习过程（第 5 课时）				
学习目标	学习活动及互动方式（时间）	设计意图	效果评价	深度学习特征
能够运用本单元关于音乐的表达，结合演讲稿写作要素和相关的修辞手法，完成一篇关于音乐对个人影响的演讲稿（如时间允许可尝试进行口头演讲）。（描述与阐释）	Activity 3（10 mins）Write a Speech Draft HSY English Club is organizing a Speech Contest with the theme of "The Story of Music and Me". Everyone is welcome! The winners will deliver their speeches during the HSY English Festival. Note：The speech should be around 3-5 minutes long. Please record yourself and send your video to hsyenglishclub@126.com	通过布置参加英语社团演讲比赛这个真实情境的写作任务，激发学生的写作动机。在讨论后，学生写出演讲稿的初稿，为后续改进自己的作品做准备，体现"产出导向法"理念。	学生能够根据已有的写作经验完成一篇演讲稿初稿。	**活动与体验**：学生围绕主题将已有知识与新知识建立联系。
预测文本大意。（感知与注意）	Activity 4（2 mins）Prediction task：Q1. What happened to Sarah? Q2. What was she doing and how was she feeling? Why?	通过观察图片，引导学生主动对文本内容进行预测，进一步关注文本话题。	学生能够恰当描述图片并进行合理推测。	**活动与体验**：学生通过图片主动联想并在此基础上进行表达，由被动学习转为主动学习，激活话题相关词汇。

续表

学习过程（第5课时）

学习目标	学习活动及互动方式（时间）	设计意图	效果评价	深度学习特征
获取 Sarah Williams 与音乐的故事大意，梳理英语演讲稿的基本要素。（获取与梳理）	Activity 5（5 mins）Read for content：Q1. What was Sarah's problem? Q2. How did music help her during her difficult time? Q3. What is her advice to others?	引导学生运用略读（skimming）和跳读（scanning）的阅读策略回答三个问题，了解语篇大意，整理出演讲稿的内容要点。	学生能通过阅读策略快速寻找问题的答案。	**活动与体验**：学生通过浏览全文，抓住文章主旨，理解文章主题意义以及检查预测结果。
获取 Sarah Williams 与音乐的故事大意，梳理英语演讲稿的基本要素。（获取与梳理、概括与整合）	Activity 6（3 mins）Read for structure：Q1：Why does the author write the text? Q2：What does a speech consist of?	引导学生关注演讲稿的结构特征。	学生积极参与小组讨论，列举出演讲稿的主要元素。	**分析与论证**：通过观察文本，学生关注语篇结构，并在小组讨论中对语篇结构进行深度加工和深入思考，把握知识的内在联系与本质，在深度探究文本内容中发展高阶思维。

续表

学习过程（第5课时）				
学习目标	学习活动及互动方式（时间）	设计意图	效果评价	深度学习特征
能够运用本单元关于音乐的表达，结合演讲稿写作要素和相关的修辞手法，完成一篇关于音乐对个人影响的演讲稿（如时间允许可尝试进行口头演讲）。（内化与运用）	Activity 7（5 mins）Follow the content and structure of the text and polish your speech.	在分析完演讲稿的内容和结构特征后，学生改进自己的初稿。	学生对自己的初稿在内容和结构方面进行补充和修改。	**迁移与创造：**学习者将所学迁移到真实情境中，通过对自己的作品进行补充和完善，综合运用语言技能。
识别英语演讲中设问、引用名人名言、排比、比喻、拟人等修辞手法并尝试写修辞句。（分析与判断）	Activity 8（6 mins）Identify rhetorical devices	识别英语写作中设问、引用名人名言、排比、比喻、拟人等修辞手法，在教师引导下观察例句，分析与判断各种修辞手法的意义和结构特征。	学生能够识别各种修辞手法并总结其意义和特征。	**活动与体验：**学生充分阅读文本，在小组活动中分析和判断语篇中的修辞方法及其特征、意义。

续表

学习目标	学习活动及互动方式（时间）	设计意图	效果评价	深度学习特征
能够运用本单元关于音乐的表达，结合演讲稿写作要素和相关的修辞手法，完成一篇关于音乐对个人影响的演讲稿（如时间允许可尝试进行口头演讲）。（内化与运用）	Activity 9（7 mins）Group work：Brainstorm several new rhetorical devices on music.	在分析完各种修辞手法的意义和结构特征后，学生以小组合作的形式，尝试运用修辞手法。	学生小组讨论并选择几种修辞手法进行仿写。	**分析与论证**：通过将句子与修辞手法配对，学生关注到文中的修辞手法，并在小组讨论中对修辞现象进行深入思考。
	Activity 10（3 mins）Add some rhetorical devices to your speech.	在分析完各种修辞手法的意义和结构特征后，学生自己尝试运用修辞手法。	学生独立为自己的演讲稿补充修辞手法，再一次在语言上改进自己的初稿。	**迁移与创造**：学生参与问题解决的实践过程，通过想象与创造等超越语篇的学习活动，采用多元思维，创造性地解决新情境中的问题。
能够评价小组成员的作品，培养批判性思维和合作能力。（批判与评价）	Activity 8（5 mins）Peer evaluation（using checklist）	引导学生深入理解、反思和评价彼此的初稿，建构起对所学内容主题的认知结构、态度和价值观，形成可迁移的素养。	学生对照评价表对彼此的作品做出评价。	**价值与评判**：反映学生的价值立场与价值判断，能对产出的作品进行比较和评价，深化和巩固本课的写作要点，发展学生的核心素养。

学习过程（第5课时）

续表

<table>
<tr><td colspan="5" align="center">学习过程（第 5 课时）</td></tr>
<tr>
<td>学习目标</td>
<td>学习活动及互动方式
（时间）</td>
<td>设计意图</td>
<td>效果评价</td>
<td>深度学习特征</td>
</tr>
<tr>
<td>能够评价他人的演讲，培养思维能力。（批判与评价、推理与论证）</td>
<td>Activity 9
View a speech
While watching, think about the following questions：
Q1：Is the speech well delivered? Why?
Q2：What are some tips that help us deliver a speech?</td>
<td>学生分析视频中演讲者的优点和缺点，总结演讲的技巧，作为演讲的铺垫。</td>
<td>学生点评视频中的演讲并总结演讲的技巧。</td>
<td>价值与评判：学生从演讲稿的写作转向演讲本身，对演讲视频进行深入思考，发展批判性思维。</td>
</tr>
<tr>
<td>能够运用本单元关于音乐的表达，结合演讲稿写作要素和相关的修辞手法，完成一篇关于音乐对个人影响的演讲稿（如时间允许可尝试进行口头演讲）。（想象与创造）</td>
<td>Activity 10
Give a speech</td>
<td>在完成初稿和总结演讲技巧后，学生尝试演讲。</td>
<td>学生练习并尝试演讲。</td>
<td>迁移与创造：学生能将所学迁移到真实情境中，参与问题解决的过程。</td>
</tr>
</table>

续表

课时教学板书设计

		3. Language of a speech
1. Content of a speech：	2. Structure of a speech	Rhetorical question
Problem	Introduction：welcome+purpose	Quote Repetition
Solution	Body：personal experience+feelings	Metaphor
Advice	Conclusion：appreciation+advice	Simile
		Personification

课时作业设计

1. 小组成员根据课本的写作检查单、同伴意见和教师意见对小组初稿进行完善修改。
2. 录制个人演讲视频并发送到教师邮箱。

课后反思

此次教学改进活动给我提供了大胆尝试深度学习教学理念的机会。在磨课的过程中，我也在一些教学细节上进行了改进，例如活动的设计、指令、反馈、学生作品的呈现方式、教学材料的选择等。通过不断地打磨，我有机会反思自己的教学问题和思维定式，试着减少教师的主导，让学生成为学习的主体。当然，深度学习的理念还需要进一步地体现在常规教学中，但这些将会成为我持续学习的动力。

案 例 评 析

语篇研读的主要目的是挖掘文本的教育教学价值，为教学设计提供依据。在本堂读写课中，教师从其主题内容、写作意图、文体结构和语言特点四个方面进行了解读，为教师将研读结果转化为一系列课堂学习活动奠定了基础。教师对语篇的研读从 What、Why 和 How 三个方面展开。在 What 方面，教师概述了语篇的主题和主要内容，表述简洁、清晰。在 Why 方面，教师挖掘了本课的育人价值，明确了该语篇的主题和与单元主题的关系。在 How 方面，教师分析了语篇的文体特征和语言特点，明确了学生阅读学习文本后需要为自己的写作所做的准备。

本课时学习目标的设计紧扣学习主题，凸显了以学生为主体的教学理念。教学目标融合了学生的语言学习与文化意识培养，使学生能够结合本课乃至单元所学表达自己对音乐的理解与认识。

在教学中，教师将文化意识的培养有机融入读写教学，关注学生的课堂学习过程和课堂生成，体现了读与写的深度结合。教师借用学校英语俱乐部的活动，创设了真实的情境，达到了跨文化交际的目的。教师有策略地指导写作过程：在课堂导入后，教师引导学生先初步完成演讲稿的一稿，一方面充分激活学生的已知，另一方面，也有效地把握学生当前的水平，为阅读后的写作与修改提供参考和依据；随后，学生第一遍阅读演讲稿，重在学习演讲稿的内容与结构，读完后对初稿进行修改，接着再次阅读课文，学习其中的修辞手法，并通过小组合作写出几种修辞手法，搭建支架，再次完善演讲稿。这样的设计契合了学生个性化的发展需求，每一个学生都独立完成了写作—反复修改—演讲发表的过程，将自己的故事融入其中，呈现了个人对音乐的理解与思考。

案例四

关注学生行为表现的持续性学习评价

一、单元基本信息

> 实施学校、年级：首都师范大学附属回龙观育新学校　高二年级
>
> 设计者：丁雪莹
>
> 使用教材：北师大版高中英语选择性必修第一册
>
> 单元名称：Unit 3 Conservation
>
> 单元课时：12 课时

二、单元教学规划

（一）引领性学习主题

本单元话题 Conservation 涉及"人与自然"主题语境中"自然生态""环境保护"主题群下的"自然环境、自然遗产保护"、"人与环境、人与动植物"和"人类生存、社会发展与环境的关系"等子话题，深度探讨人类与自然的关系，并引导学生联系实际生活，保护环境，从我做起。

本单元由对话、说明文、议论文、演讲、景点介绍等多模态语篇构成，需要在教学设计中关注单元内各文本之间的逻辑关系，在主题引领下设计层层递进的学习活动，使学生在知识的建构中形成对 conservation 的深层认知、正确态度，并指引行为取向，实现育人价值。

图 4-8　单元内容结构图

表 4-11　单元教学内容

语篇	语篇类型（技能）	语篇内容	语篇主题
Topic Talk	听力（对话）	环境问题、人类的破坏行为及应采取的措施	保护自然的必要性
Lesson 1: The Sixth Extinction	阅读（说明文）	物种灭绝的历史、原因和应采取的行动	物种灭绝引发人们思考环境保护的迫切性

续表

语篇	语篇类型（技能）	语篇内容	语篇主题
Lesson 2：War on Plastic Packets	听力（对话）	塑料包装的危害	生活中的环保行为——减少塑料包装的使用
Lesson 3：The Road to Destruction	阅读（说明文）	车辆使用带来的问题、解决办法和现实困境	生活中的环保行为——理性用车
Writing Workshop：A "For" and "Against" Essay	议论文（写作）	工业化养殖的利弊分析	工业化养殖对动物及环境的影响
Viewing Workshop：Crazy Bridges For Animals	视听（演讲）	人造设施对动物生活的影响和解决办法	人类活动对野生动物造成的影响
Reading Club 1：World Heritage Sites in China	阅读（景点介绍）	中国的三处世界遗产	对世界遗产的保护
Reading Club 2：Nature is Turning on Us	阅读（说明文）	自然灾害加剧的事实与原因	环境破坏导致自然灾害的加剧

在本单元中，Topic Talk 引发学生关注环境问题，激活学生对环保这一话题的已有知识，学生带着对北师大版高中英语必修第三册 Unit 8 Green Living 的认知再次思考这一话题。Lesson 1 和 Reading Club 2 两个说明文语篇，通过数据呈现出自然环境问题的事实和严重性，由此引发学生思考保护环境的迫切性。学生通过本单元 Project 来进一步认识濒危物种的现状并思考如果人类持续失去这些动植物并毁坏自然，会有什么后果。Viewing 和 Reading Club 1 从不同侧面解读了人类活动对动物和世界遗产的影响。Lesson 2 和 Lesson 3 以日常生活中的行为为例，引发学生探讨享受便利与环保的冲突和矛盾，由此思考生活中如何采取可行的环保措施。通过 Writing Workshop，引导学生思考工业化养殖对动物及环境的影响并发表我们对使用动物产品的观点（支持或反对），由此辩证地思考人类发展和环境保护的关系。

学生从人为引发的大量问题（物种灭绝、自然灾害加剧、濒危物种增多）入手，了解问题出现的原因是人类发展对自然的影响及破坏，最后结合日常生活形成解决方案：增强保护意识，理性使用资源。由此推动学生对主题的深层认知，形成单元引领性学习主题：辩证认识人类生存发展和环境保护的复杂关系，结合自身反思，采取有效的环保措施。

　　本单元旨在帮助学生在价值观念和行为选择上对环境保护形成新的、结构化的认知，并落实在自己的行为上。价值观层面包括认识自然环境问题的严峻性，辩证地认识、思考社会发展、人类发展与环境保护之间的平衡关系，从而在行为选择层面真正采取可行的环保行动。

案 例 评 析

　　该案例注重在引领性学习主题的统领下，引导学生从单元视角展开对单元内各语篇主题意义的探究，指向预期的核心素养的综合表现。本单元涉及"自然环境保护"主题，学生在教师指导下，由浅入深、由近及远地关注、思考保护自然环境的措施，逐步加深对自然环境保护的理解，并思考个人在环境保护中的作用。

　　教师确定"保护自然环境刻不容缓"和"人类发展与环境保护应相向而行"两个子观念，以及"辩证认识人类生存发展与环境保护的复杂关系，结合自身反思，采取有效的环保措施"的单元引领性学习主题，由对主题"基本的认知"到"辩证性评价"，最终过渡到"落实自身行动"的层面，逻辑上层层递进。而且，教师提前规划每个子观念的输出任务，为持续性学习评价的实施奠定基础；最终引导学生"调查身边有关环境保护的问题，做成海报进行分享"，使学生能"结合自身反思，采取有效的环保措施"，真正利用所学解决现实生活中的问题，实现深度学习。

（二）主题学情分析

　　1. 学生整体情况分析

　　学生具备一定的听说和阅读能力；能够理解文本表层的信息，但是从总体上看，学生的英语基础较薄弱，个体差异较大。

　　2. 通过学前调研分析，学生学习本单元前对话题 Conservation 的认知如图4-9所示。

　　从对话题的已知看，学生知道环境保护的重要性，对 Conservation 主题有深刻的印象，能从保护动植物、保护环境多个维度进行谈论，但多数学生仅能从 Unit 8 学到的绿色出行、多种树、停止杀害动物这几方面进行谈论。

　　从语言上看，学生对于 environment、protect the world 这样的基础词汇没有掌握，有想表达的内容但受限于语言而无法表达。

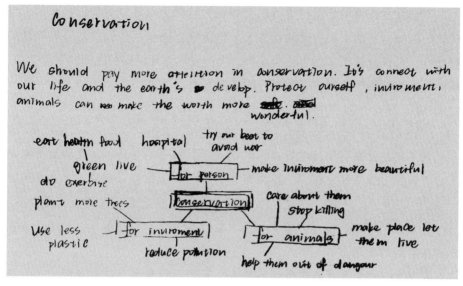

图 4-9 学生对单元话题的认知

（三）开放性学习环境

教师运用多媒体、黑板、课件等资源创设物理教学环境，也通过开放性问题、同伴讨论、小组合作等活动给予学生平等交流的机会和开放交流的空间。

（四）素养导向的学习目标

（1）通过对自然环境问题、物种灭绝的分析和讨论，运用事实、原因、解决方案的文章逻辑和环境破坏的相关语言（entire species are wiped out, 90% of all species that ever lived are now extinct, …killed 90% of all species 等）表达自然环境问题或保护濒危物种的严峻性。

（2）通过对人造设施、工业化养殖与动物生活的关联分析，形成从多角度思考实际问题的思路；运用表达支持或反对的句式（on the one hand…, on the other hand…; opponents of…say that it is cruel…等）阐述对人类发展和环境保护的平衡的思考。

（3）通过对联系生活实际的环保问题的讨论，形成采取日常保护行动的意识，并运用与 Conservation 话题相关的语言呼吁更多人参与环境保护。

案 例 评 析

素养导向的学习目标需体现本单元的育人价值，关注学生语言能力、文化意识、思维品质和学习能力的综合发展。该案例中学习目标的设计不仅紧扣文本研读内容，也充分结合学生实际情况。该班学生对主题的认识维度单一，学生的基础比较薄弱，未掌握"environment"和"protect the world"这类基础词汇，因此教师聚焦学生的薄弱点，详细剖析了单元的语言知识和语言技能，以及涉及的学习能力、文化意识和思维品质目标，引导学生"认识自然环境问题的严重性"、"思考人类发展和环境保护的关系"以及"采取日常保护行动"，让学生在有意义、有逻辑的活动中内化所学的语言知识。

（五）单元课时安排

表 4-12 单元课时安排

语篇	课型	第＊课时	课时学习目标	课时对应的单元学习目标
Topic Talk	听力（对话）	第1课时	谈论环境问题、介绍人类的破坏行为，总结应采取的措施。	通过对自然环境问题、物种灭绝的分析和讨论，运用事实、原因、解决方案的文章逻辑和环境破坏的相关语言（entire species are wiped out, 90% of all species that ever lived are now extinct, …killed 90% of all species 等）表达自然环境问题或保护濒危物种的严峻性。
Lesson 1 The Sixth Extinction	阅读（说明文）	第2—3课时	介绍物种灭绝的史实、原因；通过评价和反思人类的行为，总结人类可改善的行为。	
Reading Club 2 Nature is Turning on Us	阅读（说明文）	第4课时	列举自然灾害加剧的事实，分析自然灾害形成的原因，讨论解决办法。	
Project：Making a Report about an Endangered Species		第5课时	介绍收集到的濒危物种的信息及如何采取保护措施。	

续表

语篇	课型	第＊课时	课时学习目标	课时对应的单元学习目标
Viewing Workshop：Crazy Bridges for Animals	视听（演讲）	第 6 课时	梳理并介绍人造设施对动物习性的影响，讨论解决办法。	通过对人造设施、工业化养殖与动物生活的关联分析，形成从多角度思考实际问题的思路；运用表达支持或反对的句式（on the one hand …, on the other hand …; opponents of … say that it is cruel…等）阐述对人类发展和环境保护的平衡的思考。
Reading Club 1：World Heritage Sites in China	阅读（景点介绍）	第 7 课时	梳理并介绍中国三处世界遗产的特点，讨论保护遗产的重要性及保护遗产的措施。	
Lesson 2：War on Plastic Packets	听力（对话）	第 8—9 课时	听取 Kevin、Alicia、Amy、Lisa 对塑料包装的不同看法，分享自身对于使用塑料包装的态度；讨论如何更好地使用塑料包装。	
Lesson 3：The Road to Destruction	阅读（说明文）	第 10—11 课时	谈论英国车辆使用带来的问题，介绍环保工作人员提出的建议，分析人们对汽车使用的态度和无法放弃的原因，讨论如何合理用车。	
Writing：A "For" and "Against" Essay	写作（议论文）	第 12—13 课时	描述工业化养殖的优缺点，讨论是否应该继续推广工业化养殖；运用议论文写作的结构和语言阐述"我们是否应该使用动物产品"。	

语篇	课型	第＊课时	课时学习目标	课时对应的单元学习目标
Survey: Conservation Problems around Us	调查报告（展示课）	第 14 课时	引导学生观察与反思日常生活中的环境保护行为，调研同学们的日常环境保护行为（比如：不浪费食物，购物时使用布袋，垃圾分类，外卖时不要塑料餐具等）。学生调研后使用本单元所学的语言描述环境保护相关的问题/现象；指导人们的行为和提出改进建议，制作海报号召更多人参与环境保护。	通过对联系生活实际的环保问题的讨论，形成采取日常保护行动的意识，并运用与 Conservation 话题相关的语言呼吁更多人参与环境保护。

（六）持续性学习评价

表 4-13　针对学习目标的单元持续性学习评价

单元学习目标	单元学习目标输出活动	评价内容、指标、赋分			评价方法
通过对自然环境问题、物种灭绝的分析和讨论，运用事实、原因、解决方案的文章逻辑和环境破坏的相关语言（entire species are wiped out, 90% of all species that ever lived are now extinct, … killed 90% of all species 等）表达自然环境问题或保护濒危物种的严峻性。	Project: Making a Report about an Endangered Species	评价内容	评价指标	赋分	自评、小组互评并给改进建议，教师反馈
		小组报告的内容	濒危物种的详细信息		
			主要威胁		
			需采取的措施		
		讲解的逻辑	报告内容之间的相互关联度		
			表述的清晰合理度		
		小组合作参与度	是否全员参与		
		语言的使用	词汇的丰富度		
			语言使用的正确率		

续表

单元学习目标	单元学习目标输出活动	评价内容、指标、赋分			评价方法
通过对人造设施、工业化养殖与动物生活的关联分析，形成从多角度思考实际问题的思路；运用表达支持或反对的句式（on the one hand…，on the other hand…；opponents of…say that it is cruel…等）阐述对人类发展和环境保护的平衡的思考。	Writing: A "For" and "Against" Essay	评价内容	评价指标	赋分	自评、小组互评并给改进建议，教师反馈
		文章结构与内容	是否符合议论文文章的结构		
			是否有清晰的要点		
			是否客观陈述了所有观点并重点阐释了自己的观点		
		语言	是否使用了本课所学的语言		
			是否合理使用了连词		
通过对联系生活实际的环保问题的讨论，形成采取日常保护行动的意识，并运用与Conservation话题相关的语言呼吁更多人参与环境保护。	Survey: Conservation Problems around Us	评价内容	评价指标	赋分	自评、同伴互评
		结构内容	是否清晰呈现了问题		
			是否有可行的解决措施		
			报告的逻辑是否清楚		
		语言	是否运用了本单元所学语言		
			是否能用语言说明问题和解决方案		
		效果	报告是否能有号召力，能号召更多人关注环境保护问题并采取行动		

本单元引导学生以问题—原因—解决方案的主线梳理每课所学内容（见表4-14），学生用黑笔写出相应的短语，通过自评的方式修订（打开书用红笔标注遗忘的短语）。

表 4-14　学生自评表

	Topic Talk	Lesson 1	Reading Club 2	Viewing Work-shop	Reading Club 1	Writing	Lesson 2	Lesson 3
What is the environmental problem?								
What caused the problem?								
What can we do to solve the problem?								

案 例 评 析

　　持续性学习评价强调学习效果评价设计要紧紧围绕单元学习目标展开，贯穿单元教学的始终，凸显教师坚持"教—学—评"一体化实施的理念，确保学习的真正发生。

　　该教师根据单元学习目标设计了进阶式的单元评价任务，且每个评价任务都有具体的评价指标，能够切实检测学生学完整个单元后的素养发展水平。教师充分关注学生的语言能力发展，增加单元主题词汇的复现频次，使基础薄弱的学生通过"撰写有关濒危动物的报告"、"写一篇关于动物产品的议论文"和"调查身边的环保情况，制作海报分享"三个评价任务实现语言、思维和文化意识的融合发展。此外，在完成单元评价任务的过程中，学生需要自主在网上搜索相关背景知识，有效促进自主学习能力的发展。

（七）反思性教学改进

　　"A 'For" and 'Against' Essay" 授课教师丁雪莹老师的教学反思如下。

　　在本单元设计之前，我认真研读了关于深度学习的文献，郭华教授对深度学习的界定里提到学生要在教师引领下，围绕着具有挑战性的学习主题，全身心积极参与、体验成功、获得发展。想让学生达成这样的目标，教师要反复打磨教学设计。反思本单元的教学设计，从单元持续性学习评价活动角度来说，主要表现在以下几个方面。

1. 设计紧密关联、层层递进的学习任务，搭建支架，引导学生完成具有挑战性的学习主题

（1）设计单元整体学习目标和有关联的学习小单元

根据课标、教材和学情，确定了三个单元学习目标，为达成单元学习目标，根据学情，我围绕本单元的两个子观念，将单元内容拆分为两个学习小单元，学习小单元 1 围绕子观念 1 保护自然环境刻不容缓组织教学内容，包括 Topic Talk、Lesson1、Reading Club 2 和 Project 4 个语篇。学习小单元 2 围绕子观念 2 人类发展与环境保护应相向而行组织教学内容，包括 Viewing 对动物生存环境的保护，Reading Club 1 对世界遗产的保护及 Lesson 2 、Lesson 3 对人类生活方式的思考和写作 5 个语篇。两个学习小单元之间的关联是从意识到行动：即期待学生从树立意识到辩证地思考人类发展与环境保护的关系再到落实到日常行动中。

（2）利用进阶式的单元评价活动，检测学生是否落实所学

学习小单元 1 的输出任务是有关濒危动物的报告。Topic Talk、Lesson 1、Reading Club 2 都是关于物种灭绝的史实、原因和应采取的行动，学生在学习了话题度和语言复现度高度相似的几个语篇后，通过介绍濒危物种来检验其是否真的意识到了保护环境的重要性。学习小单元 2 的输出任务是写作议论文。学生在 Viewing、Reading Club 1、Lesson 2 、Lesson 3 中，从话题角度学习了有关动物保护的知识，从文体角度学习了支持与反对双方观点的辩证表述，从语言角度学习了问题、原因、解决方案、支持与反对的相关语言表述，因此教师请学生写一篇有关动物产品的议论文来检验学生是否能够辩证地看待人类发展与动物之间的关系，是否愿意做出力所能及的环境保护行动，是否能使用这几个语篇的一些框架和语言来表达。

学习小单元 1 和学习小单元 2 的输出任务也层层递进，有很大关联度：两个输出都需要学生查找信息，通过学习语篇，借鉴结构和语言，把查到的信息表达出来。学生在完成学习小单元 1 的报告时暴露出在查找信息、加工信息方面存在问题。因此，学生在完成学习小单元 2 的议论文写作时，结构并不是难点，如何运用表达支持和反对的语言来说明自己查找到的信息才是

写作的难点。通过本课的学习，学生知晓了学习阅读语篇不仅是为了读懂，还应能迁移运用。另外，学生通过查找濒危物种，对动物保护有了更多的认识，为学生形成本单元的子观念2，即"人类发展与环境保护应相向而行"提供支持。

学生在学习完整个单元后，通过输出活动来体现对本单元话题的拓展度、对环境保护的态度。

2. 通过评估学生的学习，落实教—学—评一体化

（1）通过学生作业反馈，调整教学，反思教学活动设计的有效性

通过学习小单元1的输出任务——撰写一份有关濒危物种的报告，我发现：学生能够按照 Lesson 1 和 Reading Club 2 的文章结构来写报告，但是较多使用了网上查到的语言或自己的话，即使是英语基础比较好的学生也只使用了书上部分语言。

面对这一问题，我进行了如下引导。

课堂上，我让学生口头翻译这句话：超过90%的金丝猴已经灭绝。学生回答："90 percent of golden monkeys died."，我让学生打开书看看书上的语言，学生说："Over 90 percent of golden monkeys that ever lived are now extinct."。我问学生有区别吗？大家觉得书上的语言更地道。接下来，我们共同在书上画出可在报告中迁移使用的语言，我要求学生一边对接自己写的报告，一边画，同时思考这些语言用在哪里合适。我们画完了所有可用的语言后，口头分类总结：第一段说事实时可以使用哪些；第二段分析原因时可以使用哪些；第三段写别人的推测或想法时可用哪些语言，最后解决方案用哪些。学生对书本语言充分内化后修改自己的报告，并根据上节课的评价表进行自评。

面对学生作业暴露的问题，反思自己的教学：如果期待学生语言和思维同步发展的话，就要带着学生寻找、学习可迁移的语言。

（2）通过学生的自评和互评，促进学生参与评价过程

学生评价的另一层重要含义还包括同伴互学、同伴促学。在本单元的学习小单元输出活动和单元整体输出活动中，学生都开展了自评和互评。通过他人的评价和阅读他人的文章，学生反思自己的文章，并用其他颜色的笔标出需要修改的地方。

案 例 评 析

反思性教学改进强调教师应在教学实施前、教学实施过程中或者完成教学任务后，持续观察和记录持续性学习评价中诊断出的学生英语学科核心素养的达成情况，分析教学存在的问题与原因，不断改进教学。

该教师对单元整体教学的反思详尽、具体，从挑战性学习活动的设计、学习评价的有效性等方面进行反思，并充分关注学生的表现，重视学生结构化知识的梳理和内化，体现了该教师对学生语言、文化和思维协同发展的重视。教师结合学生在单元评价任务中的外在行为表现判断教学的效果，并基于此反思教学策略，有助于教师将育人目标在课堂教学中有效落实。

三、课时教学设计示例

表 4-15　单元 12—13 课时教学设计

第 12—13 课时	写作课　A "For" and "Against" Essay
	语篇研读

写作课是第二个学习小单元的最后一节课。学生已经学习了人造设施对动物的影响和中国的三处世界遗址，阅读了工业化养殖对动物危害的范文，表达了对我们是否应该使用动物产品的思考。这些学习内容从话题的接近度和用语上都为学生在写作课上的输出起到了重要作用。此外，是否使用动物产品的思考与后续的生活中的环保行为关系密切，为后面的听说和阅读语篇的学习提供了话题和背景铺垫。写作任务旨在引导学生通过对使用动物产品的利弊分析，探讨社会发展过程中人所面临的不同选择和可能的结果，并思考人类社会发展与环境保护的关系，提升辩证思维能力。

【What】
写作范文文本是一篇议论文，介绍了什么是工业化养殖，并分别陈述了支持和反对工业化养殖的原因。最后，作者客观总结了工业化养殖的利弊，并表达了自己的观点。

【Why】
写作参考文本呈现了工业化养殖的优点，同时陈述了工业化养殖对动物和环境造成的危害，启发学生全面、客观地分析人类发展与环境保护的关系。同时，学生通过阐释关于是否使用动物产品的思考（认知），联系自己日常生活，思考如何在日常生活中落实环保行动。

续表

【How】

语篇结构：本文是一篇议论文，文章共四段，结构清晰。文章第一段介绍了什么是工业化养殖并用数据说明人们为什么要进行工业化养殖。第二段表明了支持工业化养殖的原因，包括便宜、提供更多食物供养世界人口、雇佣的工人少、产量高、动物少生病等。第三段介绍了反对工业化养殖的主要原因，并举例进行了说明；作者还介绍了工业化养殖对环境的影响。第四段作者客观总结工业化养殖弊大于利，并表达自己观点：我们应该减少工业化养殖。

语言特点：

（1）人称：范文全文都是以第三人称来介绍；最后表达作者观点时使用了第一人称"we"。

（2）时态：作为一篇议论文，全文使用一般现在时。

（3）语言：使用准确、简洁的语言有逻辑地论证观点。

首先作者以"Factory farming involves…. According to an institute，…are produced in this way"作为全文的统领句。在表达支持的观点时使用"The main argument is that…"，考虑到表示支持的不同内容，作者使用了不同的主语。

在介绍反对的观点时，作者分层级、有理有据地表达了不同的人提出的反对原因。例如：作者使用"Opponents of factory farming say that it is cruel to the animals…"来引出反对的第一点理由，同时马上使用for instance、people claim that…等来追加细节；用"In addition to this…"来引出反对的第二个理由，并引用报纸上的报道来举例证明。陈述观点时使用"in my opinion，we should…"来作为全文的总结和号召。文中使用了很多有关引用的语言来证明内容的客观性，如"According to an institute""according to the United Nations"。表达过渡的连接：文章中使用递进词来顺接各句之间的关系，如apart from…、moreover、in addition to this，表达转折使用on the other hand，表述总结的观点时使用to sum up。

学情分析

1. 在学习本单元前，学生对动物和人类之间关系的理解主要停留在饲养宠物等方面。通过Viewing的学习，学生开始思考动物的权利；学生看过"假如人类变成濒危动物"的视频后再次思考人和动物的关系。

2. 通过Lesson 2、Lesson 3的学习，学生开始思考有关人类发展和环境保护之间的辩证关系，也积累了相关表达。

3. 学生在以往的课堂小组展示中，曾经尝试过自我评价、同伴互评和班级评价等评价方式。

4. 学生课前收集了有关动物产品的相关内容，但对于如何在材料中挑选出能够客观地表述利弊的要点需要教师给予引导；对于使用什么语言来表达自己对动物产品的观点有困难。

续表

学习目标	
单元学习目标	课时学习目标
通过对人造设施、工业化养殖与动物生活的关联分析，形成从多角度思考实际问题的思路；运用表达支持或反对的句式（on the one hand…, on the other hand…；opponents of…say that it is cruel…等）阐述对人类发展和环境保护的平衡的思考。	1. 梳理并提炼表达支持和反对的议论文的基本框架，分析作者组织素材的意图；总结议论文的语言特点及常用表达。 2. 根据框架介绍工业化养殖并总结如何有逻辑地表达自己的观点。 3. 列出议论文的写作提纲，使用例文中学到的结构和语言完成初稿。 4. 开展自评、互评并进一步完善议论文。

教学重难点

教学重点：

1. 梳理并提炼表达支持和反对的议论文的基本框架，分析作者组织素材的意图。

2. 开展自评、互评并进一步完善议论文。

教学难点：

1. 分析作者组织素材的意图，总结议论文的语言特点及常用表达。

2. 梳理并总结资料中能表达自己观点的内容。

学习过程（第 12 课时）

学习目标	学习活动及互动方式（时间）	设计意图	效果评价	深度学习特征
激活已知，引入主题。（感知与注意）	Activity 1：Lead in 1. Students talk about what they learned in Unit 3. Q：What did you learn in this Unit?	通过复习，激活学生对本单元所学话题的已知。	学生能够说出本单元所学，其他同学能够倾听并从同伴那里学习。	**活动与体验**：通过回顾所学，凸显学生作为学习主体的价值，强调学生要主动参与学习活动，积极体验学习过程。

续表

学习过程（第 12 课时）

学习目标	学习活动及互动方式（时间）	设计意图	效果评价	深度学习特征
激活已知，引入主题。（感知与注意）	2. Teacher shows the task：Animal Protection Association is carrying out a survey about animal products. Could you write a "for" and "against" essay about animal products to express your idea? 3. Students talk about their ideas on animal products. Q：What is your opinion on animal products? Are you for or against it? Why?	让学生明确本课的写作任务，有表达自己观点的意愿。	学生能够说出对动物产品的一些想法，与接下来的写作任务有关联。	
	4. Students are invited to think about how to write an argumentative writing. Q：How can we write a "for" and "against" essay? 5. Teacher writes down the structure according to the Students' answers. （7 mins）	通过思考教师提出的问题，激活已知，激发学习兴趣。	学生能够说出议论文的大概框架。	**关联与结构**：学生通过调动以往学习的经验来思考议论文的文章结构。

续表

学习过程（第12课时）

学习目标	学习活动及互动方式（时间）	设计意图	效果评价	深度学习特征
梳理并提炼表达支持和反对的议论文的基本框架，分析作者组织素材的意图；总结议论文的语言特点及常用表达。（描述与阐释、分析与判断）	Activity 2：Reading for Writing 6. Students read the pictures and the first paragragh to understand the factory farming. 7. Students read the essay，analyze the structure.（Ex. 3）structure： Paragraph 1：introduction Paragraph 2：arguments for the topic Paragraph 3：arguments against the topic Paragraph 4：conclusion（your opinion）	引导学生理解工业化养殖的概念，为读写做好铺垫。 引导学生快速阅读全文，获取文章的主体结构，并对比调整自己思考的议论文结构。	学生能够说出工业化养殖的含义。 学生能够找出文章每段的标题，并标在每段前面。	活动与体验：让学生阅读文章，总结主要内容，积极体验学习过程。 关联与结构：学生通过调动以往获取文章框架的经验来进行本篇文章的总结，并使阅读的文章结构化。
	8. Students read the essay and find the supporting details in each paragraph，then share their ideas in pairs. Q1：What is the attitude of the writer? How do you know it? Q2：What are the supporting details used by the writer to express his idea?	引导学生关注作者从哪些角度呈现支持、反对观点及如何用语言表述，进而梳理议论文范文内容。	学生能够通过作者的观点，关注到重点段落。	活动与体验：通过设置一系列问题，引导学生自主思考，主动探究文章内容及主题意义，凸显学生作为学习主体的价值。

续表

学习过程（第 12 课时）				
学习目标	学习活动及互动方式（时间）	设计意图	效果评价	深度学习特征
梳理并提炼表达支持和反对的议论文的基本框架，分析作者组织素材的意图；总结议论文的语言特点及常用表达。（描述与阐释、分析与判断）	9. Teacher takes Paragraph 3 as an example to show how to find the supporting details. 10. Students are invited to find the supporting details in each paragragh. 11. Students discuss their ideas in pairs, then teacher shows one of the students' note and correct it together. （17 mins） 12. Teacher takes Paragraph 3 as an example to show how to find the useful expressions. Q：How does the writer express his idea? Can you underline the useful expressions?	引导学生关注作者如何使用相关语言表述自己的观点，并思考如何迁移到新的语境中。	学生能够理解每段的详细内容并归纳出表达观点的角度。 学生能够画出作者的相关语言。	分析与论证： 学生对范文内容深入思考，总结、归纳出每段主旨。接下来，学生继续挖掘文本，分析文本信息之间的内在关联，找出段落之间的逻辑关系，并分析重点段落如何展开。
	13. Students underline the useful expressions in other paragraphs.	引导学生关注文章如何呈现观点。	学生能够画出表达观点时可从哪些角度进行思考，并画出作者使用了什么语言。	活动与体验： 通过设置任务，帮助学生自主总结，主动反思本课所学语言，凸显学生作为学习主体的价值。

续表

	学习过程（第 12 课时）			
学习目标	学习活动及互动方式（时间）	设计意图	效果评价	深度学习特征
梳理并提炼表达支持和反对的议论文的基本框架，分析作者组织素材的意图；总结议论文的语言特点及常用表达。（描述与阐释、分析与判断）	14. Students sum up the useful expressions and sentence patterns in a "for" and "against" essay.（10 mins）	引导学生调动已知，思考其他可以用于议论文的语言。	学生能够说出一些表示递进、转折等的关联词。	**关联与结构**：学生通过调用以往写作中使用连接词的经验来进行本篇文章的语言学习。
根据框架介绍工业化养殖并总结如何有逻辑地表达自己的观点。（概括与整合、内化与应用）	Activity 3：Internalization 15. Students retell each paragraph according to the notes.（3 mins）	引导学生通过表达，巩固本节课所学内容。	学生能够根据笔记说出范文内容。	**活动与体验**：通过设置任务，帮助学生自主内化，凸显学生作为学习主体的价值。 **内化与应用**：学生通过描述内化活动，以巩固新的知识结构。

续表

学习过程（第 12 课时）

学习目标	学习活动及互动方式（时间）	设计意图	效果评价	深度学习特征
根据框架介绍工业化养殖并总结如何有逻辑地表达自己的观点。（概括与整合、内化与应用）	16. Students sum up how to write a "for" and "a-gainst" essay.	引导学生总结如何有逻辑地表达支持和反对的观点。	学生能够说出议论文的基本框架和写作思路。	**价值与评判：** 学生通过反思和评价范文，总结如何清晰、有逻辑地表达。

课时教学板书设计

Outline	Supporting details	Useful expressions
Introduction	the importance definition; data about the topic	According to an institute, ...
Arguments for the topic	reasons price food costs & production disease	The main argument for...is that... Apart from..., Moreover, ...
Arguments against the topic	reasons cruel: space+stress environment: waste+chemicals	On the other hand, opponents of...say that... For instance, ... People who fight for...claim that... In addition to this, ...has a negative impact on...because...
Conclusion	summary bad: planet+animals what we can do	To sum up, ... In my opinion, we should...

课时作业设计

继续查找有关动物产品议论文中需要的信息；思考哪些内容可以作为动物产品议论文的论点。

续表

学习过程（第 13 课时）				
学习目标	学习活动及互动方式（时间）	设计意图	效果评价	深度学习特征
列出议论文的写作提纲，使用例文中学到的结构和语言完成初稿。（内化与运用）	Activity 1：Writing 1. Students write the passage. （15 mins）	引导学生巩固本课所学内容，并迁移创新到新的语境中。	学生能根据提纲，完成写作任务。	**活动与体验**：学生作为学习主体，积极体验学习过程。 **迁移与创造**：学生通过自主写作将上节课所学迁移到新的情境中。
开展自评、互评并进一步完善议论文。（批判与评价）	Activity 2：Evaluation 2. Students discuss how to evaluate a good "for" and "against" essay. 3. Students and teacher build up the evaluation form together. （5 mins）	引导学生思考如何根据所学评价一篇议论文的优劣，与教师共同制定评价表。	学生至少能够说出评价的两个维度。	**关联与结构**：学生通过回忆上节课所学内容，思考如何根据所学评价议论文，将旧知和新知建立起关联。 **分析与论证**：通过让学生参与设计评价表，引导学生进一步挖掘什么是好的议论文，对文本进行深入思考。 **价值与评判**：学生通过反思上节课所学的范文内容并进行反馈和评价，建构起对所学内容主题的认知、态度和价值观。

续表

	学习过程（第 13 课时）			
学习目标	学习活动及互动方式 （时间）	设计意图	效果评价	深度学习特征
开展自评、互评并进一步完善议论文。 （批判与评价）	4. Teacher shows one of the writings on the screen, and evaluate it together. 5. Students do self-assessment and peer assessment based on the evaluation sheet, then make necessary improvement according to others' comments. （10 mins）	引导学生基于共同设计的评价表，开展自评、互评，并进行反思。	学生能够对照评价标准，自评、互评并给出改进建议。	**活动与体验**： 学生根据共同制定的评价标准开展自评，并对同伴的习作进行评价。
	6. Students are invited to share their passage in class. Students learn from others and take notes to improve their writing. 7. Teacher gives feedback. 8. Students are invited to give advice to the whole class about how to improve the passage. （10 mins）	引导学生学习同伴的习作，反思、改进自己的习作。	学生能够反思并改进自己的习作。	**活动与体验**： 学生根据同伴给出的建议，反思总结，再分享给更多的人，体验主动学习的过程。 **内化与应用**： 学生分享自己修改的内容，并解读为什么采纳同伴的建议，以巩固新的知识结构。

续表

学习过程（第 13 课时）

学习目标	学习活动及互动方式（时间）	设计意图	效果评价	深度学习特征
学习总结。	Activity 3：Sum up 9. Students share ideas about some questions： Q1：What is your attitude towards factory farming and animal products? Q2：Why do people have different opinions about factory farming and animal products? 10. Students make summary about what we know about the relationship between human development and environment. （5 mins）	引导学生总结所学，为落实保护环境的行动做好准备。	学生能够说出自己对工业化养殖和动物产品的理解。 学生至少能够说出两条有关人类发展与环境保护的关系。	**活动与体验：** 学生根据教师提出的问题，积极思考人类活动与环境保护的关系，体验积极学习的过程。 **价值与评判：** 学生回顾所学，反思和评价人类发展与环境保护的关系，建构起对两者关系的正确态度和价值观。

课时教学板书设计

	1	2	3	4	5
Does the writer give a clear statement?					
Does the writer have a clear structure?					
Does the writer express his idea in details?					
Does the writer use a variety of linking words?					
Do you feel the writer has a strong belief in the argument he is presenting?					

课时作业设计

完成每课时结束后的内容、语言总结表。

What is the problem?	
What caused the problem?	
What can we do to solve the problem?	

案 例 评 析

本节课的教学设计建立在教师对语篇多角度、深层次研读的基础上。语篇研读从 What、Why 和 How 三个方面展开。在 What 方面，教师概述了语篇的主题和主要内容；在 Why 方面，教师挖掘了写作课的育人价值，明确了学生通过该语篇学习能够形成的情感、态度和价值观；在 How 方面，教师分析了语篇的文体特征和逻辑结构，系统地梳理了关于工业化养殖观点的语言、引证语言以及衔接语，有利于引导学生内化语言，夯实语言基础。此外，该教师的文本分析详尽，将本语篇落脚于"启发学生全面、客观地分析人类发展与环境保护的关系"和"联系自己日常生活，思考如何在日常生活中落实环保行动"，逻辑上层层递进。

该案例的学习目标设计充分结合了文本研读的内容和现实学情，教师通过引导学生带着写作任务梳理文本内容，学习了文本的结构和语言，并内化所学，进而迁移到新的写作情境中。该教师在上课前充分预估了学生的学习困难，并找到了相应的解决措施，对提高课堂教学的实效性有较大帮助。

需要注意的是，设计挑战性学习活动应注重真实性、综合性、建构性和进阶性。该教师首先通过复习，激活学生对本单元所学话题的已知，再通过情景化的任务，充分调动学生的积极性，实现"关联与结构"；随后，教师通过看图片、共读第一段的方式，引导学生理解工业化养殖的概念，为学生阅读和理解范文搭建支架；接着教师通过开放性的活动，引领学生总结归纳范文的结构和语言，为其顺利完成写作打下基础；然后，教师引导学生共建评价指标，并示范如何评价作文，为学生的自评和互评搭建支架，使学生在评价活动中加深对"何为优秀议论文"的认知；最后，教师引导学生回顾所学，反思和评价人类发展与环境保护的关系，建构起对两者关系的正确态度和价值观，形成价值与评判。虽然学生基础薄弱，但是教师能够大胆"放手"，让学生在进阶性学习活动中探究，实现对知识的逐步建构，促进学生实现深度学习，达成本课对应的单元学习目标 2。

第五章

高中英语深度学习的
推进机制与策略

　　本章主要介绍和总结在实施高中英语深度学习教学改进项目中的教研经验与推进策略，展现区域、学校不同层次的推进机制和成长历程，为高中英语深度学习的推进提供经验借鉴。本项目实施的主要经验有两点：一是区域要做好调研的顶层设计，创新教研的机制；二是学校要细化推进实施改进，推动校本教研，促进教师专业发展，使深度学习落地课堂。

第一节　区域如何推进高中英语深度学习

　　高中英语深度学习教学改进项目以培养学生的英语学科核心素养为目标追求，旨在提升学生的关键能力，塑造学生品格，实现立德树人的根本任务，促进教与学方式的根本性转变。作为教育改革的抓手，深度学习教学改进项目也对一线教师提出了挑战，对区域教研团队的专业素养、改革精神、教研文化及组织能力均有较高要求。① 因此，做好区域顶层设计，构建推进机制，促进教师的专业成长，是深度学习教学改进项目成功实施的重要保障。

一、做好顶层设计，实行项目管理

　　区域教研机构是以教学实践为研究对象的组织，旨在提高教育教学质量、促进教师的专业发展。教研机构紧扣时代的教育主题，在推动教育教学改革、促进区域教育发展等方面发挥着不可替代的作用。优质的教研工作是教学质量的倍增器，能为教育教学提供科学、正确的指引，教研队伍是教学质量的守护者、守望者②。在新一轮的教育改革中，教研机构要发挥好促进区域教育改革的作用，以立德树人为根本任务，坚持育人为本，着眼于解决区域教学实践中的"真问题"，根据深度学习教学改革的推进做好顶层设计和整体规划，实施项目化管理，营造教学改革的整体氛围，推动区域教育教学质量的提升。

---

① 刘月霞. 指向"深度学习"的教学改进：让学习真实发生［J］. 中小学管理，2021（5）：13-17.

② 田慧生. 向"大教研"转型［J］. 人民教育，2016（20）：14-19.

在进行顶层设计时，区域教研部门要基于本区域教育教学实际情况，明确深度学习教学改进项目实施的目标与任务，研判区域开展深度学习教学改革的基础，进行项目的整体筹划与管理，剖析可能遇到的困难，制定相应的解决方案。例如，教研部门可以制定高中英语深度学习教学改进项目区域实验工作方案，其包含开展背景、项目目标、项目任务、实施进程（与周期）、预期成果、保障机制等七项基本内容[①]（见表5-1）。

表5-1　××地区高中英语深度学习教学改进项目实验工作方案

负责人姓名、单位、职务、职称、联系电话、邮箱	
项目核心成员姓名、单位、职务、职称、联系电话、邮箱	
开展背景	开展项目的背景与意义
项目目标	开展项目的指导思想与预期目标
项目任务	开展项目的具体任务
实施进程（与周期）	项目各项内容的时间进度和任务安排
预期成果	教学案例、专著、论文等成果形式
保障机制	人员、制度等保障，对可能出现的问题预设的解决措施

在工作方案中，开展背景应包含当前教育改革的大背景以及区域教育教学的实际情况，教研部门应了解教育改革的指向标，以及区域教学中存在的问题。这要求教研部门深入研读"深度学习"的理念，并将其与教学实践进行关联，用以改善、解决教学中存在的诸如浅层化、标签化的问题。项目目标是指区域在实施深度学习教学改进项目后要达成的成效，包含对学生、教师、学校和区域教育发展的影响，是深度学习教学改进项目总目标的细化和具体化。例如，在某区域制定的第一周期工作方案中，项目目标包含：学生展现出更高的思维层次与跨文化意识，学习方式发生转变，英语学科核心素养得到发展；教师深入认识"深度学习"理念并能够付诸实践，教学素养得

① 刘月霞，郭华. 深度学习：走向核心素养（理论普及读本）［M］. 北京：教育科学出版社，2018：114.

到发展，课程育人能力提升；带动其他学科教研发展，为区域其他学校开展"深度学习"积累案例，提供经验借鉴。项目任务是指要达成相应目标应开展的具体工作。通常，一个项目实验工作周期为2—3年，且在完成一个周期的工作后，可以继续开展下一周期的工作，由此实现螺旋上升式的发展。实施进程是对项目任务的进一步细化，明确时间进度和具体任务。例如：在每学期结束后要完成哪些任务？为了完成这些任务，在学期中又将如何安排上课、研讨等工作？……，这些都可以列在实施进程之中。预期成果与目标、任务相呼应，包括且不限于学生成长、教师论文发表、专著出版、资源积累等。保障机制包括对人员和制度的保障，如专家指导、反思改进、总结交流等，教研部门也要就项目实施中可能出现的问题进行预判和剖析，给出可行的解决方案。

二、创新教研机制，开展联动教研

从认可"深度学习"理念到在教学实践中帮助学生实现"深度学习"，教师有很长的路要走。在改革过程中，教师会遇到诸多困难和问题，需要教研部门的支持和帮助。教研部门实行怎样的教研机制，在很大程度上影响教师对"深度学习"理念的认识深度和践行程度。创新教研的方式、着眼于教师需求开展联动教研，能够为教师搭建发展的平台，发挥优秀教师的引领作用，形成教研共同体。

区域教研部门、学校、教师的联动教研，能够有效发挥各方的协同作用，统筹组织并推进深度学习教学改进项目。首先，教研部门研究制定相应的工作方案，创新、健全项目实施保障机制，积极探索区域推进项目的有效工作机制，将项目研究纳入区域教研规划；其次，教研员参与指导本区域学校开展项目研究和实验，制定标准、集中培训、邀请专家、跟进指导，对实施中的重难点问题给予指导和支持，增强区域内各个学校教师的教学改进动力，充分发挥教研专业支撑作用，开发形成区域优秀教研工作案例；再次，强调学校内部的共同体建设，教师团队共同学习、深度互动，互帮互助，共同反思改进，以首席教师引领带动，促进一批教师的成长发展；最后，教研部门组织开展区域线上线下多学科的项目研修交流活动，并及时总结项目推进经验和实验成果，组织开展区域项目总结交流活动。例如，学科组在湖北省建立的高中英语教研基地，打造"专家、教研部门、学校"在内的教研共同体（见图5-1），通过专家指导、教师改进、教研总结等，与一线教师深入课堂，指导教师教学行为，深度影响教师教育教学理念，并及时总结经验、汇总资源、形成案例，共同分享交流，将教研成果惠及更多教师和学校。

图 5-1　学科基地中的教研共同体

（一）创新教研机制，扎实推进教学改革

经过三年不断地探索、积累与创新，并在实践中加以检验和调整，英语学科组研制形成了高中英语深度学习教学改进项目的推进机制（见图5-2），围绕深度学习的四个核心要素，即引领性学习主题、素养导向的学习目标、挑战性学习活动、持续性学习评价，推动项目的全过程展开，为区域推进深度学习提供了借鉴与参考。

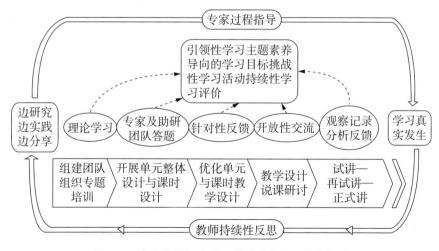

图 5-2　高中英语深度学习教学改进项目推进机制

1. 组建团队，组织专题培训

每学期初，区域内各所学校在校内遴选参与教学改进项目的教师，组建由校领导、学科教研组、改进教师共同组成的教研团队，以学期为周期进行种子教师的培养。组建团队后，区域以组织专题培训的方式引领实验校教师进行理论学习，例如聆听专家讲座、共同阅读相关书籍和文献、分享读书心得等，理解深度学习教学改进项目的定位、内涵特征与实践模型。

2. 开展并优化单元整体教学设计与课时设计

基于理论学习，各实验校教研团队在此基础上开展单元整体教学设计和课时设计。在这一过程中，区域教研员、专家为一线教师答疑解惑，以文档批注、语音等形式对实验校的教学设计给予针对性反馈，实验校教研团队根据反馈优化单元和课时教学设计。

3. 说课研讨

待教学设计初步定稿后，区域内开展说课研讨活动，邀请其他学校教师共同进行说课观摩，开展开放性交流讨论，进一步打磨教学设计。

4. 多轮磨课

教师对教学设计做进一步修改后，进入"试讲—再试讲—正式讲"的教学实施阶段。通常视教师的试讲情况确定试讲次数，最后正式讲的课堂供校内外教师观摩学习。针对教师的试讲，专家、教研员和教研组教师们观察、记录学生的课堂表现，判断其深度学习是否发生，并据此为试讲教师提供进一步的修改建议。在整个磨课过程中，教研团队开展持续研讨，让教学设计得到不断改进，并注重保存好每次试讲的过程性资源。

5. 专家过程性指导，教师持续性反思

在整个过程中，专家与教研员扎根课堂，观察课堂深度学习在多大程度上得以发生，并和教研组共同研讨，剖析原因，提炼经验。教师在进行教学设计和试讲过程中开展持续性反思，撰写反思日志，记录心得体会，总结经验，凝练可行做法。在正式讲结束后，教师回顾整个改进历程，进行整体反思和总结，并与校内外教师交流分享经验，在边研究、边实践、边分享的模式中不断改进，推动学生深度学习的真实发生。

（二）开展联动教研活动，打造高质量研修课程

教研部门还可以调研教师在教学改革中的需求，组织开展形式多样、内容丰富的研修活动。教学能力与素养的提升需要教师将教学改革的理念吸收、内化，生成自己的理解，并在教学实践中体现出来。这一过程不仅需要扎实的理念学习，更要有教学实践的机会。因此，教研部门可以将理论学习和教师个体的实践有机结合起来，组织专家讲座等理论学习，并开展教研室研讨、体验式工作坊等活动，让教师能够及时内化新的理念并加以应用，共同讨论解决实践过程中的问题。在设置培训研修课程时，一方面可以通过调研等方式了解一线教师在教育改革中的困境和需求，设置有针对性的课程，调动教师参与培训的积极性；另一方面要加强学习共同体之间的分享与研讨，带动连片教研，实现共同进步。

案　例　链　接

深度学习教学改进项目先行示范区之一——北京市海淀区，在英语学科研修中设置了"5+M+N"研修课程①（见图5-3）。研修课程既关注宏观的教育改革理念与政策，又有对具体课程开设、教学方法的指导，能够更好地关注教师需求，有针对性地开展教师培训，促进教师发展。

"5"代表的是通识类的五大模块，针对高中不同年级的教师设计了五门通识学习课程，例如，针对高一的教师设计了包括英语核心素养理论解读、英语文本解读、英语初高学段衔接教研、英语项目化学习单元整合教学、英语项目化学习单元整合研究课在内的五个模块的学习内容（见表5-2），通过专家讲座、教材教法分析、研究课等形式帮助教师发展学科教学知识。

---

① 案例来源：北京市海淀区教师进修学校。

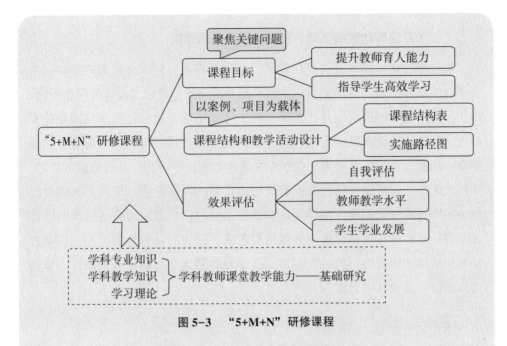

图 5-3 "5+M+N" 研修课程

表 5-2 高一英语教师 "5" 课程内容

模块名称	研修内容	针对关键问题	研修模板	研修方式
英语核心素养理论解读	专家解读新课标、课程方案、高考改革方案等	教师对新课标、新高考、新课程方案了解较少	加强教师的理论修养，深化课程改革理念	讲座
英语文本解读	利用文本解读，实现深度学习目标	如何增强教师文本解读的能力	引领示范，推动教师教学行为的转变	案例分析
英语初高学段衔接教研	新高一学生水平和特点	使用高三的惯性教学；学生水平低；如何真正发现学生问题，进行有针对性的教学	了解学生起点，以学生为本	讲座、沙龙
英语项目化学习单元整合教学	Unit1—Unit2 教材教法分析	以项目化学习整合驱动单元设计，实现学生的深度学习	提高教师依据教材整合课程的能力，实现核心素养的落地	工作坊
英语项目化学习单元整合研究课	精读研究课	如何通过阅读课培养学生的核心素养	改变旧有的阅读课模式，推进教师教学行为的转变	研究课观摩、研讨

"M"课程是以学校为单位开展的教师成长工作坊。教研团队基于调研设置了三类课程供教师选择。例如，面向高一年级教师，设置了指向思维品质发展的英语单元深度学习、英语原版阅读和英语戏剧教学三类课程（见图5-4）。

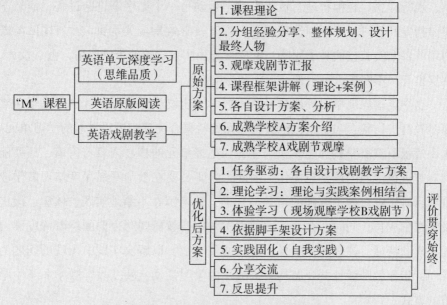

图5-4　高一英语教师"M"课程内容

高一年级英语教师可以在三类课程中任选一类，参加到工作坊中，参与课程的设计与实施，教研员或骨干教师作为工作坊的坊主。为了达成更好的教研效果，教研团队也在工作坊开展过程中不断优化培训方案。以英语戏剧教学为例：原始方案重讲解和观摩，教师的参与和体验较少；而优化后的方案注重实践导向，体验学习，通过任务激发教师主动思考和积极反思，且整个过程以评估相伴，让教师在整个过程中实现"众筹式学习"，即每个教师都是整个课程的贡献者，共同研讨、优化课程设计。

"N"课程是区域内某片区的连片教研，聚焦教学情况的差异进行更有针对性的指导，是对"5"课程和"M"课程的进一步拓展。

在北京市海淀区的研修课程中，教研团队注重对教师的针对性指导，通过课程引发教师思考，激发教师创造力，引导教师领悟新理念，设计并实施课程，在协作交流中形成教研共同体。

三、加强专家指导，培育种子团队

区域在推进深度学习时，应注重加强专家的指导，逐步引领教师思考教学、践行理念。教师将理念转化为教学行动是一个循序渐进的过程，而教学实施指导和研讨对于教师发现问题、提升教学效果至关重要。教研团队要着力培养各个实验校的种子团队，发挥种子团队在学校的带动作用，由点及面，逐层推开，不断扩大项目的覆盖面和影响力。

高中英语深度学习提倡单元整体教学，建议教师根据教学实际和学生需要对教材进行整合与重组，把教材单元重新整合梳理为逻辑贯通的学习单元。这一过程不仅需要教师能够深刻理解和把握单元的核心内容与价值，还要能够对其进行恰当的调整与优化。因此，教研员要在教师开展深度学习教学改进项目时做好对种子教师的指导与帮助，让老师在不断地实践、体验、改进及思考中成长。同时，在具体的课堂实践中，教研团队也要围绕着深度学习的要素和特征，评估课堂效果，关注薄弱环节，以解决实践中出现的问题为导向，指导教师设计并开展具有挑战性的学习活动，转变教师教学和学生学习的方式。

在培养种子团队和种子教师时，教研部门要搭建好理论与实践、教师与学生、教师与教师之间的桥梁。首先，搭建理论与实践的桥梁，通过讲座、文献阅读等形式帮助教师深入理解深度学习的理念、特征、实践模型等，并深入课堂指导教师的教学实践，基于实践模型设计单元教学，基于深度学习的特征观察学生的课堂状态。其次，搭建教师与学生的桥梁，更关注学生的学习成效和学习表现。深度学习旨在推动教与学方式的根本性转变，让学生成为学习的主人，教师要学会"放手"，减少课堂的说教与控制，这对教师而言是很大的挑战。教师对如何让学生在课堂上更自主缺乏必要的策略和方法。教研工作必须在这方面下功夫，通过研究为课堂教学改革提供坚实的支撑。[①] 教研员需要发挥联通和转化的作用，鼓励教师大胆"放手"、有效"放手"，增强学生学习的主动性。最后，做教师与教师之间的桥梁。种子团队和种子教师都是深度学习教学改进项目实践的先行者，但并不是独行者。教

---

① 田慧生．向"大教研"转型［J］．人民教育，2016（20）：14-19.

研员要凝聚团队力量，打造良好的区域、学校教研生态，组织全方位、多层次的集体教研活动，如工作坊、研究课、研讨沙龙等，汇聚集体智慧，保障深度学习的实施。

四、拓宽交流渠道，发挥引领作用

加强反思与交流也是支持教师开展深度学习的有力举措。指向深度学习的教学实践模型中的支持性要素之一就是反思性教学改进，即教师在实施教学任务过程中或者完成教学任务后，教师或者教研团队根据观察记录、分析与评价情况，分析教学中的问题和原因，彼此讨论，交流心得体会，通过教研组研讨、撰写教学反思、改进教学设计等方式，进一步改进和完善教学，实现边学习、边实践、边交流、边反思、边改进，打造良好的教研生态，支持教师的成长和发展。在教学实施后，教师对教学过程和成效的总结思考，能够为教师下一步的教学改进提供依据。而与其他教师、教研员等的交流与分享，也是教师团体共同成长的契机。教研员可以适时组织种子团队、种子教师与区域内高中英语教师分享开展深度学习的经历与感受，总结心得体会，以带动更多教师加入深度学习实践，促进深度学习在区域内的推广与落实。

首先，区域教研团队要引导教师提炼"好课"的基本框架。一堂深度学习发生的英语课堂有其基本要素和基本流程，形成"好课"的基本框架可以帮助教师思考教学过程，进行科学设计，并严密组织教学。当然，框架不是固定的教学模式，深度学习也不提倡模式化、千篇一律的课堂，而是在明确大方向的基础上鼓励教师发挥创造力，打造丰富多彩的深度学习课堂。在三年实践探索的基础上，英语学科组制定了单元教学设计的基本模板，教研团队可以在区域实践中，结合地方教学需要和实际，在已有模板基础上研制出一套适合区域高中英语学科深度学习实施的框架，用以规范和指导区域深度学习的开展。

其次，打磨形成优秀课例，发挥引领示范作用。课例是一线教师最为直接的学习资源，优秀的深度学习课例可以使教师最为直观地感受到深度学习课堂的魅力，学习开展深度学习的方法。因此，在教学实践的过程中，教研团队也要特别重视优秀课例、教师研修资源的收集和应用。打磨教学案例时，可以采取骨干教师、种子教师在专家指导下先行研发，随后带动教研组集体研讨的形式。从集体备课、试讲到正式讲，注重教研团队、教师所在教研组的全程共同参与，收集好过程性材料，包括教学设计、上课 PPT、素材资源、课堂实录等，便于后期课例资源的应用与传播，发挥引领示范的作用。

最后，建立校内学科组教研机制。在学校内要形成"理论学习—教学设计—研讨修订—教学实施—反思改进—资源共享"的学科组教研机制，以教研组为单位开展好各项活动。教研团队可以将打磨形成的优秀课例和教学教研资源分享给学科组教师们，供他们学习和参考，也可以在正式讲后组织授课教师说课总结，反思深度学习教学实践中的经验与心得，为其他教师的教学提供参考，帮助其他教师根据整体思路结合个人教学风格打磨改进各自的深度学习课堂。

第二节　学校如何推进高中英语深度学习

学校是深度学习教学改进项目实践的主要环境。学校的课程规划、教师发展环境等既影响着教学的开展，也影响着项目实施的效果。从学校的层面来看，在区域整体推动之下，落实、落细各项教学举措，持续推进校本教研，将有力促进深度学习教学改进的落地。

一、开展实验探索，落细过程措施

深度学习教学改进项目的推进是对学校课程领导力的检验。① 学校在实施深度学习时，要积极引导教师开展实验探索，结合区域教研要求落实、落细过程措施，扎实推进教学改革进程。一方面，要在教师中做好动员宣传，形成改革共识，打造一支肯钻研、共成长、促改革的教师队伍；另一方面，要细化过程措施，为教师提供专业支持与保障。

在学校层面的推进中，学校可以根据高中英语深度学习区域机制开展实验探索，遴选改进教师，以学期为单位进行校本教研，实施教学改进和改革。学校要做好教研团队的建设，形成由校领导、骨干教师、青年教师等在内的

---

① 刘月霞．指向"深度学习"的教学改进：让学习真实发生［J］．中小学管理，2021（5）：13–17.

年龄结构合理、乐于推进教学改革、具备一定理论基础的教师队伍组成深度学习英语教研团队，积极推进深度学习改革。在区域计划下结合学校自身情况，将一学期的时间进行细致规划，按照计划完成教学设计、试讲、正式讲等活动。同时，针对区域教研中提出的要求进行细化。例如，在进行团队建设时还应注意协调团队内教师的教学任务、教授年级等因素，在遴选改进教师时，尽可能选择有一定教学经验、对新课程改革有所关注和积累的教师，以及不教授毕业年级的教师，有利于开展教学改进，培养种子教师。而在开展实验探索的过程中，学校也要充分关注教师面临的困难与问题，由校内的教师团队共同研讨形成解决方案，同时也要及时寻求校外力量，如区域教研团队、专家团队的支持，解决相应的问题，为教师的教学改革提供保障。

二、直面教学问题，强化校本教研

深度学习教学改进项目对教师的专业素养提出了更高的要求，教师不仅要转变教学观念，重塑知识观和学生观，还要重新认识教师的价值，深入思考和理解教育改革。因此，深度学习教学改进项目的开展要让教师在项目的参与中收获专业成长，让教师在解决教学的真问题中，促进学生学习的真实发生。

在教学中，教师往往会陷入使用浅层化和灌输式的教学方式的局面，常常感到，对一些知识点讲了很多次，学生却仍然记不住，其实，出现这样的问题与教师的教学理念息息相关，也和教师对教学中真问题的认识密切相关。例如，教师对师生课堂角色的认识问题。许多教师仍然在扮演知识的拥有者和灌输者，试图代替学生进行学习，学生只能被动地接受知识，无法与知识产生真正的交互，自身学习和理解的过程被剥夺，难以发挥个体的主动性，也就很难将知识内化，更难以实现应用与迁移。再如，课堂活动形式化的问题。教师在一节课时间里设计了大大小小十几个活动，学生看似忙忙碌碌，课堂看起来很热闹，但实际的思维含量却非常低，学生忙于看视频、找答案和浮于表面的小组合作之中，却难以在情感上和思维上真正融入课堂，导致时间和资源的浪费，也难以提高课堂的效率。这些问题反映出教师对教育教学的本质理解不够到位，对教师的角色与身份的认识有偏差，而深度学习所提倡的活动与体验、关联与结构、内化与应用、分析与论证、迁移与创造、价值与评判六大特征的实现，就体现着这些真问题的解决过程。

教研为教学改革、教师发展提供专业支撑。强化校本教研，关注教师的成长与变化，让教师在教研之中收获专业成长。一方面，和学生学习一样，教师的学习、成长需要亲身的参与和体验才能达成，因此，在校本教研中，要重视将理论讲座与教师的参与式培训相结合，让教师在工作坊、实际教学实践中收获成长，弥合理论与实践的鸿沟；另一方面，学校的教育理念、教学主张和价值取向影响着学校的教学氛围，也影响着教研的生态。因此学校对教师的培养也要关注教师的感受，要创设平等开放的研讨氛围，减少一刀切的评价和单向度的说教，要让教师在平等的交流中发挥主动性，提高积极性，提升内驱力，形成团结互助、和谐共生的教研共同体，真正促进教师的专业学习和专业发展。

公开课、研究课是学校内部和学校之间开展教研活动的常见组织形式，深度学习教学改进项目中的研究课十分重视课后的交流研讨环节。因此，学校在开展教研活动时要注重全过程的交流研讨。一方面是对单元设计的研讨。在单元设计中，确定引领性学习主题、素养导向的学习目标、挑战性学习活动和持续性学习评价，实现从教材单元走向学习单元，需要汇集集体的智慧，形成整个教研组共同研讨的成果。教研组内要通过集体备课、多次交流研讨共同确定单元的设计，确保所有成员都认可并理解学习单元的编排逻辑，避免个别教师单独承担整个单元设计的情况。另一方面是对课堂效果的研讨。教学设计最终要落实到课堂教学实践中，观察学生课堂投入的程度、展现出的思维深度等，判断深度学习是否发生，在多大程度上发生。而每次教学后，教研组内对课堂教学环节和细节的讨论至关重要。组内教师发表自己对课堂的看法，指出课堂教学的优缺点，就其中的细节进行讨论，给出建议。研讨应在平等开放的氛围下进行，教师们自由发表观点，集思广益，体现同伴教师之间的相互学习、共担责任、共享成果，实现教师之间的互动共生，打造良好的教研生态。

三、坚持反思改进，凝练教学成果

"反思性教学改进"是深度学习的支持性要素之一，也是教师优化教学方式的重要途径。学校在开展指向深度学习的教学实践时，也要关注教师的过程性反思改进，及时收集相关材料资源，凝练教学成果。学校要鼓励并督促教师开展过程性反思，在进行教学设计、试讲、正式讲后及时撰写教学反思，记录自己在教学实践和研讨过程中的心得体会，总结经验，思考进一步改进的方向，实现教学的不断完善。

案 例 链 接

首都师范大学附属回龙观育新学校的丁雪莹老师针对"A'For'and'Against'Essay"写作课教学，在试讲和正式讲后都及时记录下了自己的反思。在第一次试讲后，聆听了专家和其他老师的建议，她认为自己的课存在以下三方面的问题。

1. 感知与注意环节没有成功激活学生的已知，让其建立已知与未知的关联

我在与学生就单元话题互动后，没有创设情境，而是直接展示写作任务，学生只是单纯知道本节课的学习目标。接下来的环节中，学生阅读了动物和人对待工业化养殖的态度，了解了工业化养殖是什么。然而本环节应该激活学生有关动物产品的已知并思考如何写动物产品的议论文，我却把时间用在了激活学生阅读工业化养殖文章的兴趣上了，显然感知与注意环节的学习目标没能达成。

2. 本节课教学重点有所偏离，不是 reading for understanding

本节课我设计了阅读全文找主旨、阅读重点段落学习内容和语言等活动，但是这些活动的设计更偏重阅读学习，同时语言学习没有和主题意义相结合。本节课阅读的本来目的是实现读写结合，但在实际教学过程中，重点有所偏离。例如，感知与注意环节让学生阅读动物和人对待工业化养殖的态度；阅读中让学生回答了有关理解层面的问题："Q1：What is the content of each paragraph？""Q2：What is the writer's opinion about factory farming？How do you know that？""Q3：Can we find someone support the factory farming？How does the writer express it？""Q4：Which paragraph does the writer want to emphasize？How does the writer express his idea？"。学生在这样的活动引导下就会更关注文章的阅读理解层面。这对于学生将所学迁移到写作中就会造成一些障碍。

3. 以学生为主体的意识不足，教学活动并未凸显学生的主体作用

本节课我主导了教学的全部环节，例如，在学习课文是如何写每段的具体内容时，我用板书带领学生进行分析，虽然分析得很细致，但这不是学生自己学习的过程，而是教师教给他们的，没有留给学生自主学习、生成的空间。

在聆听了专家和其他老师的意见之后，结合深度学习的理念，丁老师总结了以上三点问题，并针对以上问题提出了相应的对策。在之后的一段时间内，丁老师在反思的基础上改进了教学过程，并进行了正式讲。正式讲后，她反思了自己的课堂有以下几方面的改进。

1. 激活学生的知识储备，为写作搭好支架

正式讲时学生通过讨论分享了自己对动物产品的想法，学生之间相互补充了有关本次写作的已知信息。学生在讨论后形成了议论文写作框架，然后通过阅读范文，对比自己的框架，进行了适当调整，为本课情境式写作做好了铺垫。改进后的感知与注意环节激活了学生的已知，建立了已知与未知的关联，为学生要达成的学习目标——写好一篇议论文，一步步搭建了支架。

2. 以读促写，不断感知、理解并运用所学

学生阅读范文时不再只关注对工业化养殖的理解，通过老师的引导，也关注框架、支撑点和语言，在两课时的读写结合课中，围绕着写作主题层层推进，对所学内容更聚焦。

3. 建构了生生互动、生本互动和师生互动的多种课堂学习氛围

学生在面对较难的问题时（如分析第三段、总结所学等）有机会与同伴互助学习，能够得到鼓励与信心。在其他同学分享自己的笔记（如提取有用的语言）时能对照自己的学习，进行分析与思考。学生与文本之间的互动也通过教师的提问指向了为达成写作的挑战任务而发生的积极互动。学生和老师之间能够认真思考并回答教师的问题。

可以看出，针对试讲时出现的问题，在正式讲后都得到了较好的解决，课堂效果也有了明显的提升。丁老师基于反思，在经历了"发现问题—解决问题"后，让课堂实现了改进。同时她也总结了自己还存在以下几点小问题，需要在今后的教学中继续改进。

（1）改进教师的提问。反思我的提问仍然有很多"Yes/No"的问题，提问的开放度不够，因此没有留给学生更多思考的空间。另外，若想了解学生是否掌握时可以使用开放性问题，而非直接问学生是否理解。例如："Can you understand？/Do you agree？"——可以改成"Can you give supporting details？（different perspectives/opinions）"。检测学生是否理解教学内容的问题应该变成直接的提问，引导学生去总结归纳，例如"What's the difference between the two structures？"可调整为"Which one do you prefer？Why？"

（2）细化教师的指导、反馈。学生做展示时和学生小组讨论时我的指导需要更具体。

（3）充分发挥小组合作作用，激发学生表达欲望，促进学生自主、合作探究。在小组活动前，我应该帮助学生拆解复杂抽象的任务问题。在小组活动中，我应该在合适的时间观察指导并给予及时反馈，最大化地发挥教师的巡班功能。

教学是遗憾的艺术，每一次的课堂都有值得继续改进和完善之处，这也激励着教师不断反思，持续地改进自己的教学。通过丁老师的案例可以看出，教师在不断反思中总结经验，思考教学改进的方向，并在实践中继续完善，以反思促改进，持续优化教学。

在每学期结束后，学校可以定时收集学期改进的成果，如经过多次打磨形成的课例、开展的学生访谈数据、过程中的素材与资源等，并进一步凝练和固化成果，进行展示交流。研修与改进的成果要做到成品化，形成完整的单元教学设计方案，对整个过程进行反思总结，体现深度学习教学改进项目实施中教研组集体的智慧，呈现出完整的单元设计与实施的探索过程，提炼升华，凝练成品，固化成果，用以对外的交流展示、经验推广。

附　录

附 录 一

指向深度学习的英语学科单元教学设计模板

一、单元基本信息

> 实施学校、年级：
>
> 设计者：
>
> 使用教材：（填写学科教材的版本、册次）
>
> 单元名称：（填写教材自然单元名称）
>
> 单元课时：（填写完成单元的课时数）

二、单元教学规划

（一）引领性学习主题

（引领性学习主题：引领性学习主题是对单元学习中核心内容的价值提炼，凝练单元的育人价值，关注单元内语篇主题和内容之间的关联，凸显单元知识的结构化，是学生在完成单元学习后形成的关于该单元主题的认知结构、解决问题的思路、方法及价值观念。单元的主题及其在课标中对应的主题语境和主题群。主题反映学科本质，能促进学生建构学科知识体系，建立与真实世界的联系，体现单元育人价值。主要内容分析：概述单元内容结构、呈现方式等，阐述语篇子主题和主要内容，分析子主题之间的联系及其与单元主题的联系，建议结合单元内容结构图详细阐释。）

（二）主题学情分析

（分析学生已有生活、知识、活动、方法等经验。可以是着眼单元整体描述学情，也可以是课时学情分析的概括。）

（三）开放性学习环境

（简要说明或者列出开放性学习环境的整体情况。）

（四）素养导向的学习目标

目标 1：

目标 2：

目标 3：

与核心素养的关系说明（两种方式供选择）：

1. 从目标出发，采用素养整合方式描述学习目标，在每个目标后阐述其聚焦的核心素养，一条目标可以对应多个素养。

2. 用一段话整体描述学生学习完本单元之后分别在语言能力、文化意识、学习能力和思维品质四个方面的发展。

操作建议：撰写单元学习目标时，要思考如何体现深度学习特征（如活动与体验、关联与结构、内化与应用、分析与论证、迁移与创造、价值与评判），兼顾任务/活动的目标指向；目标应与课时目标紧密联系，是对课时目标的上位提炼，强调学生完成课时学习后的素养表现，并具有可操作性和可检测性；单元学习目标应该整体涵盖学科核心素养（体现单元是整体落实学科核心素养的学习单位）。

（五）单元课时安排

语篇	课型	第*课时	课时对应的单元学习目标

（六）持续性学习评价

（依据单元学习目标，针对挑战性学习任务/活动，呈现评价内容、评价指标、评价方法和赋值方法等。评价内容选择和评价指标设计时，无须面面俱到，尽可能抓住关键，体现深度学习的特征；倡导伴随学习任务/活动的评价。）

（七）反思性教学改进（实施后填写）

（基于各课时反思性教学改进，汇总形成单元反思性教学改进设想：主要经验或者需改进之处。）

三、课时教学设计示例（挑战性学习活动）

第＊课时	（填写主题与课型）

语篇研读

（首先定位本课内容在单元中的位置，以及对单元学习目标实现的作用，并从 what、why、how 三个角度研读语篇。）

学情分析

（分析学生的生活、知识、活动、方法等经验的基础和可能存在的困难。）

学习目标

单元学习目标	课时学习目标
	a b c （呼应单元学习目标，描述课时学习目标；注意与单元学习目标对应，兼顾任务/活动的目标指向。）

教学重难点

（基于教材分析，确定学习重点，体现内容主旨；基于学情说明学习难点及解决难点的措施。）

学习过程（第＊课时）

学习目标 （建议在每条目标后标注活动层次）	学习活动及互动方式（时间）	设计意图	效果评价	深度学习特征
	（对应学习目标呈现学习活动，具体描述活动的内容、过程等，以学生活动为线索描述教学过程。）	（阐述活动的设计意图，体现与目标的关联。）	（对学习效果做出评价，注意操作的可行性。）	（对应深度学习的特征进行标注与说明。）

续表

第 * 课时	（填写主题与课型）			
学习目标（建议在每条目标后标注活动层次）	学习活动及互动方式（时间）	设计意图	效果评价	深度学习特征

课时教学板书设计

（反映课时教学过程的关键信息，体现结构化、逻辑化、艺术化；提供板书照片或 PPT 设计。）

课时作业设计（实施后填写）

（提供课时课外作业，说明作业与学习目标的关联。建议：①选取教材中的配套作业，或者提供自编作业；②注意体现作业类型的丰富性。）

课后反思（实施后填写）

（基于学生参与表现和学习结果等证据，从学习目标达成，教学设计与实施的优点和不足等方面进行反思，提出改进设想。）

四、单元整体评价

单元整体评价（教学实施后填写）

（从语言能力、文化意识、思维品质、学习能力四方面评价学生的素养表现，对单元学习目标的达成情况。）

附 录 二

必备工具（用于检验深度学习的教学设计）

1. 引领性学习主题的检验

要素	内容
知识结构	反映单元内各语篇的主题和内容，体现单元内容之间的关联，知识结构化程度高。
核心素养的表现	体现具体化、整合化的核心素养表现，符合学生学情和基础。
育人价值的反映	反映单元的核心内容和育人价值。
高度概括，表述清晰	高度概括的语言表达，清晰简洁的表述方式。

2. 素养导向的学习目标的检验

要素	内容
目标表述	体现学生主体，凸显核心知识，反映活动载体。
整合性	学习目标的内容体现学生深度学习过程和结果的整合，体现核心素养多方面的整合。
具体化	结合语篇主题和内容描述学生核心素养的具体表现，体现核心素养表现的程度。
可操作性	描述学生通过怎样的学习活动达到何种素养表现，体现学生的具体做法和行为。
可观测性	使用明确的行为动词，如"举例说明、阐述、比较、论证"等描述，体现可观测、可评价的内容，确保在课上能够获取评价目标的证据或信息。

3. 挑战性学习活动的检验

要素	内容
体现学生主体	活动的主体是学生，体现学生在老师引导下全身心参与活动。
建立知识联系	活动能帮助学生吸收新知识，建立新旧知识之间、知识与经验之间的联系，帮助形成知识结构。

续表

要素	内容
挑战性	相较于学生现有水平有一定的难度要求，需要通过建构知识结构、转化思路方法等完成活动。
进阶性	活动之间彼此关联、逻辑上层层递进，符合学生认知发展的规律，逐步深入。
真实性	创设真实情境，面向学生的迁移运用和问题解决。

4. 持续性学习评价的检验

要素	内容
评价要素完整	具有完整的评价方案，包括评价内容、评价任务、评价指标和评价方式等多个要素。
学生表现作为证据	评价要素的具体内容要关注学生在学习中的深度学习表现，关注基于学生表现设计的评价和反馈等内容。
持续性	评价应贯穿单元全过程，包括单元学习前、单元学习中、单元学习后；同时要关注评价结果对学生学习的反馈调节作用，促进学生反思和改进。
一致性	评价目标与学习目标基本一致，评价任务、评价方式与学习活动一致，评价指标与学习活动一致。
真实性	评价任务有主题、有情境。
多元性	评价内容多维，包括核心知识结构和多维素养表现；评价方式多样；评价主体多元，包括教师、学生个人、学生评价小组等。

5. 开放性学习环境的检验

要素	内容
人文环境的开放性	一是课堂活动要开放。教师要在课堂中提出开放性的问题引导学生探究，鼓励小组合作、同伴讨论和个人思考。二是课堂反馈要开放。教师要对学生多样化的理解和表达给予尊重，尤其是对学生答题错误的启发式反馈。

续表

要素	内容
物理环境的开放性	一是教师要为学习活动创设贴近生活的情境，使学生能够运用知识、技能及英语学科重要方法和概念解决真实生活中的复杂问题；二是创设课外英语学习环境，使英语学习打破课内和课外的限制。
虚拟环境的开放性	教师要利用信息平台开发更多的课程资源，打破学习时空上的限制，使得线上线下教学进一步融合，利用学习者学习数据进行更多个性化、差异化、智能化的教学。

6. 反思性教学改进的检验

要素	内容
要素完整	有教学实施中的反思和教学实施后的反思。
及时调整	结合学生的现场教学反馈及时调整教学内容或教学方法，以取得更佳的教学效果。
批判性思考	对全部教学过程与成效进行批判性思考，使教学经验理论化，为下一周期教学规划的制定提供信息。
持续改进	结合并运用反思结果持续改进自身的教学，努力解决教学中遇到的问题。

附 录 三

学习资源推荐

1. 中文文献

[1] 曹艳琴，姚兆宏. 英语课堂深度学习场域构建 [J]. 教学与管理，2019（12）：102-104.

[2] 陈静静，谈杨. 课堂的困境与变革：从浅表学习到深度学习：基于对中小学生真实学习历程的长期考察 [J]. 教育发展研究，2018，38（Z2）：90-96.

[3] 崔友兴. 基于核心素养培育的深度学习 [J]. 课程·教材·教法，2019，39（2）：66-71.

[4] 崔允漷. 指向深度学习的学历案 [J]. 人民教育，2017（20）：43-48.

[5] 高维宝. 以问题设计助推学生思维品质提升的教学实践与思考 [J]. 基础外语教育，2021，23（2）：71-75，109.

[6] 郭华. 基于深度学习的教学改进 [J]. 教育科学论坛，2015（4）：13-23.

[7] 郭华. 深度学习及其意义 [J]. 课程·教材·教法，2016，36（11）：25-32.

[8] 郭华. 深度学习与课堂教学改进 [J]. 基础教育课程，2019（Z1）：10-15.

[9] 郭华. 深度学习的关键是真正落实学生的主体地位 [J]. 人民教育，2019（Z2）：55-58.

[10] 郭华. 深度学习的五个特征 [J]. 人民教育，2019（6）：76-80.

[11] 郭华. 如何理解"深度学习" [J]. 四川师范大学学报（社会科学版），2020，47（1）：89-95.

[12] 郭华. 深度学习：让种子课彰显本真趣味：兼评俞正强"面积的认识"一课 [J]. 中国教师，2021（5）：59-62.

[13] 郭亦荣. 深度学习的本质、困境及策略 [J]. 教学与管理，2018

（34）：1-4.

　　［14］郭元祥. 课堂教学改革的基础与方向：兼论深度教学［J］. 教育研究与实验，2015（6）：1-6.

　　［15］郭元祥. 论深度教学：源起、基础与理念［J］. 教育研究与实验，2017（3）：1-11.

　　［16］何玲，黎加厚. 促进学生深度学习［J］. 现代教学，2005（5）：29-30.

　　［17］李金云，李胜利. 深度学习视域的"读写结合"：学理阐释与教学核心［J］. 课程·教材·教法，2020，40（7）：79-85.

　　［18］李静芳. 促进深度学习的问题链设计策略研究［J］. 数理化解题研究，2021（6）：73-74.

　　［19］李松林. 深度教学的四个实践着力点：兼论推进课堂教学纵深改革的实质与方向［J］. 教育理论与实践，2014，34（31）：53-56.

　　［20］李松林，贺慧，张燕. 深度学习究竟是什么样的学习［J］. 教育科学研究，2018（10）：54-58.

　　［21］刘畅，王蔷. 创设自主探究活动，促进批判性思维发展：北师大版高中英语选择性必修三 Unit 1 教学设计与评析［J］. 教育视界，2020（12）：60-62.

　　［22］刘徽. 深度学习：围绕大概念的教学［J］. 上海教育，2018，（18）：57.

　　［23］刘水明. 深度学习理念下的高中英语课堂教学实践策略［J］. 教育观察，2019，8（25）：32，34.

　　［24］刘月霞，郭华. 深度学习：走向核心素养（理论普及读本）［M］. 北京：教育科学出版社，2018.

　　［25］刘月霞. 指向"深度学习"的教学改进：让学习真实发生［J］. 中小学管理，2021（5）：13-17.

　　［26］栾爱春. "让问教学"模式：学理分析、价值透视与实践反思：以高中英语原著阅读教学为例［J］. 现代中小学教育，2019，35（9）：20-24.

　　［27］王军起，章策文. 以写促读的探究式课堂：主题语境下的深度学习［J］. 基础教育课程，2019（14）：44-49.

　　［28］王蔷，李亮. 推动核心素养背景下英语课堂教—学—评一体化：

意义、理论与方法［J］. 课程·教材·教法，2019，39（5）：114-120.

［29］王蔷，孙薇薇，蔡铭珂，等. 指向深度学习的高中英语单元整体教学设计［J］. 外语教育研究前沿，2021，4（1）：17-25，87-88.

［30］伍远岳. 评价学生知识获得的标准［J］. 中国教育学刊，2013（2）：64-67.

［31］张璐. 设计有效课堂提问的实践与思考［J］. 中小学外语教学（小学篇），2020，43（9）：1-6.

［32］张敏，张鹏. 促进学生深度学习的读写教学策略［J］. 中小学外语教学（小学篇），2021，44（3）：1-6.

［33］郑东辉. 促进深度学习的课堂评价：内涵与路径［J］. 课程·教材·教法，2019，39（2）：59-65.

［34］郑葳，刘月霞. 深度学习：基于核心素养的教学改进［J］. 教育研究，2018，39（11）：56-60.

［35］中华人民共和国教育部. 普通高中英语课程标准（2017年版2020年修订）［M］. 北京：人民教育出版社，2020.

［36］周文叶. 表现性评价：指向深度学习［J］. 教育测量与评价，2018（7）：1.

［37］周文叶. 表现性评价的理解与实施［J］. 江苏教育，2019（14）：7-11.

［38］周文叶. 促进深度学习的表现性评价研究与实践［J］. 全球教育展望，2019，48（10）：85-95.

［39］周霞，伍远岳. 深度教学视野下的学习评价［J］. 教育理论与实践，2020，40（8）：10-13.

［40］朱芬. 基于英语核心素养提升的深度教学模式探究［J］. 教学与管理，2018（30）：102-104.

2. 英文文献

［1］BEATTIE V，COLLINS B，MCLNNES B. Deep and surface learning：A simple or simplistic dichotomy？［J］. Accounting Education，1997（6）：1-12.

［2］BIGGS J. Individual differences in study processes and the quality of learning outcomes［J］. Higher Education，1979，8（4）：381-394.

［3］ BIGGS J，COLLIS K. Evaluating the quality of learning：The SOLO taxonomy（structure of the observed learning outcome）［M］. New York：Academic Press，1982.

［4］ BOGARD T，CONSALVO A L，WORTHY J. Teaching for deep learning in a second grade literacy classroom［J］. Journal of Language and Literacy Education，2018，14（1）：1-26.

［5］ DINSMORE D L，ALEXANDER P A. A critical discussion of deep and surface processing：What it means，how it is measured，the role of context，and model specification［J］. Educational Psychology Review，2012，24（4）：499-567.

［6］ DOLMANS D，LOYENS S，MARCQ H，et al. Deep and surface learning in problem-based learning：A review of the literature［J］. Advances in Health Sciences Education：Theory and Practice，2016，21（5）：1087-1112.

［7］ ENTWISTLE N. Promoting deep learning through teaching and assessment：Conceptual frameworks and educational contexts［EB/OL］.［2023-11-01］. https：//www. researchgate. net/publication/241049278_Promoting_deep_learning_through_teaching_and_assessment_Conceptual_frameworks_and_educational_contexts.

［8］ FULLAN M，QUINN J，MCEACHEN J. Deep learning：Engage the world change the world［M］. Thousand Oaks：Corwin，A SAGE Company，2018.

［9］ GRAUERHOLZ L. Teaching holistically to achieve deep learning［J］. College Teaching，2001，49（2）：44-50.

［10］ JONASSON D. Assessment：The master key unlocking deep learning and language［EB/OL］.［2023-11-13］. Negotiating academic discourses in Australian universities：Challenges facing international students from non-English speaking（proceedings. com. au）.

［11］ MARTON F，SALJÖ R. On qualitative difference in learning：I-outcome and process［J］. British Journal of Educational Psychology，1976，46（1）：4-11.

［12］ WIGGINS G，MCTIGHE J. Understanding by design（Expanded 2nd ed.) ［M］. Alexandria：Association for Supervision and Curriculum Development，2005.

［13］LYNCH R，MCNAMARA M M，SEERY N. Promoting deep learning in a teacher education programme through self-and peer-assessment and feedback ［J］. European Journal of Teacher Education，2012，35（2）：179-197.

［14］SMITH T W，COLBY S A. Teaching for deep learning ［J］. The Clearing House，2007，80（5）：205-210.

［15］WILHELM J D. Learning to love the questions：How essential questions promote creativity and deep learning ［J］. Knowledge Quest，2014，42（5）：36.

［16］ZEISER K，TAYLOR J，RICKLES J，et al. Evidence of deeper learning outcomes：Findings from the study of deeper learning ［M］. Menlo Park：Hewlett Foundation，2014.

3. 深度学习研修班回放网址

［1］普通高中指向核心素养的深度学习教学改进项目第一期研修班：

　　https：//live. yanxiu. com/lv2/program/6327716493325099011/detail。

［2］普通高中指向核心素养的深度学习教学改进项目第二期研修班：

　　https：//live. yanxiu. com/lv2/topic/630/detail。

后 记

　　教育部课程教材研究所组织专家团队在借鉴国内外相关研究成果的基础上，针对我国课程教学改革的实际需要，于 2019 年启动了"普通高中指向核心素养的深度学习教学改进项目"。深度学习教学改进项目高中英语学科组在总项目组的带领和指导下，主要以湖北省为实验区，携手北京汇文中学、首都师范大学附属回龙观育新学校、广东省佛山市三水中学等实验校共同开展了围绕深度学习课题的探索与实践。北京师范大学的王蔷教授与湖北省教育科学研究院扈华唯主任作为项目负责人，邀请了华中师范大学闫春梅教授、向宗平副教授，北京外国语大学徐浩教授，北京教育学院国红延副教授，北京师范大学钱小芳副教授，以及北京市东城区教研员关媛老师（正高级教师）等专家学者，与来自湖北武汉、荆州、宜昌、襄阳等地的教研员、教研组长和教师共同构成本项目的核心成员，组建了项目组，并设立了六个子项目组。几年中，这一协作共同体合作开展深度学习的理论研究和实践探索，重点围绕指向深度学习的教学实践模型和六个核心特征组织实验校开展理论学习和专题培训，在推进深度学习的教学设计与改进过程中，各子项目组依托实验校教研团队开展单元整体教学设计和不同课型的教学实践，通过"试讲—反馈/研讨—修改—再试讲"的改进机制，不断优化教学设计，扎实解决教学实践中出现的问题，这一过程还贯穿了专家组的过程性指导和教师的持续性反思，从而逐步将深度学习的理念落实到课堂中，开发了一批优秀的单元整体教学案例和不同课型的教学案例。基于项目组持续的理论研究与实践探索，经过总结和提炼，完成了本书。

　　本书由北京师范大学王蔷教授等所著，主要参与人有湖北省英语教研员扈华唯、北京师范大学博士研究生葛晓培、北京师范大学附属实验中学高中英语教师孙薇薇、山东省淄博齐盛高级中学高中英语教师蔡铭珂。在第四章包含的四个案例中，案例一由湖北省黄冈中学瞿平、方秋萍、张红老师共同撰写完成（王蔷教授指导），案例二由北京汇文中学梁亚平、陈雨、符晓涛老师共同撰写完成（王蔷教授、关媛老师指导），案例三由湖北省华中师大一附中陈婷、黄秀丽、徐丽娜、魏婷老师共同撰写完成（国红延副教授指导），案例四由首都师范大学附属回龙观育新学校丁雪莹老师撰写完成（王蔷教授、教育部课程教材研究所刘莹老师指导）。

　　参与本课题指导和案例研发的专家和教研员还有：闫春梅、向宗平、徐浩、钱小芳、肖胜兰、陈勇、江兴隆、朱学恒、樊文丽、刘莹、王永祥等，以及北师大研究生助研团队，他们为指导实验区推进深度学习教学改进项目，不仅付出了宝贵的时间和精力，还奉献了闪光的教育智慧。教育科学出版社为本书的出版给予了大力支持。在此一并表示衷心的感谢！

　　指向深度学习的高中英语教学是促进英语学科核心素养落地、实现学科育人的重要抓手。英语学科深度学习的理论在实践中不断发展和完善，相关学术观点和研究成果也在不断创新。本书是高中英语深度学习项目组理论研究和实践探索的阶段性成果，难免有不妥之处，期望广大教师在应用和实践的过程中提出宝贵的建议。

深度学习教学改进项目高中英语学科组

2024 年 5 月

出 版 人　郑豪杰
策划编辑　池春燕
责任编辑　颜　晴
版式设计　孙欢欢
责任校对　贾静芳
责任印制　叶小峰

图书在版编目（CIP）数据

深度学习：走向核心素养. 学科教学指南 高中英语 /
王蔷等著. -- 北京：教育科学出版社，2025.5.
（深度学习教学改进丛书 / 张国华主编）. -- ISBN 978
-7-5191-4312-1

Ⅰ. G633

中国国家版本馆 CIP 数据核字第 2025V3V144 号

深度学习教学改进丛书

深度学习：走向核心素养（学科教学指南·高中英语）

SHENDU XUEXI：ZOUXIANG HEXIN SUYANG（XUEKE JIAOXUE ZHINAN · GAOZHONG
YINGYU）

出 版 发 行	教育科学出版社		
社　　　址	北京·朝阳区安慧北里安园甲 9 号	邮　　编	100101
总编室电话	010-64981290	编辑部电话	010-64981265
出版部电话	010-64989487	市场部电话	010-64989572
传　　真	010-64891796	网　　址	http://www.esph.com.cn
经　　销	各地新华书店		
制　　作	北京金奥都图文制作中心		
印　　刷	河北鹏远艺兴科技有限公司		
开　　本	720 毫米×1020 毫米　1/16	版　　次	2025 年 5 月第 1 版
印　　张	17.25	印　　次	2025 年 5 月第 1 次印刷
字　　数	277 千	定　　价	58.00 元